Studieren kann man lernen

Kira Klenke

Studieren kann man lernen

Mit weniger Mühe zu mehr Erfolg

5., durchgesehene Auflage

 Springer Gabler

Kira Klenke
Hannover, Deutschland

ISBN 978-3-658-23414-0   ISBN 978-3-658-23415-7   (eBook)
https://doi.org/10.1007/978-3-658-23415-7

Die Deutsche Nationalbibliothek verzeichnet diese Publikation in der Deutschen Nationalbibliografie; detaillierte bibliografische Daten sind im Internet über http://dnb.d-nb.de abrufbar.

Springer Gabler

Einbandabbildung: © istockphoto.com/Stepan Popov
Lektorat: Irene Buttkus

Springer Gabler ist ein Imprint der eingetragenen Gesellschaft Springer Fachmedien Wiesbaden GmbH und ist ein Teil von Springer Nature
Die Anschrift der Gesellschaft ist: Abraham-Lincoln-Str. 46, 65189 Wiesbaden, Germany

Vorwort zur 5. Auflage

☑ Sie möchten leichter lernen? Wünschen sich weniger Stress oder ein Mittel gegen Prüfungsangst?

☑ Sie suchen nach einem Weg, den Stoff schneller zu verstehen und besser für die Prüfungen zu behalten?

☑ Sie möchten sich im Studium selbstbewusster fühlen? Motivierter und disziplinierter sein?

☑ Sie wollen gute (wenn nicht sogar sehr gute) Noten?

Dann haben Sie zum richtigen Buch gegriffen! Denn genau darum geht es in diesem Ratgeber. Rückmeldungen von Leserinnen und Lesern belegen es vielfach:

Seit ich Ihr Buch „Studieren kann man lernen" lese, merke ich, wie sich langsam ein positives und bestärkendes Gefühl in mir bildet. Ich habe jetzt meine Ziele viel klarer vor Augen.

Ich bin begeistert, wie gut ich mich in Ihren Beschreibungen wiederfinde und wie motiviert ich jetzt bin, an meinen Problemen zu arbeiten.

Ich habe erkannt, dass ich früher eine schlechte Schülerin war, weil ich nicht das Gefühl hatte, dass jemand an mich glaubt und somit ich auch nicht an mich. Dieser „Fluch" ist gebrochen und dank „Studieren kann man lernen" kann ich das auch auf den Rest meines Lebens übertragen. Frau Klenke, DANKE für einen wundervollen Neustart und dass Sie mir mit Ihrem Buch Mut gemacht haben!

Ich danke meinen Leserinnen und Lesern für das Vertrauen, mir ihre Absichtserklärung (s. Kap. 1 „Lernen auf neuen Wegen") zu mailen und mir zu berichten, wie es Ihnen bei der Arbeit mit diesem Buch ergangen ist!

Liebe Leserinnen und Leser, möge dieses Buch dazu beitragen, dass Sie staunend und zuversichtlich entdecken, wozu Sie alles in der Lage sind. Möge es Sie ermutigen an sich zu glauben und Ihnen helfen herauszufinden, wie und wo genau Sie den Hebel ansetzen müssen, damit Sie mit erheblich weniger Mühe deutlich erfolgreicher studieren.

Ich wünsche Ihnen von Herzen, dass auch Sie schon in Kürze mit deutlich weniger Mühe als bisher erheblich größere Erfolge erzielen!

Hannover   Ihre
im Spätsommer 2018   Kira Klenke

Vorwort

Vom Weltrekord zum Vorwort eines wunderbaren Buches für erfolgreiches Studieren, wer hätte das geahnt? Ich jedenfalls nicht! Wie auch? Ist es doch schon fast 20 Jahre her, dass ich die sympathische Prof. Dr. Kira Klenke bei einer gemeinsamen Coaching-Ausbildung kennen lernte.

Während ich diese Zeilen mit Freude auf meinem Laptop schreibe, lasse ich ganz bewusst leise im Hintergrund den bewegenden Soundtrack von Neil Diamond zum Oscar-nominierten Film „Die Möwe Jonathan" laufen. Sie fragen sich vielleicht, warum ich das mache. Ich tue dies, weil es dafür zwei sehr gute Gründe aus dem Bereich des Leistungssports gibt, die die wirkungsvollen Strategien, die in diesem Buch empfohlen werden, vollends bestätigen.

Der erste Grund liegt darin, dass ich meinen inneren Zustand mit dem Hören dieser Filmmusik gezielt beeinflusse. Als Sportler weiß ich, wie stark die beseelten Songs des Soundtracks mein Herz innerhalb von wenigen Sekunden beflügeln und mir auch jetzt helfen, in die gewünschte Schreibstimmung zu gelangen.

Die Fähigkeit, den eigenen Zustand zu managen, ist für jeden Bereich des Lebens, ob im Spitzensport, im Beruf oder im Studium, von allergrößter Bedeutung auf dem Weg zum individuellen Erfolg. Bestimmt haben Sie bereits an sich selbst beobachtet, dass sich unsere inneren Zustände sehr stark auf unsere äußeren Resultate auswirken. Denken Sie nur einmal an einige Ihrer klugen Kommilitonen, die, obwohl sie wirklich fleißig gelernt haben und das Thema beherrschen, bedingt durch ihre großen Prüfungsängste, weit unter ihren Möglichkeiten bleiben. Verantwortlich dafür ist **nicht** das fehlende Fachwissen, sondern das fehlende Performance-Wissen darüber, wie sich der stressgeplagte Student in einen optimalen Prüfungszustand versetzen kann – gerade dann, wenn es darauf ankommt, gut zu sein.

Dieses Performance-Wissen bekommen Sie nun auf den folgenden Seiten von Prof. Dr. Kira Klenke leicht verständlich vermittelt. Allein das wichtige Kapitel „Kreatives Schreiben" sollte dieses Werk weltweit zum Kultratgeber für alle Studenten und Schüler werden lassen. In diesem Kapitel erfahren Sie u. a., wie Sie mit kreativem Schreiben nachweislich Prüfungsängste abbauen und gleichzeitig Ihr Leistungsvermögen spielerisch erhöhen. Meine Empfehlung: Probieren Sie es aus!

Gut zu sein, wenn es darauf ankommt, das wollte auch das junge Fecht-Talent Katharina auf der kommenden Deutschen Meisterschaft. Aus diesem Grund stellte ich Katharina als ihr Coach folgende Frage: „In welchem Zustand bringst du deine besten Fecht-Ergebnisse auf die Bahn?" Katharinas Antwort: „Immer dann, wenn ich das echte Fechter-Feeling in mir spüre!"

Nun galt es herauszufinden, welche Komponenten für sie zu diesem „echten Fechter-Feeling" gehören und wie sie individuelle Trigger dafür setzen kann. Was Trigger sind und wie einfach deren Anwendung ist, zeigt Ihnen dieses Buch im dritten Kapitel. Die Fechterin Katharina und ich arbeiteten so lange an ihren Fähigkeiten, bis sie es gelernt hatte, sich selbst durch einen rituellen Vorgang, wie auf „Knopfdruck", in dieses positive Fechter-Feeling zu versetzen. Sie wandte ihr Erfolgs-Ritual auf der Deutschen Meister-schaft an und gewann zum ersten Mal gegen ihre Angstgegnerin mit 15 zu 6! Mit den in diesem Buch vermittelten Coaching-Methoden finden auch Sie Antwort auf die Frage: „In welchem Zustand bringe ich meine besten Studien-Ergebnisse auf die Bahn?". Und Sie lernen, Ihr persönliches Erfolgs-Feeling jederzeit, wie auf „Knopfdruck", zu aktivieren.

Der zweite Grund dafür, warum die Musik leise im Hintergrund läuft, steht in direkter Verbindung mit der Macht eines Glaubenssatzes, aus dem heraus mir ein neuer Welt-rekord gelang.

Als ich damals mit Prof. Dr. Kira Klenke an der Coaching-Ausbildung teilnahm, wurde mein Weltrekord als Praxisbeispiel für das Erreichen einer menschlichen Spitzen-leistung modelliert. Im fünften Kapitel lesen Sie, wie ich den bestehenden Rekord im Eisblöcke-Bruchtest während einer Budo-Gala um 100 % verbesserte. Den inneren Siegeszustand dafür erzeugte ich mit einem speziellen Starter-Ritual, in welchem die Musik von Neil Diamond eingebettet war. Den Mut, mich dieser Herausforderung über-haupt erst zu stellen, holte ich jedoch aus der Kraft meines persönlichen Glaubenssatzes.

Der individuelle Glaube über den Schwierigkeitsgrad einer Aufgabe oder einer Herausforderung und die Wahrnehmung der eigenen Möglichkeiten sowie Fähigkeiten, diese zu meistern, ergeben zusammen die Saat für Ihre Zukunft. Sie werden beim Lesen spüren, dass es für Kira Klenke eine echte Herzensangelegenheit ist, Ihnen mit diesem Buch zu mehr Studienerfolg und Lebenskompetenz zu verhelfen.

Das gelingt in diesem Buch mit dem Kapitel über die Arbeit an Glaubenssätzen besonders einfühlsam. Dort erhalten Sie eine systematische Anleitung, sich über die Qualität Ihrer bisherigen gesammelten Saatkörner (Glaubenssätze) noch bewusster zu werden. Durch den detailliert beschriebenen Prozess der Bewusstwerdung versetzt die-ses Buch Sie in die Lage, ungewünschte Saatkörner auszusieben und neue gewünschte zu kreieren. Bitte denken Sie daran, dass Ihr tiefes Empfinden darüber, ob etwas schwer oder leicht, unmöglich oder machbar, langweilig oder spannend ist, und ihre innere Überzeugung „Ich schaffe es!" oder „Ich versage!", zu einer sich selbst erfüllenden Pro-phezeiung werden. Einschränkende Glaubenssätze sind nicht von Gott gegeben, oder für ewig in Stein gemeißelt, sondern sie lassen sich mit den richtigen Werkzeugen gezielt zu neuen und ressourcevollen Glaubenssätzen umformen. Dieses Buch gibt Ihnen die richtigen Werkzeuge an die Hand, jene Saatkörner auf dem Boden Ihrer Zukunft zu sähen, deren Früchte Sie auch gerne ernten möchten. Früchte, die nach mehr Erfolg und Lebensqualität schmecken.

Fazit Dieses einzigartige Buch erhält die Goldmedaille, weil es Sie zum Lern-Champion in der Universität des Lebens machen wird. Ob Sie nun ganz oben auf dem Siegertreppchen des akademischen Olymps stehen möchten oder den Gewinn in der Meisterschaft des Lebens anstreben, mit dem geheimen Wissensschatz von Prof. Dr. Kira Klenke erhalten Sie die Chance, beides zu erreichen. Studieren Sie dieses Wissen, denn es ist Gold wert.

Peter Picard

Inh. PICARD-COACHING, Gründer von SENSEIDO®, mehrfacher nat. und intern. Kampfkunstmeister sowie Weltrekordler

Einleitung

Der Gruß des Weißkopfadlers

www.freeimages.com

Im Sommer habe ich in den Bergen von Arizona erste Texte für dieses Buch geschrieben. Ich wollte meinen Augen kaum trauen, als dort direkt vor meinem Fenster über dem Canyon immer wieder ein Weißkopfadler in der Thermik segelnd seine Runden drehte – quasi direkt vor meinem Schreibplatz! Deshalb habe ich eine ältere Dame im Dorf danach gefragt, die dafür bekannt ist, dass sie sowohl die örtliche Tierwelt als auch die Sitten der dort ansässigen Indianer gut kennt. „Klar gibt es hier hin und wieder Weißkopfadler", sagte sie. „Und du hast ihn gesehen, während du an deinem Buch für Studenten geschrieben hast? Weiß du, wie die Indianer hier das Sichten eines Weißkopfadlers interpretieren? Das solltest du im Vorwort deines Buches unbedingt erwähnen! Der Weißkopfadler bringt die Nachricht:

> Ergreife die dir zustehende Macht und übernimm selbst die Verantwortung für dein Leben. Wachse hinein in die oder den, der du in Wirklichkeit bist. Und das ist deutlich mehr, als du jetzt gerade lebst!

Ich wünsche mir, dass aus diesem Buch der Funken zu Ihnen überspringt, um das Feuer der Lernbegeisterung in Ihrem Herzen wieder zu entfachen. Sie können – sofern Sie sich nur ein bisschen dafür öffnen – auch heute noch ganz genauso genial lernen wie damals als Kleinkind: Neugierig und mit Begeisterung, Schritt für Schritt immer mutiger, mit Leichtigkeit und unerschütterlicher Zuversicht, und vor allem immer erfolgreich!

Forschungsergebnisse zeigen, dass erfolgreiche Studenten weder intelligenter noch fleißiger sind als die anderen[1]. Erfolg im Studium beruht in der Regel auf strategisch geschicktem Verhalten und einem guten Selbstbewusstsein. Genau darum geht es in diesem Buch. Hier werden professionelle Coaching-Techniken ganz konkret auf die Anforderungen angewendet, denen Sie täglich im Studium begegnen. Damit werden Sie Ihr Selbstbewusstsein stärken können. Und damit können auch Sie strategisch geschickt deutlich leichter, erfolgreicher und auch mit mehr Freude lernen und studieren.

Wenn Sie die hier im Buch vorgestellten Konzepte und Prinzipien in Ihrem Studium anwenden, werden Sie sich wundern, wie schnell sich Ihr Lernen und Arbeiten verändern. Motivation und Freude am Lernen können dann auch für Sie natürlicher Teil Ihres Studiums-Alltags sein. Dann lassen auch Erfolge bzw. bessere Noten nicht mehr lange auf sich warten.

Dieses Buch möchte Ihnen – ja genau Ihnen, die oder der Sie diese Zeilen jetzt gerade lesen – helfen, neue Türen zu öffnen. Wir werden gemeinsam erkunden, wie Sie kraftvoll(er), selbstbestimmt(er), voller Freude und zufrieden in Ihr volles Potenzial kommen, um mit großem Erfolg fürs Studium zu lernen und sich dabei gleichzeitig auch persönlich weiter zu entwickeln und zu wachsen.

Ich freue mich, dass wir uns auf diesem Weg kennen lernen. Ich finde es fabelhaft, dass Sie sich entschlossen haben, etwas für Ihren Erfolg im Studium zu tun. Dass Sie bereit dafür sind, sich beraten zu lassen und offen dafür, sich in Zukunft weniger zu plagen, um stattdessen leichter, entspannter, zufriedener und kraftvoller zu lernen. Sie haben damit vielen anderen Studierenden etwas voraus! Sie haben damit bereits jetzt den ersten Schritt zu mehr Selbstbestimmung, mehr Zufriedenheit und mehr Erfolg im Studium gemacht! Dazu gratuliere ich Ihnen!

Um die Lesbarkeit zu verbessern, wurde in diesem Buch bewusst darauf verzichtet, neben der männlichen durchgängig immer auch die weibliche Form anzuführen und umgekehrt, die gedanklich selbstverständlich immer mit eingeschlossen ist.

In diesem Buch gibt es Verweise auf Webseiten, auf deren Inhalte weder die Autorin noch der Verlag Einfluss haben. Für diese Inhalte wird keine Gewähr übernommen. Für die Inhalte der verwiesenen Seiten ist der jeweilige Anbieter bzw. Betreiber verantwortlich.

Noch ein letzter Hinweis bevor wir loslegen: Das hier vorgestellte Selbstcoaching-Programm stellt keinen Ersatz für eine therapeutische oder medizinische Behandlung dar. Im Zweifelsfall wenden Sie sich bitte an einen Arzt oder Therapeuten Ihres Vertrauens.

---

[1] S. dazu in der „Zeit Online": „Viel hilft nicht viel – Wer im Studium besonders fleißig ist, erzielt nicht unbedingt die besten Noten" von 2012, online verfügbar unter www.zeit.de/2012/03/C-Studium-Fleiss (letzter Abruf: 1.2.17) oder auch: „Lernen muss nicht lange dauern", Interview mit dem Hamburger Hochschulforscher Schulmeister zum Thema, online verfügbar unter: http://www.deutschlandfunk.de/lernen-muss-nicht-lange-dauern.680.de.html?dram:article_id=39206 (letzter Abruf: 1.2.17).

Inhaltsverzeichnis

Die Autorin

Kira Klenke sagt von sich: „Als Schulkind kam ich mir oft vor wie ein rundes Puzzle-Teil, das alle ständig mit Gewalt in ein quadratisches Loch pressen wollten." Sie hat sich schon als Schülerin und dann später auch als Studentin immer wieder eigene Lernwege gesucht. Mit 16 Jahren hat sie ihre Liebe zur Mathematik entdeckt und das Fach dann auch studiert. Es war eine Herausforderung für sie, ihre Leidenschaft für das Fach trotz der trockenen Lehrveranstaltungen am Leben zu erhalten. Nach dem Abschluss ihres Studiums kam sie in Kontakt mit dem Kreativem Schreiben und dem Neurolinguistischen Programmieren (NLP). Beides hat sie vom ersten Moment an begeistert und beides begleitet sie und ihr (Berufs-)Leben seitdem.

Kira Klenke lehrte 24 Jahre lang als Professorin für Statistik an der Hochschule Hannover. Sie ist ebenfalls zertifizierte NLP-Trainerin. Ihr ist es ein Anliegen Menschen dabei zu helfen alte, überholte und das Lernen blockierende Denkmuster und Verhaltensweisen abzulegen und das volle eigene Potenzial zu erkennen.

Kira Klenke möchte Studierenden Mut machen. Sie ist überzeugt, dass Schwierigkeiten beim Lernen vielfach besser durch ein Umdenken gemeistert werden können als beispielsweise durch die Verdoppelung der bisherigen Anstrengung.

Seit 2014 veröffentlicht sie regelmäßig Inspirations-Audios im Podcast „Studium mit Rückenwind" unter kira-klenke. podomatic.com.

Abbildungsverzeichnis

Lernen auf neuen Wegen: Das Selbstcoaching-Konzept

www.freeimages.com, sanja gjenero

Ob Du glaubst, Du kannst es oder ob Du glaubst, Du kannst es nicht: Du hast immer recht. (Henry Ford)

Die größte Entscheidung deines Lebens liegt darin, dass du dein Leben ändern kannst, indem du deine Geisteshaltung änderst. (Albert Schweitzer)

Success is eighty-five percent attitude, fifteen percent technical skill. (Jane Savoie, Dressur-Reiterin, Olympia-Gewinnerin, Reit-Coach)

© Springer Fachmedien Wiesbaden GmbH, ein Teil von Springer Nature 2018
K. Klenke, *Studieren kann man lernen*, https://doi.org/10.1007/978-3-658-23415-7_1

1.1   Was springt für Sie dabei raus?

Lernziele: Worum geht's in diesem Kapitel?
- ☑ Was ist an diesem Buch anders als sonst üblich?
- ☑ Was springt für Sie dabei aus? Was bringt dieses Buch Ihnen persönlich?
- ☑ Was ist ein Erfolgs-Journal? Wie können Sie das für Ihren Erfolg im Studium nutzen?
- ☑ Wie Sie die enorme Power einer Absichtserklärung, eines Commitments, sich selbst gegenüber nutzen können.

1.1.1   Was wäre, wenn Erfolg im Studium viel leichter zu erreichen wäre, als Sie immer geglaubt haben?

Was wäre, wenn der Erfolg im Studium viel leichter zu erreichen wäre, als Sie es immer geglaubt haben? Was wäre, wenn der Weg dahin Ihnen sogar richtig Spaß machen könnte? Was wäre, wenn das, was Sie dafür tun müssten, viel weniger hart und anstrengend wäre, als das, was Sie derzeit im Studium erleben? Was wäre, wenn Sie feststellten, dass Sie alle Fähigkeiten und Talente, die Sie für den wirklich großen Erfolg brauchen, schon bereits jetzt besitzen? Was wäre, wenn sich herausstellte, dass der Weg zum Erfolg ganz sanft und natürlich für Sie sein kann? Was wäre, wenn Sie herausfänden, dass Sie, wenn Sie aufhören zu kämpfen und sich zu verbiegen, und statt dessen viel mehr das tun, was Ihnen ohnehin liegt und was Ihren natürlichen Neigungen entspricht, was Ihnen Freude macht und Sie begeistert – was, wenn genau das Ihnen die erträumten Erfolge im Studium bringt?

Dieses Buch könnte für Sie einen Wendepunkt in Ihrem Studenten-Leben bedeuten. Es enthält ein Selbst-Coaching-Konzept speziell für Studierende, mit dem Sie Schritt für Schritt allmählich das Potenzial entdecken, das Sie schon lange in sich tragen. Es erinnert Sie daran, dass Sie – wie jeder Mensch – von Natur aus ein Talent zum Lernen haben. Es hilft Ihnen dabei, Ihren ganz persönlichen Lern- und Arbeitsstil zu finden. Damit wird das Lernen Ihnen deutlich mehr Freude machen, es wird leicht(er) und effektiver. Dieses Buch erinnert Sie daran und unterstützt Sie darin, dass in Ihrem Studium Ihre persönlichen Neigungen und natürlich auch Ihre persönlichen Karriere-Träume im Mittelpunkt stehen sollten!

Vielleicht hatten Sie sich Ihr Studium ursprünglich anders vorgestellt? Mit Begeisterung und großen Hoffnungen hatten Sie damals Ihren Studienplatz angenommen. Sie haben sich auf interessante Lehrinhalte gefreut und wollten die Prüfungen mit guten Noten ablegen. Sie wollten etwas fürs Leben lernen und gut auf Ihre berufliche Zukunft vorbereitet werden. Nun wachsen Ihnen phasenweise die Anforderungen über den Kopf. Manche Fächer sind Ihnen ein Buch mit sieben Siegeln, und manchmal erkennen Sie die Bedeutung des Lehrstoffs für die spätere Berufspraxis nicht.

Dieses Buch zeigt Ihnen wie …

- Sie Ihren eigenen Wünschen, Zukunftsträumen und persönlichen Neigungen mehr Raum im Studium geben können.
- Sie sich selbst mehr für den Stoff der Lehrinhalte begeistern können.
- Sie effektiver und gleichzeitig entspannter für Ihre Prüfungen lernen können.
- Sie nicht nur fachlich, sondern auch persönlich wachsen im Studium.
- Ihnen das Lernen fürs Studium mehr Freude bereiten und Ihnen gleichzeitig eine erfolgreiche und lukrative berufliche Karriere sichern kann.

In diesem Buch werden Sie Anregungen und viele praktische Hinweise finden, wie Sie Ihren ganz persönlichen Lern- und Arbeitsstil (wieder) entdecken können. Sie werden ermutigt, zu sich selbst zu stehen, weil Sie so, wie Sie natürlicherweise sind, genau richtig und auch gut sind. Was Sie mithilfe der hier empfohlenen praktischen Übungen erfahren werden, wird Ihren Lernstil und Ihr Studium verändern! Jede der Methoden, Techniken und Tricks, die Sie in diesem Buch finden, habe ich zunächst immer, und das viele Jahre lang, selbst getestet. Immer wieder habe ich in all diesen Jahren gedacht: „Warum hat mir das nicht mal jemand beigebracht, während ich selbst noch Studentin (und vorher Schülerin) war? Das hätte mir sicher vieles erleichtert!" Das ist der Grund, warum ich jetzt in diesem Buch all dieses Wissen an Sie Studierende weitergebe!

Wenn jemand ein Studium beginnt, ist das so ähnlich, als würde er oder sie beherzt in einen Fluss springen. Ruck zuck wird er oder sie von der Strömung erfasst. Die Struktur des Stundenplans, die Anforderungen der Prüfungsordnung und wöchentlich oder gar täglich zu erledigende Aufgaben erzeugen eine Eigendynamik, bringen Sie in Zugzwang und bringen auch Unsicherheiten mit sich. Auch der Stress anderer Studenten ist ansteckend und springt auf Sie über. Deshalb beginnen die meisten früher oder später zu strampeln. Alle „Mit-Schwimmer" werden immer mehr durch das gesteuert, was von außen auf sie einwirkt. Es dauert nicht lange – in der Regel weniger als ein Semester – bis die meisten Studierenden die Kontrolle über das Steuer an die Autoritäten abgegeben haben.

Ich beobachte ständig, wie die Studierenden von der Eigendynamik ihres Hochschul-Alltags erfasst werden. Deshalb ist es wichtig für Sie als Studierende zu lernen, wie Sie selbstbestimmt, souverän und kräfteschonend mit diesem zunehmenden Druck umgehen können.

Deshalb lernen Sie mit diesem Buch:

- Wie Sie Ihre eigenen, für Sie ganz persönlich stimmigen Studiums-Ziele entdecken und so formulieren, dass es fast unmöglich ist, sie nicht zu erreichen.
- Techniken und Tricks, mit deren Hilfe Sie sich selbst darin unterstützen, deutlich entspannter und gleichzeitig effektiver zu studieren.
- Wie Sie das geniale Potenzial Ihres Gehirns beim Studieren optimal nutzen.

- Wie Sie gerade aus Ihren Schwierigkeiten im Studium neues, kraftvolles Potenzial für sich schöpfen können.
- Wie Sie Ihre ganz persönlichen Werte herausfinden, und wie Sie diese ganz bewusst im Studium für sich nutzen.
- Wie Sie Ihr Selbstbewusstsein erheblich stärken können.
- Wie Sie besser, d.h. zielorientierter, motivierter, schneller, nachhaltiger und erfolgreicher fürs Studium lernen.
- Wie Sie alte, unbewusste, Sie im Studium behindernde Glaubenssätze erkennen und auflösen können.
- Wie Sie sich stattdessen auf Freude und Erfolg im Studium programmieren.
- Wie Sie mit Situationen, in denen Sie nicht so gut lernen können, in Zukunft souveräner umgehen.
- Wie Sie mit kleinen Tricks Ihren persönlichen Lernzustand schnell, quasi „auf Knopfdruck" verändern und verbessern können.

Was ist das Besondere an diesem Buch?

Dieses Buch wurde von jemandem verfasst, der die „andere Seite" Ihres Studiums sehr genau kennt, die Sicht der Lehrenden und auch der Prüfenden. Von jemandem, der gleichzeitig aber auch die Situation der Studierenden täglich hautnah miterlebt. Und darüber hinaus deren Probleme aus entsprechenden Studenten-Workshops zu dem Thema „Erfolg im Studium" im Detail kennen gelernt hat. Deshalb ist dieses Selbstcoaching-Konzept so konzipiert, dass Sie zum einen selbst mit Ihrem Studium zufrieden(er) werden, zum anderen aber auch Ihre Profs mit Ihnen. Letzteres wird sich dann wiederum auch in einer deutlichen Verbesserung Ihrer Noten widerspiegeln.

Sie sind gut genug

Für mich besteht kein Zweifel, dass Sie – ja, genau Sie, der oder die Sie das hier gerade lesen – das Zeug dazu haben, Ihr Studium mit Erfolg abzuschließen. Es ist auch möglich, dass Sie das mit Freude tun, hoch motiviert und trotzdem gelassen. Alles, was Sie dafür brauchen, bringen Sie jetzt schon mit. Sie müssen dafür nicht noch weitere neue Arbeitstechniken oder Lerntricks ‚on top' lernen. Im Gegenteil. Dazu ist es eher notwendig auszumisten. Beispielsweise alte, Sie behindernde Glaubenssätze und suboptimale Lern- und Denkmuster. Damit Sie frei und kreativ zu dem zurückkehren können, was Sie von Natur aus sind, ein talentiertes, neugierig-forschendes Lerngenie. Natürliche Neugierde, persönliches Wachstum und Neues erlernen zu wollen gehören zu den Grundbedürfnissen eines jeden Menschen.

Dieses Buch hilft Ihnen zu erkennen, dass Sie genau so wie Sie natürlicher Weise sind, bereits gut genug sind. Mehr als gut genug. Menschen, die das für sich erkannt haben, haben Erfolg und können erlernen, was immer Sie gerne möchten!

Dieses Buch hat einen praktischen Ansatz. Es will Sie inspirieren mit frischem Mut und Experimentiergeist neue Wege im Studium auszuprobieren. Alle Konzepte, Techniken und Übungen, die Sie in diesem Buch finden, wurden bereits von vielen anderen

Studierenden in entsprechenden Workshops mit Erfolg umgesetzt. Immer wieder war das Erstaunen groß, wie leicht und schnell sich eine bestimmte Situation im Studium zum Besseren wenden ließ. Immer wieder waren Teilnehmer überrascht, dass sie bereits über ausreichend viele Ressourcen verfügen, wie beispielsweise über eine ausreichend starke Willenskraft, sowie mehr als hinreichende Intelligenz und Kreativität. Und das ist auch bei Ihnen der Fall!

> Lehren heißt zeigen, dass etwas möglich ist. Lernen heißt, seine eigenen Möglichkeiten ausloten. (Paolo Coelho)

Dieses Buch führt Sie durch einen Coaching-Prozess, in dem Sie

- Ihre derzeitige Lage analysieren werden,
- herausfinden, was genau es für Sie persönlich bedeutet, Erfolg im Studium zuhaben,
- was Ihre persönlichen Werte sind, und wie Sie diese bewusst im Studium für sich nutzen können,
- herausfinden, wie Ihre persönlichen Wünsche und Ziele im Studium aussehen,
- einen realistischen Aktionsplan entwerfen, den Sie beherzt, souverän und entschlossen bis zum Ende durchziehen werden.

> Man kann die Menschen nichts lehren, man kann ihnen nur helfen, es in sich selbst zu finden. (Galileo Galilei)

In diesem Buch finden Sie viele nützliche Werkzeuge, die Sie nutzen können, um mehr Erfolg im Studium auf eine für Sie angenehme und leichte Weise zu erreichen. Je öfter Sie diese Werkzeuge anwenden bzw. damit experimentieren, umso schneller werden sie Ihnen in Fleisch und Blut übergehen. Dann müssen Sie später nicht mehr bewusst darüber nachdenken, weil sich das neue, kraftspendende Denken und Verhalten automatisiert hat. Eventuell werden Ihnen einige der Anregungen und Übungen weniger liegen. Das ist normal, denn jeder Mensch ist anders. Verlassen Sie sich auf Ihr Gespür und bleiben Sie bei dem, was für Sie stimmig und hilfreich ist. Aber bedenken Sie bitte auch, dass sich gerade wirklich neue Handlungen und Denkmuster zu Beginn immer etwas fremd anfühlen werden (mehr dazu später im Kap. 2). Eventuell gehören dazu auch die Übungen, die Ihnen schnell einen Durchbruch bringen könnten. Ein Durchbruch zu wahrem Erfolg erfordert eben auch, dass Sie sich ganz bewusst für Neues und auch Ungewohntes öffnen, und dass Sie auch mal experimentieren. Dabei ist es hilfreich, spielerisch vorzugehen, so wie Sie es als Kind gemacht haben.

Ja, Ihre aktive Mitarbeit ist erforderlich. Ebenso die Bereitschaft, Neues auszuprobieren und Situationen anders zu betrachten als bisher. Wenn Sie sich dafür öffnen können, werden Sie schon sehr bald effektiver, müheloser, motivierter und vor allem erfolgreicher lernen als zuvor. Wie das im einzelnen konkret funktioniert, erfahren Sie in diesem Buch Schritt für Schritt.

Jeder ist anders

Als einmal eine Freundin von mir anderen von unserem gemeinsamen Besuch eines avantgardistischen Theaterstücks berichtete, habe ich mich total überrascht gefragt: „Waren wir beide tatsächlich bei derselben Veranstaltung?"

Jeder nimmt die Welt anders wahr, filtert das Geschehen durch seine eigene „Brille". Was für den einen vielleicht nervig ist, findet ein anderer unterhaltsam. Eine Vorlesung, der ein Student vielleicht überhaupt nicht folgen kann, findet eventuell sein Sitznachbar höchst unterhaltsam und interessant. Eine Lerngruppe, die die eine Studentin als „Schwafel-Gruppe" abtut, ist für eine andere eventuell der Dreh- und Angelpunkt, der für sie ihr Studium zusammenhält. Der eine braucht ungestörte Ruhe in den eigenen vier Wänden zum Lernen, der andere geht mit seinem Lehrbuch ins Freibad. Es gibt nicht DIE richtige Lern- oder Erfolgsstrategie. Jeder Mensch, jeder Student ist anders. Jeder lernt, agiert fühlt und arbeitet anders.

Nur Sie selbst können herausfinden, wie Sie am besten lernen können. Sie selbst sollten verschiedene Techniken ausprobieren und dabei erspüren, was für Sie persönlich stimmig, motivierend und effektiv ist. Betrachten Sie deshalb sowohl die Übungen als auch die Theorie-Teile in diesem Buch immer nur als Anregung, so wie eine Art Menü, aus dem Sie sich das auswählen, was Sie persönlich anspricht, Ihnen weiterhilft und Kraft gibt.

Kaum jemand nimmt sich die Zeit, sich klar darüber zu werden, welche Art von Leben er leben könnte

Der nachfolgende Text-Auszug stammt aus dem Artikel „Raus aus den alten Schuhen" des Psychologen Robert Betz[1]:

> Je länger ich die Menschen um mich herum beobachte, desto mehr habe ich den Eindruck, dass sich die übergroße Mehrheit aller Menschen hier in Westeuropa in einem tiefen Schlaf befindet. Sie leben ihr Leben auf eine Weise, als hätte ihnen jemand eine Depotspritze an Schlaf- und Betäubungsmitteln verabreicht, die mindestens einige Jahrzehnte lang in ihrer Wirkung anhält, bei nicht wenigen bis zum Grab. (…) Die meisten leben tagein, tagaus, jahrein, jahraus das gleiche Leben. In ihrem Leben verändert sich kaum etwas außer alle paar Jahre das Auto, mitunter auch der Partner, ab und zu der Job. (…) Sie leben ein Leben der Routine: aufstehen, zur Arbeit fahren, Erwartungen von Chefs erfüllen, heimfahren, sich unterhalten und erholen, schlafen gehen. Aufstehen – arbeiten – ablenken – hinlegen; aufstehen – arbeiten – ablenken – hinlegen. (…) Sie haben nie wirklich Zeit, wirken oft gehetzt und gestresst, machen alles sehr schnell, als sei jemand hinter ihnen her und murmeln innerlich dauernd vor sich hin: ‚Hab keine Zeit, hab keine Zeit; muss mich beeilen, muss mich beeilen; komm zu spät, komm zu spät.' (…) Kaum jemand im Westen nimmt sich die Zeit und den Raum, um sich überhaupt klar darüber zu werden, welche Art von Leben er hier leben könnte und was für ein Leben er leben will.

---

[1]Dieses Zitat erfolgt in dieser Form mit Genehmigung des Autors; der ganze Text ist online verfügbar unter: http://robert-betz.com/fileadmin/files/medien/pdf/va_rbetz_raus_schuhe.pdf (letzter Abruf 1.2.17).

Der heranwachsende Jugendliche wird in seiner Familie maximal mit der Frage konfrontiert: ‚Was willst du einmal werden?‘ Womit gemeint ist, womit willst du dein Geld verdienen, deine Miete zahlen etc. Kaum ein Vater, kaum eine Mutter sagt zum eigenen Kind: ‚Überlege dir gut, was für ein Leben du leben willst! Mach dir früh Gedanken darüber. Schau dich um, wie andere ihr Leben leben, z.B. wir, deine Eltern. Übernimm das nicht blind, sondern triff deine eigenen Entscheidungen über dein Leben.‘

Dieses Buch möchte Sie nicht mit zusätzlichen Regeln oder Aufgaben belasten. Im Gegenteil! Denn wenn Sie sich nach den Erwartungen von anderen verbiegen, brav und angepasst agieren oder verbissen pauken und kämpfen, werden Sie damit in der Regel eben keine großen Erfolge erringen! Hier geht darum, Ihnen zu zeigen, wie Sie bewusst das Potenzial nutzen, was Sie von Natur aus schon mitbringen. Es geht um die Entfaltung Ihrer persönlichen Neigungen und des großen Potenzials, das in Ihnen (wie in jedem Menschen) schlummert. Es geht darum herauszufinden, wie Sie leichter, interessierter und erfolgreicher lernen und arbeiten können. Es geht darum, dass Sie Ihr eigenes, auf Ihre persönlichen Bedürfnisse abgestimmtes Erfolgsrezept entdecken. Wir werden gemeinsam den Hebel da ansetzen, wo Sie Ihr Studium am effektivsten und für Sie am angenehmsten „stemmen" können. Es geht darum, eine Art zu lernen und zu arbeiten zu finden, die Ihnen so vertraut vorkommt und so leicht von der Hand geht, dass Sie sich vermutlich fragen werden, warum Sie nicht schon lange so gelernt und gearbeitet haben. Obwohl Sie das wahrscheinlich sogar bereits haben – nämlich als kleines Kind.

Beurteilen Sie das, was Sie in den nächsten Wochen neu für sich entdecken werden – das werden vielleicht hin und wieder auch etwas ungewöhnliche Lösungsansätze sein, die sonst kein anderer Student verwendet – bitte nicht mit den Maßstäben von anderen; z.B. mit denen Ihrer Dozenten oder anderer Kommilitonen. Erspüren Sie stattdessen (endlich!) was für Sie selbst – so, wie Sie eben von Natur aus sind – stimmig und effektiv ist. Und das ist für jeden Menschen ein bisschen anders. Dieses Buch, dieses Coaching wird Ihnen helfen, sich selbst mehr wertzuschätzen, so wie Sie natürlicherweise sind!

Für mich selbst war es höchst erstaunlich – als ich vor vielen Jahren die hier in diesem Buch dargelegten Methoden kennengelernt und ausprobiert habe – dass durch eine Rückbesinnung auf das, was mir persönlich entspricht und zu mir passt, die Arbeit plötzlich sehr viel leichter wurde. Obwohl ich mich damit im Prinzip ein Stück weit von den Vorgaben der Autoritäten (wie Vorgesetzten oder Profs) entfernt habe, stellten sich plötzlich Erfolge und auch Anerkennung von außen schneller und nachdrücklicher ein, als bei all den Anstrengungen, die ich bis dahin unternommen hatte, als ich stets bemüht gewesen war, genau den Anweisungen zu folgen und allen Vorgaben gerecht zu werden.

Lernen gelingt am besten, wenn Sie …

- … das, was Sie lernen, für erstrebenswert halten,
- … einen Sinn darin sehen,
- … ein Interesse daran haben,
- … ein persönliches Ziel damit verfolgen.

Möglicherweise haben Sie das Lern-Genie in sich noch nicht entdeckt
Sie sind, wie alle Menschen, von Natur aus ein Lerngenie. Neues zu lernen bleibt das
ganze Leben lang eines der menschlichen Grundbedürfnisse! Als Kind haben Sie rasend
schnell gelernt. Sie haben mit Leichtigkeit und spielerisch im wahrsten Sinne des Wortes
neues Wissen jeglicher Art wie ein Schwamm aufgesogen. Sie hätten damals niemals an
sich gezweifelt, egal, ob Sie laufen gelernt haben, mit Messer und Gabel essen oder die
komplexe Grammatik Ihrer Muttersprache. Obwohl die meisten dieser Fähigkeiten wirklich nur durch unermüdliches Training zu erwerben waren, haben Sie den Lernprozess
damals als Kind nicht als anstrengend empfunden, sondern immer nur als ein spannen-
des Abenteuer. Über Rückschläge haben Sie glucksend gelacht und haben fröhlich –
manchmal sogar mit einem blauen Auge! – einfach wieder von vorne angefangen.
Egal, wie wackelig Sie gelaufen sind, niemand hat gemeckert: „O je, Eva läuft ja völlig
schief! Und jetzt ist sie doch tatsächlich schon wieder umgefallen! Eva, reiß dich endlich zusammen. Streng dich an. Du wirst doch wohl den Weg von hier bis zur Küche
in einem Stück schaffen können!" Nein im Gegenteil. Jeder noch so kleine wackelige
Schritt wurde damals von Ihrer Umwelt gefeiert und bewundert. Alle waren entzückt bei
jedem noch so kleinen Lernversuch: „Sie will tatsächlich auch schon ganz alleine essen.
Oh wie süß, jetzt hat sie sich den Brei statt in den Mund an ihre Backe geschaufelt!".
Damals waren Ermutigungen, ständiger Zuspruch und sehr viel liebevolle Geduld Ihre
Lern-Begleiter. Es gab damals niemanden, der gesagt hätte: „Vergiss es, das Laufen
(oder Sprechen oder Mit-Messer-und-Gabel-Essen) lernst Du sowieso niemals richtig!"

Einige Jahre später dann jedoch, als dieselbe Eva betrübt aus der Schule heimkam,
weil sie es nicht geschafft hatte, sich elegant im Sport aufs Reck zu schwingen, oder
vielleicht hatte sie beim Rechnen nicht verstanden, wie man subtrahiert, sagte ihre Mutter (weil sie ihrer kleinen Eva helfen wollte!): „Sei nicht traurig, Liebes! Nicht jeder
kann sportlich sein!" Oder: „In unserer Familie hatten schon immer alle Probleme mit
Mathematik[2] ". Oder: „Ach, Singen ist halt nicht deine Stärke!"

Übrigens: Bei welchen Fertigkeiten haben Sie irgendwann beschlossen, dass diese
Ihnen einfach nicht liegen? Und das, obwohl Sie sie vielleicht nur wenige Male ernsthaft
(leider jedoch vergeblich) ausprobiert hatten?

Später, nachdem Sie eingeschult worden waren, bestand die Haupt-Technik Ihrer
Lern-Coaches dann darin, Sie ständig und streng auf alles hinzuweisen, was Sie
irrtümlicherweise falsch gemacht hatten. Jeder kleine Fehler wurde gerügt. Individuelle
Kreativität und eigene ungewöhnliche Lösungssuche waren nicht mehr gern gesehen.
Alle Schulkinder sollten nun auf genau identische Art und Weise im strikt vorgegebenen
Zeitraster ein ganz bestimmtes Lernergebnis erzeugen. Urplötzlich waren die ständige
Ermutigung und das unerschütterliche Vertrauen in Sie und Ihren Lernfortschritt in den

---

[2]Speziell in Deutschland ist es erstaunlicher Weise salonfähig in Mathe schlecht zu sein. In anderen europäischen Ländern stößt man damit auf völliges Unverständnis: s. z.B. www.welt.de/
wissenschaft/article2441231/Es-ist-schick-schlecht-in-Mathe-zu-sein.html (letzter Abruf 1.2.17).

Hintergrund getreten. Warum war da nicht das gleiche Vertrauen, dass Sie nun – nachdem ja doch das Erlernen der ziemlich komplexen Muttersprache mit allen Konditionalformen ein Kinderspiel für Sie gewesen war – auch genauso mit Leichtigkeit korrekt schreiben und rechnen lernen würden? Stattdessen hieß es: „Streng dich an." Oder: „Reiß dich zusammen. Hör auf zu träumen! Pass auf! Und beeil dich! Schreib ordentlicher und bleib strikt beim Thema dieses Aufsatzes." Da ist es gut verständlich, warum bei vielen Menschen alles, was irgendwie entfernt mit Schule und Lernen zu tun hat, das Etikett „anstrengend" und „mühsam" bekommen hat.

Trotzdem besteht auch im Erwachsenenalter noch die Möglichkeit, den optimalen, fließenden Lernzustand wieder zu finden. Diese Art des Lernens, bei der die Zeit wie im Flug vergeht, weil Sie mit Freude und einem unerschütterlichen Glauben an den eigenen Erfolg arbeiten. Dann lernen und handeln Sie hoch motiviert und voller Konzentration. Ganz egal, ob es sich um Programmieren handelt, Texte schreiben, eine Übersetzung, um das Zeichnen von Schaltkreisen oder die Komposition eines Musikstückes. Dann lernen Sie vor allem immer auch erfolgreich.

Ihre innere, mentale Einstellung ist entscheidend

Jeder von uns hat eine ganz bestimmte Vorstellung davon, wie erfolgreich er oder sie sein oder werden kann. Dieses innere Bild entscheidet darüber, ob und in wie weit Sie Erfolg im Studium (oder später im Beruf) haben. Alles Büffeln und Sich-anstrengen nützt Ihnen wenig, wenn Ihr persönliches, in der Kindheit und Schulzeit geprägtes Erfolgsprogramm nicht mitspielt. Die gute Nachricht ist, dass es durchaus möglich ist, ein altes mentales (Miss-)Erfolgsprogramm zu verändern, sobald Sie ihm erst einmal auf die Schliche gekommen sind. Wie das genau geht, erfahren Sie später in diesem Buch.

Wie effektiv Sie lernen, wie gut Sie wie viel Stoff aufnehmen (können), hängt ganz entscheidend davon ab, welches Selbstbild, welche Selbsteinschätzung und wie viel Selbstbewusstsein Sie besitzen. Ausschlaggebend ist dabei auch, ob Sie dieses Studium und das, was Sie dort lernen, wertschätzen. Insbesondere ist aber wichtig, für wie fähig Sie sich im Vergleich zu den Anforderungen des Studiums halten. Bitte beachten Sie hier: Ich habe nicht geschrieben, wie gut Ihre Fähigkeiten und Leistungen den Anforderungen des Studiums tatsächlich gerecht werden! Sondern, für wie fähig Sie sich halten (s. auch Abb. 1.1)!

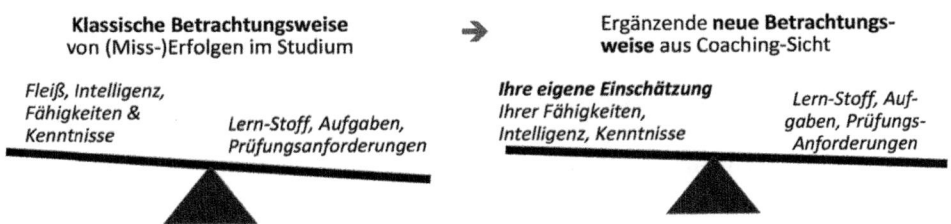

Abb. 1.1 „Wippe", um Aufgaben und Prüfungs-Anforderungen „stemmen" zu können

Mithilfe dieses Buches werden Sie Ihre innere Einstellung dem Studium gegenüber, sowie gegenüber den damit verbundenen Anforderungen und Aufgaben analysieren und verbessern. Die Art Ihrer Gedanken entscheidet darüber, wie fähig oder ohnmächtig Sie sich fühlen. Dieses Gefühl entscheidet dann wiederum darüber, ob Sie eine Aufgabe mit Zuversicht und Ausdauer beginnen (und beenden) oder aber zweifelnd und halbherzig. Und sie dann eben auch nicht so erfolgreich wie gewünscht bewältigen können.

Sie sind von Natur aus ein Lern-Talent

Ich werde Sie deshalb immer wieder daran erinnern, dass Sie von Natur aus ein Lern-Genie sind. Auch heute noch! Sie haben dieses Potenzial nur eventuell länger nicht mehr für sich genutzt, haben es vergessen. Erfolg im Studium – wirklich echter, starker Erfolg –hat oftmals weniger mit Fleiß, Anstrengung oder hoher Intelligenz zu tun, als Sie es jetzt vielleicht glauben. Entscheidend ist Ihre innere, mentale Einstellung zum Lern-prozess: Mit selbstverständlichem, natürlichem Selbstvertrauen, forschender Neugierde, stressfreiem Experimentieren und der unerschütterlichen Zuversicht, dass Sie sich den Stoff auf Ihre ganz persönliche Art und Weise effektiv und erfolgreich aneignen werden, kann Ihr Studium zum Genuss werden. Dieses Buch zeigt Ihnen, wie Sie das erreichen können. Es geht dabei weniger darum, generell anwendbare, für alle Studierenden iden-tische Lern-Strategien aufzuzeigen, als darum, Sie zu ermutigen, den für Sie passenden, optimalen Weg durch das Studium zu finden.

Was hat Sie ursprünglich dazu bewogen, dieses Fach zu studieren?

An der Hochschule beobachte ich immer wieder, wie die anfängliche Begeisterung der Neu-Immatrikulierten leider schon im Laufe des ersten Semesters nachlässt. Der Blick der strahlenden, erwartungsvollen Augen, die ich in den ersten Wochen bei fast allen unserer Studierenden sehe, weicht dann mehr und mehr einem ernüchterten Blick, der den Druck ständig zunehmender Anforderungen und Aufgaben reflektiert. Lassen Sie sich nicht durch den Berg ständig anwachsender Aufgaben und Anforderungen hypno-tisieren! Es kann hilfreich sein, wenn Sie sich daran erinnern, mit welcher Hoffnung und mit welcher Zukunftsvorstellung Sie sich ursprünglich immatrikuliert haben. Was erhofften Sie sich von diesem Studium bzw. von diesem Abschluss für Ihre zukünftige Karriere oder Ihr (Berufs-)Leben? Was an diesem Fach, was an diesem ganz speziellen Berufsfeld hat Sie damals angezogen oder fasziniert? Halten Sie die damaligen Träume und Hoffnungen, Ihre Vorstellungen und Ziele der ersten Semesterwoche wach und lebendig. Schreiben Sie es sich auf! Auch wenn Sie schon in einem höheren Semester sind: Nehmen Sie sich bitte die Zeit, sich daran zu erinnern – das ist wichtig! Für Sie und für Ihre erfolgreiche Zukunft! Ihre damaligen Träume und Hoffnungen sind ein guter Ausgangspunkt, um Ihre eigenen Potenziale zu entdecken und auch solche Arbeits- und Lerntechniken, die Ihnen entsprechen und somit leicht fallen.

www.freeimages.com. Pawel Kryi

Nehmen Sie sich – am besten jetzt sofort – ein paar Minuten Zeit, um kurz schriftlich festzuhalten, warum Sie sich für genau dieses Studium entschieden haben. Fragen und erinnern Sie sich: „Was waren damals meine Vorstellungen, Hoffnungen und Träume, die ich am ersten Tag, in der ersten Woche meines Studiums hatte? Was habe ich mir durch dieses Studium, durch diesen Abschluss für meine zukünftige Karriere und mein (Berufs-)Leben erhofft? Was an diesem Fach und an diesem ganz speziellen Berufsfeld hat mich damals, als ich mir dieses Studium ausgesucht habe, angezogen oder faszi-niert?" Hüten und hegen Sie Ihre Antworten wie einen kleinen Schatz. Lassen Sie sich davon im Studium leiten wie von einem Kompass!

Was liegt konkret an bei Ihnen?
Vervollständigen Sie bitte mindestens drei der folgenden Halbsätze. Wählen Sie die aus, die Sie jetzt gerade ansprechen:

☑ Ich suche neue Ideen, damit ich …
☑ Immer wieder …
☑ Ich stehe vor der Entscheidung, ob …

☑ Mir geht durch den Kopf …

☑ Ich nehme mir … vor, aber ….

☑ Das Tollste, was ich mir als Ergebnis dieser Buchlektüre vorstellen könnte, wäre …

Jetzt schätzen Sie bitte intuitiv und spontan Ihr derzeitiges Erfolg-Niveau im Studium ein. Bei welchem Prozentsatz liegen Sie auf diesem Erfolgs-Thermometer:

Ich bin im Studium erfolgreich zu

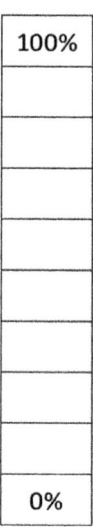

Warum lesen Sie dieses Buch? Was erhoffen Sie sich davon?

Dieses Buch will Sie inspirieren und Ihnen Mut machen, Neues zu wagen. Was ist es, das Sie an Ihrem Studium stört? Oder an Ihnen selbst? Was wollen Sie gerne verändern? Wo kommen Sie nicht so voran, wie Sie es gerne hätten? Was erträumen Sie sich statt-dessen? Was wäre der tollste Erfolg, den Sie für sich mithilfe dieses Buches erreichen könnten?

Bevor Sie weiterlesen, nehmen Sie sich jetzt bitte einige Minuten Zeit und notieren Sie kurz, was Ihr ganz persönliches Erfolgsziel sein könnte, das Sie mithilfe dieses Buches für sich erreichen möchten.

Erfolgreich sein ist Ihre wahre Natur

Lassen Sie den Widerstand gegen Ihre wahre Größe los.
Sie will endlich leben – fürchten Sie sich nicht davor,
denn sie wird Sie tragen und immer richtig leiten.
Öffnen Sie sich für den Gedanken, groß zu sein, strahlend, gesund, erfolgreich und wohl-habend,

dafür, dass Ihre Augen wieder so leuchten können, wie damals als Kind,
damit sie die Wunder dieser Welt bestaunen und auch Ihre vielfältigen Möglichkeiten wieder erkennen können.
Reichen Sie das Feuer der Inspiration dann auch an andere weiter.
Während Sie innerlich frei, mutig und selbstbestimmt Ihrem Herzen folgen, lernen, arbeiten, leben und dienen Sie auch dieser Welt am besten.
Denn unsere Welt braucht dringend mehr Träumer, Visionäre, Kreative und glückliche, positive Menschen.

1.1.2   Ihre Sichtweise ist wichtig

www.freeimages.com, Richard Styles

Zu diesem Thema möchte ich Ihnen zunächst eine Geschichte erzählen:

Fünf weise Männer begegneten auf einer Nachtwanderung – es war so dunkel, dass man die Hand nicht vor Augen sehen konnte – einem (glücklicherweise friedlichen!) Elefanten. Neugierig und wissensdurstig, wie sie waren, versuchten sofort alle fünf gleichzeitig zu ertasten, um was für ein Ding oder Wesen es sich hier handelte. „Ich hab's!" rief der Erste stolz: „Das ist so etwas Ähnliches wie ein Pinsel!" Er hatte den Schwanz des Elefanten erwischt. „Ach Unsinn!", rief der Zweite. Er stand zufällig neben dem Rüssel: „Mich erinnert das eher an einen Gartenschlauch!" „Nein, Ihr habt beide unrecht", fuhr der Dritte dazwischen. Er hatte das Ohr des Elefanten erwischt: „Es fühlt sich ein bisschen an, wie ein großes welkes Blatt!" „Ja, da hast du recht!" rief da der Vierte, „Es könnte tatsächlich ein Baum sein, denn ich halte hier den Stamm!" Er stand neben einem der Beine. „Was ist nur los mit Euch?!" rief da der Fünfte. „Das ist doch ganz eindeutig eine Art großes Schwein!" Er hatte seitlich am Elefantenbauch ein Stück Haut mit einigen Borsten ertastet.Ich erspare Ihnen die weiteren Details. Denn der Streit spitzte sich zu und wurde immer heftiger. Dabei hat sich dann leider jeder dieser Fünf immer mehr in seine individuelle Sichtweise verrannt. Obwohl ja doch jeder von ihnen, von seinem Standpunkt aus gesehen, Recht hatte! Unglücklicherweise kam keiner der weisen Männer auf die Idee, seine persönliche Perspektive zu verändern und damit seinen Blickwinkel insgesamt zu erweitern.

Mir persönlich hat schon mehrfach allein die Erinnerung an diese kleine Geschichte geholfen, wenn ich in eine kontroverse Diskussion verwickelt war. Die Geschichte verdeutlicht gut, dass auch eine eindeutige Sachlage eventuell sehr unterschiedlich interpretiert werden kann. Selbst harte Fakten können eben je nachdem, welchen Standpunkt man gerade hat – und der hat sich mitunter auch nur mehr oder weniger zufällig ergeben! – eine ganz andere Bedeutung haben. Nutzen Sie die Anregungen und Übungen aus diesem Buch, um immer öfter Ihren derzeitigen Standpunkt zu hinterfragen. So lernen Sie Ihre Perspektive flexibel zu verändern und auch den Blickwinkel insgesamt zu erweitern. Sie werden erleben, wie sich alleine schon dadurch so manche Schwierigkeit in Luft auflösen wird!

Vexierbilder

Schon als Kind haben mich die sogenannten Vexierbilder[3] fasziniert. Auf diesen Bildern entdeckt man als Betrachter auf den zweiten Blick plötzlich noch eine zweite, inhaltlich ganz andere Darstellung. Zum Beispiel sieht man auf den ersten Blick eine helle Vasen-Silhouette in der Mitte eines Bildes mit dunklem Hintergrund. Dann aber plötzlich, bei näherer Betrachtung, entdecken Sie, dass es ebenfalls zwei dunkle, sich frontal anschauende Gesichter rechts und links am Bildrand vor einem hellen Hintergrund

---

[3] ‚vexare' heißt auf lateinisch sich plagen oder quälen.

sein könnten. Wenn Sie im Internet unter „Vexierbild" suchen, finden Sie etliche solcher Vexierbild-Beispiele. So bin ich auch auf dieses Bild hier[4] gestoßen.

Für unser Thema sind die Vexierbilder deshalb interessant, weil sich hier unser Gehirn zunächst – und das blitzschnell – nur auf die zuerst wahrgenommene Bild-Interpretation versteift. Bei einigen dieser Bilder muss man ein Weilchen tüfteln, und vor allem ganz bewusst bereit sein, die Perspektive zu wechseln, um die zweite Bedeutung und Darstellung des Bildes ebenfalls zu erkennen. Und das, obwohl diese ja im Grunde genau dieselbe Wertigkeit oder Bildstärke hat. Hier kann man am eigenen Leib erleben, wie schwierig gelegentlich ein Perspektivwechsel sein kann. Natürlich nur, solange Sie das spezielle Vexierbild noch nicht kennen und durchschaut haben. Im selben Moment, in dem Sie das Vexierbild einmal enträtselt haben, kann es Sie nicht länger „quälen". Je mehr solcher Vexierbilder Sie kennen gelernt und durchschaut haben, umso leichter und schneller gelingt Ihnen beim nächsten Mal der Perspektivwechsel und das Durchschauen der doppelten Botschaft. Auch bei einem Ihnen bis dato unbekannten Bild! Hier können Sie quasi „im Kleinen" praktisch erfahren, dass Perspektiven-Wechsel möglich und trainierbar sind.

Licht und Schatten
Die meisten Vexierbilder arbeiten mit Hell und Dunkel, mit viel Licht und starken Schatten. Auch das ist im übertragenen Sinne eine Analogie zu Ihrer Situation im Studium. Die meisten von uns wurden so erzogen und geprägt, dass wir ständig nach den Schatten, nach Schwachstellen und Fehlern Ausschau zu halten. Sowohl bei dem, was uns „im Außen" begegnet, als auch – und das ist noch schlimmer! – „innen" bei uns selbst. Wir alle beurteilen vielfach zu streng; uns selbst, aber auch die anderen. Wir kennen in der Regel die meisten unserer Fehler und Schwachstellen, aber unsere Potenziale, Erfolge und Stärken können wir nur nach längerem Nachdenken benennen. Viel zu selten halten wir bewusst Ausschau nach dem positiven Potenzial in uns selbst und in anderen; oder auch in bestimmten Situationen, die uns missfallen.

Lernen Sie den Fokus Ihrer Aufmerksamkeit ein Stück weit wegzunehmen von dem, was leider gerade nicht so funktioniert, wie gewünscht, und von dem, was Ihnen missfällt oder gerade schwerfällt. Beschäftigen Sie sich stattdessen mit Ihren persönlichen Potenzialen und Ihren eigenen Zielen, also mit dem, was Sie sich „statt dessen" wünschen, oder mit dem, was Sie brauchen, um neue Kraft zu gewinnen und zu wachsen.

Dabei sollen Sie bitte nichts „schön reden" und schon gar nicht zum Traumtänzer werden. Es geht hierbei durchaus immer darum, sich an den Fakten zu orientieren. Aber genauso wie die Vexierbilder, hat auch jede Situation und jede Aufgabe je nach

---

[4]„All is Vanity" (1892) von Charles Allan Gilbert (Quelle: de.wikipedia.org/wiki/Vexierbild , Letzter Abruf: 1.2.17), das Bild ist gemeinfrei, weil die urheberrechtliche Schutzfrist abgelaufen ist.

Betrachtungsweise ganz unterschiedliche Facetten. Immer gibt es Nachteile. Stets aber auch Potenziale und Chancen. Ein positiver, zielorientierter und gleichzeitig realistischer Fokus will erlernt sein. Dazu werden Ihnen die Übungen aus diesem Buch immer wieder und vielfältig Gelegenheit bieten. Jede Sekunde strömen Millionen von Informationen auf uns ein. Das, was wir bewusst wahrnehmen und dann für „die" Realität halten, ist in Wirklichkeit immer nur ein klitzekleiner und sehr subjektiv gefilterter Ausschnitt des Ganzen.

Erinnern Sie sich selbst, wenn Sie auf Probleme und Schwierigkeiten stoßen, an die Vexierbilder oder an die fünf weisen Männer und den Elefanten. Gerade wenn es schwierig wird, sollte man einer Veränderung der Perspektive gegenüber offen sein. Schon Albert Einstein sagte: „Probleme kann man niemals auf derselben Ebene [KK: aus derselben Perspektive] lösen, auf der sie entstanden sind." Er empfahl, der Betrachtung und Untersuchung der Herausforderung (nicht der Lösung!) ausreichend Zeit zu widmen: „Alte Probleme aus einem neuen Blickwinkel zu betrachten, erfordert schöpferische Vorstellungskraft und macht die wirklichen Fortschritte (…) aus." Probleme kraftvoll und kreativ zu lösen, erfordert, den persönlichen Blickwinkel zu erweitern. Dann wird man meist recht schnell neue, effektive Lösungsstrategien entdecken können (Abb. 1.2).

> Wer ein Problem definiert, hat es schon halb gelöst. (Julian Huxley)

Ihre persönliche Ansicht hat entscheidenden Einfluss darauf, wie schnell Sie eine Herausforderung bewältigen

> Wenn der Geist des Menschen durch eine neue Idee erweitert wurde, schrumpft er nie wieder auf seine ursprünglichen Dimensionen zurück. (Oliver Wendell Holmes)

Wagen Sie hin und wieder einen Perspektivwechsel. Stellen Sie sich vor, wie es wäre, durch die Augen eines anderen auf Ihre Situation zu schauen. Setzen Sie sich hin und wieder eine neue ‚Brille' auf. Manchmal wird es Ihnen in den nächsten Wochen,

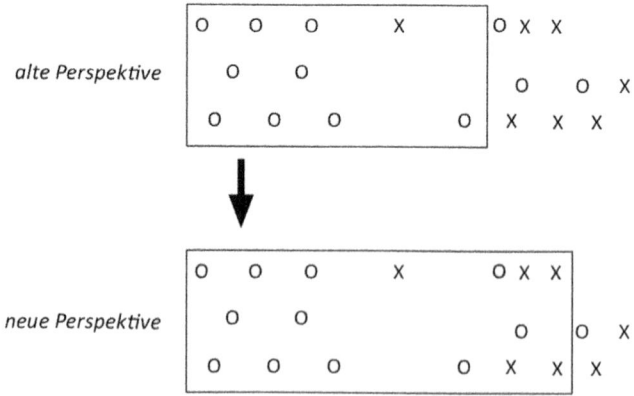

Abb. 1.2 Sie wünschen sich mehr „x"? Erweitern Sie Ihren Blickwinkel

während Sie dieses Buch durcharbeiten, vielleicht so vorkommen, als hätten Sie endlich eine ziemlich dunkle Sonnenbrille abgenommen, die Sie schon seit Ewigkeiten auf Ihrer Nase tragen. Sie werden dann plötzlich verwundert feststellen, wie viel heller, freier, lustvoller und spannender Ihr Studium und Ihr Lernen sein oder werden kann. Ihre Sicht- und Denkweise, Ihre persönliche Perspektive, Ihre mentale Einstellung haben einen entscheidenden Einfluss darauf, wie selbstbewusst, wie ausdauernd, wie motiviert und wie erfolgreich Sie sich den Herausforderungen Ihres Studiums stellen.

„Ob ICH das aber schaffen kann?", höre ich jetzt den einen oder die andere von Ihnen denken. Es ist leichter, als Sie vielleicht glauben. Wichtig ist vor allem, dass Sie morgen schon – oder besser noch heute! – beherzt anfangen.

> Nicht weil die Dinge schwierig sind, wagen wir sie nicht, sondern weil wir sie nicht wagen, sind sie schwierig. (Seneca)

Hier kommt eine Übung für Sie
Stellen Sie sich vor, Sie haben mit der Betreuerin Ihrer Bachelor-Arbeit einen Termin Montagmorgen um 8.15 Uhr ausgemacht. Sie sind pünktlich an der Uni, aber die Dozentin erscheint nicht. Überlegen Sie sich vier völlig unterschiedliche Sichtweisen bzw. Interpretationen dieser Situation. Mindestens zwei davon sollten positiv sein. Machen Sie kurz in Stichworten Notizen dazu.

Was „positiv" ist, kann für jeden Menschen völlig anders sein. Um für Sie persönlich positive Sichtweisen bzw. Interpretationen zu erkennen, lesen Sie, was Sie aufgeschrieben haben und spüren Sie dabei innerlich nach, was die jeweilige Sichtweise bei Ihnen bewirkt. Sie sollten mindestens zwei Möglichkeiten finden, Ihre Sicht der Situation so zu gestalten bzw. zu verschieben, dass diese Ihnen Kraft, Hoffnung oder Zuversicht gibt, anstatt Sie zu verunsichern oder anders emotional unangenehm aufzuwühlen.

Was Ihr Erfolg im Studium mit einem Space Shuttle gemein hat

www.freeimages.com, Marcin Rybarczyk

Wussten Sie, dass eine Rakete über 80 % ihres Treibstoffs beim Start verbraucht? Der Großteil der Kraft und Energie wird benötigt, um die Anziehungskraft der Erde zu überwinden. Das sind etwa die ersten 100 km. Die restlichen hunderttausend Kilometer im All, d.h. die eigentliche Reise und auch der Weg zurück zur Erde, verbrauchen nur maximal 20 % des gesamten Brennstoffs.

Was das mit Ihnen und Ihrem Erfolg im Studium zu tun hat? Auch Sie müssen jetzt im übertragenen Sinne zunächst die „Anziehungskraft der Erde" überwinden. Alte, eingefleischte Gedankenmuster und Angewohnheiten, suboptimale Lernstrategien und die uns allen vertraute Trägheit gegenüber Veränderungen halten Sie schon viel zu lange zurück! Sobald Sie jedoch erst einmal Ihr Ziel klar vor Augen haben und dann entsprechende Aktionsschritte planen bzw. angehen, werden Sie überrascht sein, wie schnell sich Veränderungen und deutliche Verbesserungen einstellen werden. Dazu müssen Sie sich jedoch zunächst entschließen – fest entschließen – endlich loszulegen. Nehmen Sie sich jetzt, in diesem Moment fest vor, Ihre Rakete zu zünden.

Fassen Sie jetzt einen Entschluss

Oftmals erfordert es nur den festen Entschluss, jetzt wirklich etwas zu verändern, um eine bis dahin unglückliche oder festgefahrene Situation endlich auflösen zu können. Gemeint ist hier nicht, dass Sie sich jetzt überlegen: „Vielleicht sollte ich wirklich endlich mal …" Nein, hier geht es um Ihre feste, unumstößliche Entschlossenheit, ein Thema oder eine Herausforderung wirklich anzugehen und damit gleichzeitig auch wieder besser für sich selbst zu sorgen.

Manchmal muss sich dazu eine Situation erst im Laufe der Zeit so zuspitzen und so verschärfen, dass sie wirklich unerträglich wird. Spätestens dann bildet sich plötzlich – ganz aus sich selbst heraus und automatisch – eine ungeheure Schub- und Willenskraft, und die Entschlossenheit: „Schluss damit! Das werde ich jetzt wirklich ändern!" Günstiger und kräfteschonender, ist es jedoch, sich schon früher, bevor es wirklich eng wird, beherzt und entschlossen in Bewegung zu setzen.

Deshalb fassen Sie heute noch den Entschluss – der Zeitpunkt ist genau der richtige dafür, denn sonst würden Sie diesen Text jetzt nicht gerade lesen! – sich ab sofort Ihrem Erfolg im Studium zu verpflichten. Wie Sie dann anschließend konkret in die Aktion kommen, erfahren Sie Schritt für Schritt später in diesem Buch. Im Moment ist lediglich wichtig, dass Sie sich beherzt entschließen und sich innerlich dazu verpflichten, ab sofort Ihren Erfolg, auch Ihre Zufriedenheit sowie Ihr persönliches Wachstum in den Mittelpunkt Ihres Studiums zu rücken.

In meinen Coaching-Workshops machen wir an dieser Stelle ein kleines Ritual, bei dem jeder und jede einzeln aufsteht und öffentlich, vor den allen anderen, bekundet: „Ja, ich bin jetzt bereit, auf für mich stimmige Art und Weise im Studium immer erfolgreicher zu werden. Ich bin bereit, ab sofort immer mehr an mich selbst und mein Potenzial zu glauben. Ich bin entschlossen zu lernen und entsprechend zu denken und zu handeln. Ich werde dabei gut für mich sorgen und mir für mich selbst stimmige

Erfolgsziele fürs Studium setzen. Ich verpflichte mich dazu, alles mir Mögliche zu tun und dementsprechend aktiv zu werden."

Treffen auch Sie jetzt eine Entscheidung
Mit diesem Buch werden Sie lernen, sich selbst zu coachen, d.h. wie Sie mit weniger Anstrengung als bisher trotzdem effektiver und erfolgreicher studieren. Sie werden dabei automatisch auch immer mehr Motivations-, Willens- und Entschlusskraft entwickeln für Ihren Erfolg im Studium. Höchstwahrscheinlich werden Sie schon sehr bald überrascht feststellen, dass Sie plötzlich anders, effektiver, selbstbewusster und erfolgreicher denken und handeln, lernen und arbeiten. Es ist jedoch erforderlich, dass Sie sich innerlich verpflichten – sich selbst gegenüber und auch Ihrem Erfolg. Treffen Sie deshalb noch heute eine entsprechende Entscheidung. Tun Sie das unmissverständlich und nicht in nur still im Ihrem Kopf. Sprechen Sie es laut aus. Am besten vor Zeugen. Oder unterschreiben Sie einen „Vertrag" mit sich selbst. Dann begreift auch Ihr Unterbewusstsein, dessen kraftvoll-geniale Unterstützung wir bei diesem Coaching immer wieder nutzen werden: „Whow, es ist ihr/ihm wirklich ernst damit!"

Im Englischen bezeichnet man so etwas als ein Commitment[5] . Das Wort lässt sich schlecht angemessen übersetzen und wird deshalb mittlerweile eingedeutscht auch bei uns benutzt. Sie könnten beispielsweise einem guten Freund, dem Sie vertrauen, bei dem Sie sich drauf verlassen können, dass er Sie unterstützt und fördert, die unten folgende Absichtserklärung laut vorlesen, und sie dann mit festem Blickkontakt und Handschlag ‚besiegeln'. Alternativ dazu können Sie sich aber auch das Commitment selbst verbindlich schriftlich erklären:

Absichtserklärung – Commitment mir selbst gegenüber
Ich, _____ (tragen Sie hier Ihren Namen ein), bin willens und bereit, ab sofort täglich mehr an mich selbst und mein Potenzial zu glauben. Ich bin entschlossen zu lernen, entsprechend zu denken und zu handeln.

Ich, _____ (Ihr Name), bin willens und bereit, auf für mich stimmige Art und Weise im Studium immer erfolgreicher zu werden.

Ich, _____, verpflichte mich hiermit dazu, alles mir Mögliche zu tun, damit ich zufrieden, motiviert, effektiv und erfolgreich studiere.

_____, den _____

(Ort)   (Ihre Unterschrift)

---

[5]In den „Cambridge online dictionaries" (dictionary.cambridge.org/dictionary/british/commitment ; letzter Abruf: 1.2.17) findet man dafür die Definition: „(…) when you are willing to give your time and energy to something that you believe in, or a promise or firm decision to do something" und „something that you must do or deal with that takes your time".

In dem Augenblick, in dem man sich endgültig einer Aufgabe verschreibt, bewegt sich die Vorsehung auch. Alle möglichen Dinge, die sonst nie geschehen wären, geschehen, um einem zu helfen. Ein ganzer Strom von Ereignissen wird in Gang gesetzt durch die Entscheidung, und er sorgt zu den eigenen Gunsten für zahlreiche unvorhergesehene Zufälle, Begegnungen und materielle Hilfen, die sich kein Mensch vorher je so erträumt haben könnte. Was immer Du kannst, beginne es. Kühnheit trägt Genius, Macht und Magie. Beginne jetzt. (Johann Wolfgang von Goethe)

Wie gesagt, können Sie die Verbindlichkeit einer solchen Erklärung dadurch untermauern, dass Sie dies jemand anderem mitteilen. Deshalb biete ich Ihnen an, dass Sie, wenn Sie mögen, diese Erklärung auch gerne unter Kira.Klenke@googlemail.com an mich mailen können. Sie werden merken, dass – sobald Sie jemand anderem gegenüber diese Bereitschaft „öffentlich" erklärt haben – sich Ihr innerer Schweinehund, der sonst Dinge so gerne vor sich herschiebt, anstatt endlich aktiv zu werden, deutlich spürbar zurückhält. Im Gegenteil werden dann plötzlich zusätzliche innere Kräfte frei, die Sie auf dem Weg zu Ihrem Erfolgsziel gut gebrauchen können.

1.1.3 Persönliches Erfolgsjournal

Es besteht ein immenser Unterschied zwischen aufgeschriebenen und nur gedachten Worten
Halten Sie unbedingt von Anfang an alle Ideen und Einsichten schriftlich fest, die Ihnen mit Sicherheit ganz automatisch und nebenbei beim Lesen kommen werden. Manchmal kann es sein, dass Sie, während Sie etwas lesen oder über das Gelesene nachdenken, eine Idee entwickeln, die (auf den ersten Blick) überhaupt nichts mit dem zu tun hat, was in diesem Buch steht. Halten Sie auch gerade solche Gedanken immer schriftlich fest, wenigstens in Stichworten. Nach einiger Zeit werden Sie in dem Geschriebenen ein Muster oder eine Tendenz entdecken, eine Art roten Faden, der Sie zu Ihrem ganz persönlich Coach-Thema und -Ziel leiten wird.

Sie werden bald feststellen, dass Sie stets weitere nützliche Hinweise und Informationen entdecken werden (warum das so ist, besprechen wir im 2. Kap.). Das kann überall geschehen, beispielsweise abends beim Fernsehen oder bei einem Zufallsgespräch in der Mensa.

Während Sie dieses Buch lesen, wird sich Ihr ganz persönlicher Erfolgsplan herauskristallisieren. Suchen Sie sich in jedem Kapitel aus den empfohlenen Übungen einige aus, die Sie ganz konkret in Ihrem Studiums-Alltag anwenden und umsetzen. Auf diese Weise werden Sie sehr bald Ihre persönliche Erfolgsstrategie fürs Studium entdecken. Dabei entscheiden Ihre persönlichen Vorlieben und Probleme, das Ausmaß Ihrer Experimentierfreudigkeit und Ihre persönliche Art Aufgaben anzugehen über die Art Ihres konkreten Vorgehens. Jeder Leser und jede Leserin wird so ihr bzw. sein ganz persönliches, maßgeschneidertes Erfolgscoaching durchlaufen.

So legen Sie los

Besorgen Sie sich ein schönes Heft oder einen Ordner, in dem Sie alle Ideen für die Zukunft (wenigstens in Stichworten) schriftlich sammeln. Diese Ideen, d.h. Ihre eigenen Impulse sind wichtiger und kostbarer als alles, was Sie in diesem Buch lesen!

Denken Sie jetzt bitte nicht: „Ach, das behalte ich mir schon im Kopf!" Ich selbst habe so schon viele kostbare, neue, kreative Ideen verloren, die mir persönlich oft beim Langstreckenfahren auf der Autobahn kamen. Mittlerweile habe ich immer einen kleinen Block im Handschuhfach. Ich halte zwischendurch kurz an, um das Wichtigste in Stichworten festzuhalten. Es besteht ein großer Unterschied zwischen aufgeschriebenen und nur gedachten Worten. Geschriebene Worte haben Sie unter Kontrolle. Was Sie schreiben, haben Sie klar vor Augen. Ihre Ideen bleiben Ihnen so für eine spätere Weiterverarbeitung erhalten. Gedanken sind dagegen sehr flüchtig. Sie verändern sich auch ständig. Etwas aufzuschreiben ist der erste Schritt, um ‚feinstoffliche' Gedanken physisch-materiell zu verankern. Schreiben klärt den Kopf. Es sortiert den Gedankenfluss und fördert nicht zuletzt oft auch zusätzlich und unerwartet weitere Impulse und Zusammenhänge zutage.

> Die Disziplin, etwas schriftlich festzuhalten, ist der erste Schritt, es in die Tat umzusetzen.
> (Lee Iacocca)

Ihr Erfolgsjournal bildet Ihren individuellen Lernweg ab, der sich für Sie ganz persönlich in den kommenden Wochen auftun wird, während Sie dieses Buch lesen. Dieser Weg und die damit einhergehenden Einsichten, Herausforderungen und Erfolge werden bei jedem Leser ganz verschieden sein. Deshalb brauchen Sie zusätzlich zu diesem Buch auch eben Ihr persönliches Erfolgsjournal. Schreiben Sie dort auf und reflektieren Sie dort regelmäßig, was Sie Neues gelernt und für sich erkannt haben! Stellen Sie sich dazu, während Sie im Buch lesen, in regelmäßigen Abständen die Frage: „Welche Anregungen habe ich für mich persönlich durch diesen Text, durch diesen Abschnitt erhalten?" Dabei kann es hilfreich sein, sich an den folgenden Ebenen zu orientieren.

Kopf 👊✄

Welche Zusammenhänge habe ich generell und intellektuell neu verstanden und für mich erkannt?

Herz 🖤

Was bedeutet das so Erkannte speziell für meine ganz persönliche Erfahrung, für meine Situation im Studium? Wo oder wie könnte mir das mein Studium erleichtern?

Hand 🖐

Was impliziert das jetzt ganz praktisch für mein Studium oder für mein Verhalten beim Lernen? Wie kann ich das Wissen konkret für mich persönlich nutzen? Welche Möglichkeiten praktischer Umsetzung gibt es für mich? Welche Angewohnheit, welches Verhalten oder Denkmuster sollte ich eventuell wie verändern? Was wäre dafür ein erster möglicher konkreter Schritt? Schreiben Sie ihn auf!

Vergleichen Sie, was Sie lesen mit Ihren eigenen bisherigen Studier-Gewohnheiten. Notieren Sie sich, was Sie ganz praktisch einmal ausprobieren könnten. Legen Sie es dann auch sofort terminlich fest und tragen Sie in Ihren Kalender ein, wo und bis wann Sie das ausprobiert haben wollen.

Nach jeder Übung, die zu Beginn gerne auch ganz klein sein darf, fragen Sie sich: „Was habe ich konkret getan? Welche Rolle habe ich dabei eingenommen? Welche eventuell neue Sichtweise? Wie habe ich mich dabei gefühlt? Was habe ich erreicht? Was hat besonders gut geklappt? Was war das Beste an meiner Aktion? (Da gibt es immer etwas!) Was hat mir am meisten weitergeholfen? Möchte ich das in Zukunft weiter verfolgen?" Wenn ja, legen Sie sofort fest, wie, wo und wann Sie damit weitermachen werden. Überlegen Sie sich immer auch: „Was könnte ich dabei in Zukunft so abändern, dass diese ‚Technik' für mich noch leichter und noch effektiver durchzuführen wäre?"

Achten Sie auch darauf, was sich zusätzlich durch das Aufschreiben verändert. Gerade durch den Prozess des Schreibens bekommen Sie noch einmal einen anderen, souveräneren Blickwinkel. Es entwickeln sich dabei oft weitere neue Ideen. Eventuell erkennen Sie erst dann, was Sie tatsächlich alles schon erreicht haben. Die neu gelernten Informationen verbinden sich schreibend auch besser mit bereits vorhandenem Wissen und Fähigkeiten.

Halten Sie insbesondere positive Erfahrungen und auch kleine Erfolge schriftlich fest
Immer wieder haben mir Studierende erzählt, wie gut es war, Erfolge (auch kleine!) und Aha-Momente beim Experimentieren in ihrem Erfolgsjournal festzuhalten. Sie haben berichtet, dass sie dann Wochen später, als sie die früheren positiven Einträge noch einmal durchgelesen haben, tatsächlich allein durch das Lesen den damit verbundenen kraftvollen Zustand wieder für sich aktivieren konnten.

Loben Sie sich selbst
Ganz egal, wie klein der Schritt, den Sie gemacht haben, auch gewesen sein mag, anerkennen Sie stets Ihren Einsatz und das, was Sie damit für sich selbst Gutes getan bzw. angestrebt haben!

> Skip Downing erzählt in seinem Buch „On Course" (auf S. 82) eine wahre Geschichte von der achtjährigen Tochter eines Freundes: Sie kam mit ihrem Heft aus der Schule, in dem die Lehrerin ihre Hausaufgabe nachgeschaut und korrigiert hatte. Oben auf der Seite stand: „Gut gemacht, Laureen. Deine Rechtschreibung ist sehr gut, ich bin stolz auf dich!" Das Ungewöhnliche an der Geschichte ist, dass diese Bemerkung nicht von der Lehrerin stammte, die lediglich die Fehler im Text angestrichen hatte. Diese ermutigenden Sätze hatte Laureen sich selbst zusätzlich ins Heft geschrieben.

Falls es einmal nicht so gut geklappt haben sollte, wie geplant, überlegen Sie: „Was könnte ich statt dessen tun oder ausprobieren?" Gerade diese Frage sollten Sie sich in den nächsten Wochen immer wieder stellen. Wenn Ihnen einmal keine Antwort einfallen sollte, hilft oft die folgende Frage weiter: „Was müsste ich tun, um mein Problem noch zu verstärken?" Das Gegenteil davon ist dann der Hinweis, den Sie gesucht haben.

Die folgende Idee und Übung stammt aus dem Buch „The Art of Possibility" von Ben Zander (dem Dirigenten des Boston Philharmonic Orchestra). Er trainiert systematisch seine Musiker darauf, jedes Mal, sobald sie bemerken, dass sie einen Fehler gemacht haben, sofort den Arm zu heben, ein breites Lächeln aufzusetzen und zu sagen: „Wie faszinierend!" Zander behauptet, dadurch verändere sich die Beurteilung der eigenen Fehlleistung. Fehler verunsichern leider die meisten Menschen und sind nicht hilfreich, die eigenen Fähigkeiten auszubauen. Doch gerade für Letzteres wären Fehler, wenn man sie ganz objektiv nur als eine Art Feedback des eigenen Verhaltens betrachtet, ideal geeignet. Auch in Bezug auf Fehlleistungen oder unangemessenem Verhalten anderer empfiehlt Zander, sich als den Gedanken „Wie interessant!" anzugewöhnen. Und sich dann davon überraschen zu lassen, wie gelassen und souverän man plötzlich reagieren kann.

Last not least: Bitte verstehen Sie diese Erfolgsjournal-Anleitung nur als Anregung. Natürlich müssen Sie sich nicht ständig alle diese Fragen stellen und sie dann alle schriftlich beantworten. Aber bitte trainieren Sie sich im Laufe der nächsten Wochen bewusst darin, sich diese Art (!) von Fragen regelmäßig zu stellen. Nach einer Weile machen Sie das dann ganz automatisch. Genau das ist ein wesentlicher Teil Ihres Erfolgs-Trainings. Sie werden verblüfft sein über die Wirkung. Denn oft reicht schon eine kleine Veränderung der bisherigen Sichtweise oder eine kleine Verschiebung Ihres bisherigen Blickwinkels, um eine neue Idee dafür zu finden, wie Sie die Herausforderung leicht und schnell überwinden können.

Sie selbst sind der Kapitän auf Ihrem Schiff. Sie setzen die Segel, oder werfen den Motor an, oder ankern für eine Weile vor einer Insel. Dieses Buch zeigt lediglich auf, was Sie auf Ihrer „Reise" bedenken sollten, was Sie beachten müssen, damit Sie nicht stranden oder damit die Reise nicht unnötig zur Tortur wird. Welches Schiff Sie aber segeln, wohin Sie auf welcher Route steuern wollen, das ist ganz alleine Ihre Entscheidung, und das ist gut so. Aber das ist etwas, was in der heutigen Hochschulausbildung leider viel zu oft in den Hintergrund gedrängt wird.

Ziel dieses Buches ist nicht, Sie im System Hochschule besser ‚funktionieren' zu lassen. Nein, nicht das Hochschulsystem mit seinen Anforderungen an Sie steht im Mittelpunkt dieses Buches, sondern Sie mit Ihren ganz persönlichen „Anforderungen" an ein gutes, erfolgreiches, effektives und für Ihre Zukunft nützliches Studium. Das ist die gute, für Sie angenehme Nachricht.

Die ‚schlechte' Nachricht – und für Sie zuerst vielleicht etwas unangenehm – ist, dass Sie selbst dafür verantwortlich sind, wie gut, wie effektiv, wie lustvoll, wie motiviert und wie erfolgreich Sie lernen. Das bedeutet zuerst einmal „Einsatz". Höchstwahrscheinlich werden Sie, nachdem Sie dieses Buch gelesen haben, ganz von alleine mehr Zeit für Ihr Studium aufwenden als bisher. Aber Sie tun es dann, weil Sie damit Ihre eigenen Ziele verfolgen und erreichen wollen. Sie werden merken, wie ein professionell formuliertes Ziel Sie wie von alleine voranschiebt. Ab einem bestimmten Punkt wird sich dann alles „wie von selbst" fügen. Doch dieser Übergang von einem fremd gesteuerten, vielleicht für Sie viel zu lustlosen Studium hin zu einem selbst bestimmten, lebendigen Arbeitsstil mit neuen Lernstrategien und eventuell auch anderen Lernmitteln kann erst einmal (wie jede Geburt) etwas anstrengend sein. Aber danach wächst „Ihr Baby", sofern Sie es kontinuierlich weiter nähren und im Auge behalten, irgendwann ganz von alleine weiter. Und je größer es wird, umso leichter wird es für Sie. Versprochen!

Lernen heißt entdecken, was mir möglich ist. (Fritz Perls)

Stellen Sie sich für einen kurzen Moment vor, dies sei ein Buch über Marathonlauf. Dann würden Sie sicher niemals davon ausgehen, dass Sie das Marathonlaufen alleine durch das Lesen dieses Buches lernen könnten. Ihnen wäre völlig klar, dass Sie parallel zum Lesen die vorgeschlagenen praktischen Übungen regelmäßig machen müssten. Sie kämen sicherlich auch nicht auf die Idee, dass Sie untrainiert von heute auf morgen einen ganzen Marathonlauf durchhalten könnten.

Sie können dieses ganze Buch schnell an einem Wochenende lesen. Und Sie lernen dabei sicher auch eine ganze Menge. Wirklich verändern wird sich Ihr Studium bzw. Ihr Erfolg im Studium dadurch allerdings höchstwahrscheinlich nicht! Dazu müssen Sie aktiv werden! Dafür wiederum finden Sie in diesem Buch viele ganz konkrete Anregungen und Hinweise. Diese sind notwendiger Teil dieses Coachings!

Checklisten zum Kap. 1.1

Ich kenne meine ersten Schritte zum Erfolg und ich habe diese praktisch umgesetzt *(Haken Sie ab, was Sie erledigt haben)*

☐ lNeu hinschauen – die Perspektive wechseln

☐ einen Entschluss fassen

Ich führe mein Erfolgs-Journal und begleite so meinen Lern-Prozess *(Haken Sie ab, was Sie erledigt haben)*

Schreibend reflektiert habe ich:

☐ Bei welchen Fächern oder Fertigkeiten habe ich irgendwann für mich beschlossen, dass sie mir nicht liegen? Und das, obwohl ich es nur wenige Male probiert habe?

☐ Warum lese ich dieses Buch? Was erhoffe ich mir davon? Was wäre der tollste Erfolg, den ich für mich mithilfe dieses Buches erreichen könnte?

☐ Was liegt derzeit konkret für mich an? Ich habe drei der Halbsätze im Einführungskapitel vervollständigt.

☐ Mein derzeitiger Prozentsatz liegt auf dem Erfolgs-Thermometer bei: _____ %

☐ Was waren ursprünglich meine Gründe dafür, dieses Fach zu studieren? Was habe ich mir damals erhofft und erträumt?

☐ Ich habe ein Commitment mir selbst gegenüber gemacht. Meine Absichtserklärung habe ich ins Erfolgsjournal geschrieben.

1.2   Studieren Sie entspannter und gleichzeitig effektiver: Erste Geheimrezepte für Ihren Erfolg

Gewichte heben

und

den Stoff Ihres Studiums ...

www.freeimages.com, jayanta behera

… lernen Sie **NICHT** dadurch, dass Sie nur dabei zuschauen, wie Ihnen jemand „vorturnt", d.h. es Ihnen vorträgt oder demonstriert.

… **lernen Sie, indem Sie** selbst darüber nachdenken und es selbst anwenden. Kurz, indem Sie selbst etwas tun.

… lernen Sie NICHT dadurch, dass Sie nur darüber lesen.

… lernen Sie, indem Sie den Stoff reflektieren, ihn mit dem verknüpfen, was Sie schon wissen, oder ihn mit Ihren eigenen Worten wiedergeben (können), ihn selbst praktisch anwenden und umsetzen.

… lernen Sie NICHT, wenn Sie es nur ein- bis zweimal tatsächlich praktisch ausprobieren.

… lernen Sie nachhaltig und umso schneller und leichter, je öfter Sie sich regelmäßig (ruhig auch nur für kurze Zeit!) damit beschäftigen.

… lernen Sie NICHT, wenn bei der Übung die Gewichte (d.h. die Aufgaben oder die eigenen Ansprüche an sich) zu groß oder zu schwer gewählt sind.

… indem Sie kontinuierlich in kleinen Schritten, die zu Ihrer persönlichen derzeitigen Konstitution passen, vorangehen.

Das alles gilt im Sport genauso wie beim Lernen. Egal, ob Sie Statistik oder Informatik lernen, Spanisch oder BWL, Kochen oder Tapezieren.

Vielleicht ist es auch an der Zeit, Ihr altes Hometrainer-Fahrrad gegen einen moderneren Cross-Trainer auszutauschen. Kurz: Ihre Lern-Technik „upzugraden" oder zu modernisieren. Wie? Dazu finden Sie viele Hinweise in diesem Buch.

Und genau wie beim Fahrradfahren gilt auch beim Studenten-Erfolgscoaching: Sie müssen ständig in Bewegung bleiben, sonst fallen Sie runter!

Es reicht nicht, wenn Sie lesen, wie man etwas anders machen könnte, sondern es ist notwendig, dass Sie tatsächlich und ganz praktisch etwas anderes ausprobieren, also tatsächlich etwas TUN! Wenn Sie parallel zum Lesen auch die empfohlenen praktischen Übungen durchführen, kann dieses Selbst-Coaching für Sie zu einem sehr machtvollen, Ihr Studium (und Ihr Leben!) verändernden Werkzeug werden.

Streng Dich weniger an, dann hast Du mehr Erfolg!

Ich weiß noch, wie verblüfft ich war, als ich das zum ersten Mal gehört habe. Es ist mir nicht gelungen herauszufinden, woher oder von wem dieser wunderbare Spruch stammt. Die meisten Menschen verbinden das Wort „Erfolg" sofort auch mit Anstrengung. Dabei sind gerade Anstrengung, K(r)ampf und Stress die Feinde des Erfolgs! Sich weniger anstrengen bedeutet in dem Zusammenhang, nicht notwendigerweise weniger zu tun. Sondern hier geht es darum, Aufgaben anders als bisher anzugehen. Machen Sie sich beim Arbeiten, Nachdenken und Lernen ab sofort immer öfter bewusst, wie es Ihnen gerade geht. Vermeiden Sie unnötige Zeit- und Kraftvergeudung dadurch, dass Sie unmotiviert und halbherzig Ihre Zeit „absitzen"! Sie alleine haben es in der Hand, ob es Ihnen gut geht beim Lernen. Anregungen dazu, wie Sie Ihren Lernzustand verändern und verbessern können, finden Sie in den folgenden Kapiteln in Hülle und Fülle.

Achten Sie ab sofort bewusst auf Ihren Lern- und Arbeitszustand

Erfolg im Studium erfordert, dass Sie Ihren Lern- oder Arbeitszustand bewusst regelmäßig reflektieren. Zu Beginn planen Sie dafür am besten feste Termine in Ihrem Tages- oder Wochenablauf ein. Nach einer Weile wird Ihnen dies so in Fleisch und Blut übergegangen sein, dass es Sie dann keinen Extraaufwand mehr kostet. Generell ist der Zusatzaufwand für diese Übung sehr gering, denn Sie machen nur, was Sie ohnehin für Ihr Studium tun würden. Sie betrachten dabei lediglich die Situation mit anderen Augen.

Sie werden schnell bemerken, wie dieser kleine Trick Ihnen das Lernen und Studieren enorm erleichtern kann!

Legen Sie sich deshalb jetzt die ersten drei Termine (bestimmte Vorlesungen, Übungsstunden oder Zeiten, wo Sie zuhause arbeiten) dafür im Kalender fest. Ja, ich meine tatsächlich jetzt sofort: Stehen Sie kurz auf und holen Sie Ihren Kalender!

In der Situation stellen Sie sich dann folgende Fragen:

- In welchem Lern- oder Arbeitszustand bin ich gerade im Moment? Wie fühle ich mich? Wie kraftvoll oder wie unmotiviert bin ich gerade, gemessen auf einer Skala von 1 (= gar nicht) bis 8 (= sehr/ total)? Notieren Sie hier nur kurz ein Wort und die Zahl, das reicht schon. Wie schätze ich meine Kompetenzen und meine Möglichkeiten ein? Bitte nur ein (!) passendes Wort dafür finden, sowie die Zahl zwischen 1 und 8. Hier geht es nicht darum, Sie zu bewerten, sondern einfach nur darum, KURZ festzustellen, was ist.
- Bin ich vielleicht nicht ganz bei der Sache, oder gar gelangweilt? Was ist der Grund dafür? Welche meiner Erwartungen werden hier eventuell nicht erfüllt? Wie kann ich selbst jetzt sofort (oder beim nächsten Mal) dazu beitragen, dass sich die Situation für mich (ein bisschen) verbessert? Wie kann ich hier besser für mich sorgen? Grübeln Sie auch hier nicht lange. Greifen Sie das Erste, was Ihnen dazu durch den Kopf schießt. Seien Sie sich sicher, da kommt immer eine Idee! Denken Sie dabei ruhig auch an ganz kleine Veränderungen. Es kann sein, dass Ihnen schon ein Glas Wasser oder eine Tasse Tee hilft, ein bisschen mehr zu entspannen und wieder kraftvoller und

damit zuversichtlicher zu werden. Oder Sie führen ein kurzes Telefongespräch mit einer Kommilitonin oder benutzen ein anderes Lehrbuch. Seien Sie hier kreativ und ruhig auch experimentierfreudig!

- Was ist mein Ziel in dieser Situation oder bei dieser Tätigkeit? Was möchte ich innerhalb der nächsten Stunde für mich und mein Studium erreichen? Könnte ich dieses Ziel oder meine Erwartungen auch anders, entspannter, leichter und damit effektiver und erfolgreicher erreichen?
- Erinnern Sie sich an das Zitat „Streng Dich weniger an, dann hast Du mehr Erfolg!". Vielleicht schreiben Sie sich das vorne auf Ihre Kladde oder Sie tragen es auf einem Zettelchen bei sich. Und denken Sie immer daran, dass das was für Sie stimmig ist, Ihnen leichtfällt! Und was Ihnen leichtfällt, das ist stimmig und passend für Sie!

Sie bestimmen, wo es langgeht!

Dieses Buch wurde geschrieben für Studierende, die bereit sind zu erkennen, dass es ihnen nichts nützt, wenn sie dem Lehrbuch oder dem Prof, dem Stoff oder irgendeiner blöden Prüfung die Schuld geben, wenn das Studieren nicht so klappt, wie erhofft. Es wurde geschrieben für Studierende, die erkennen, dass sie selbst bestimmen (können), was und wie, wie viel und wie gut sie lernen. Es wurde geschrieben für Studierende, die eben genau diese Tatsache geschickt für sich nutzen, weil Sie wissen, dass es immer einen Weg gibt, besser, effektiver, motivierter und erfolgreicher zu lernen.

Zu den praktischen Übungen in diesem Buch

Die in diesem Buch vorgestellten Methoden und Übungen sind Werkzeuge. Sie nutzen einem – genau wie jeder Hammer oder Schraubendreher – nur dann, wenn man sie praktisch einsetzt. Und wie bei allen Werkzeugen braucht es auch hier in der Regel ein bisschen Übung, bevor Sie wirklich firm darin sind, sie effektiv und vor allem auch mit Leichtigkeit für sich einzusetzen. Erst dann werden Sie die Arbeitserleichterung wertschätzen können. So wie zum Beispiel beim Texte schreiben mit Word oder auch beim Autofahren. Sicher erinnern Sie sich noch daran, wie schwierig es für Sie in der ersten Fahrstunde war, Schaltung, Kupplung und Rückspiegel und alles mögliche andere gleichzeitig zu bedienen und im Auge zu behalten. Heute benutzen Sie all dies größtenteils völlig unbewusst und automatisch. Und sowohl das Auto als auch Word sind – sobald man die ersten Eingewöhnungsschwierigkeiten überwunden hat – wundervolle Helfer im Alltag.

Geben Sie deshalb bitte den Übungen aus diesem Buch eine Chance. Geben Sie bitte niemals schon nach dem ersten Versuch auf. Gelegentlich zeigen sich die ganze Bandbreite, die Kraft und die Hebelwirkung einer Technik oder Übung erst beim zweiten oder dritten Mal. Oder erst dann, wenn Sie ein bis zweimal darüber geschlafen haben. Vergessen Sie nicht, es geht hier nicht zuletzt darum, alte, Sie blockierende Verhaltensweisen und Denkmuster umzuprogrammieren. Das ist möglich! Und es ist leichter, als Sie vielleicht zunächst glauben.

Steter Tropfen höhlt den Stein

Gehen Sie nicht mit der Wucht eines riesigen Wasserfalls in die Übungen, sondern stellen Sie sich dabei eher einen kleinen, fröhlich plätschernden Bach vor. Erinnern Sie sich selbst immer wieder daran, dass es hier eben nicht um verbissenes Strampeln für den Erfolg geht. Entspannen Sie deshalb immer wieder ganz bewusst zwischendurch, wenn Sie eine Übung ausprobieren. Achten Sie dabei auch auf Ihren Atem. Unter Stress atmen wir flacher, und reduzieren so die Arbeitskapazitäten unseres Gehirns. Atmen Sie also bewusst tief(er) und langsam(er) und betrachten Sie das Ganze als eine Art Spiel! Freuen Sie sich auf die Übungen. Seien Sie offen für und neugierig auf angenehme Überraschungen. Freuen Sie sich auch auf die bald gewonnenen Freiräume, die Sie sich schaffen werden.

„Ich habe wirklich keine Zeit, mich jetzt auch noch mit Coaching-Techniken zu beschäftigen!"

„Also, ich habe ohnehin schon mehr als genug zu tun fürs Studium! Ich habe wirklich keine Zeit, mich jetzt auch noch mit Erfolgs- oder Coaching-Techniken zu beschäftigen." Dem einen oder der anderen von Ihnen gehen jetzt vielleicht solche Einwände durch den Kopf. Dazu möchte ich Ihnen eine kurze Geschichte erzählen, die meines Wissens von dem amerikanischen Selbstmanagement-Experten Stephen Covey stammt:

> Irgendwo tief in den endlosen Wäldern von Kanada zersägte an einem feucht-kalten Winternachmittag ein Holzfäller einen großen Stapel abgeholzter Laubbäume. Er sägte verbissen und schwitzte dabei. Hin und wieder stöhnte er auf und fluchte dann leise – manchmal auch laut – vor sich hin. Ganz zufällig kam in dem Moment ein Wanderer vorbei. Er hielt inne und beobachtete eine Weile den fleißig sägenden, aber gestressten Arbeiter. Der Mann tat ihm leid, und schon bald war dem Wanderer klar, warum der Holzfäller so verzweifelt war. Die Säge, die dieser benutzte, war zu stumpf für das harte Holz. „Guter Mann!", rief der Wanderer deshalb, „entschuldigen Sie, wenn ich Sie unterbreche, aber Sie haben anscheinend nicht bemerkt, dass Ihre Säge zu stumpf ist! Die müssen Sie unbedingt schärfen!" „Schon wieder so ein blöder Tourist!", brummelte der Holzfäller mehr zu sich selbst. Und laut rief er: „Danke, Sie Schlaumeier! Sehen Sie denn nicht diesen riesigen Stapel Baumstämme? Den muss ich heute noch komplett abarbeiten und zersägen! Dabei wird es jetzt im Winter außerdem noch früher dunkel. Ich bin also wirklich viel zu beschäftigt, um mich jetzt auch noch um das Sägeblatt zu kümmern!

Zu große Anstrengung ist oft ein Hinweis auf eine ungünstige Strategie

Es ist nicht die Absicht dieses Buches, Sie mit weiteren anstrengenden Aufgaben zu belasten. Sie können viele der hier vorgeschlagenen Erfolgstricks und Coaching-Anregungen einfach nebenbei, beispielsweise während Sie ohnehin in der Vorlesung sitzen oder in einem Lehrbuch lesen, für sich ausprobieren. Nur die Zielformulierung zu Beginn unseres Coachings erfordert etwas Zeit und Ihre volle Aufmerksamkeit. Sie werden jedoch gerade dadurch augenblicklich mehr zielgerichteten Fokus, neue Motivation und zusätzliche Schwungkraft für sich gewinnen!

Einige von Ihnen haben sich vielleicht noch nie mit Coaching- und Selbst-
management-Techniken befasst. Dann wird Ihnen dieses Buch völlig neue Türen öffnen
und einen neuen, leichter zugänglichen Pfad, der Sie zum Gipfel des Berges, zu Ihrem
Ziel im Studium und einem erfolgreichen Abschluss führen wird.

Andere von Ihnen interessieren sich vielleicht schon länger für ähnliche Themen. Sie
haben vermutlich bereits andere Bücher über Selbstcoaching-Techniken oder Erfolgsstrategien gelesen, vielleicht sogar schon einmal ein Seminar besucht. Auch Sie werden
in diesem Buch neue Anregungen für sich entdecken, weil dieses Coaching genau da
ansetzt, wo Sie persönlich im Moment stehen und weiter kommen möchten. Mit diesem
Buch kommen Sie (ähnlich wie in einem Computerspiel) auf den nächsten Level, auf ein
höheres Niveau.

Mini-Erfolgstipp Nr. 1: Machen Sie etwas anders als bisher
Markieren Sie sich in Ihrem Kalender drei Termine, an denen Sie ohnehin planen, etwas
fürs Studium zu tun. Suchen Sie sich beispielsweise bestimmte Lehrveranstaltungen aus
oder einen Nachmittag, an dem Sie ohnehin selbständig zuhause fürs Studium lernen
wollen. Dann überlegen Sie sich, was Sie bei diesen Aktivitäten anders machen könnten, als bisher. Setzen Sie sich beispielsweise an einen anderen Platz im Hörsaal, oder
nehmen Sie sich eine Flasche Wasser mit, sofern Sie das bisher noch nicht getan haben.
Oder Sie schauen sich am Abend vor der nächsten Vorlesung für 10–15 min (ja, das
reicht!) Ihre Mitschriften der letzten Woche durch. Teilnehmer meiner Workshops haben
unerwartet viel damit erreicht, dass Sie den Stoff, das Skript, Ihre Mitschriften o.ä. in
Leerlauf-Zeiten zwischendurch, beispielsweise zwischen zwei Lehrveranstaltungen, quer
gelesen haben. Dabei reicht wirklich schon eine Viertelstunde aus, um in der nächsten
Lehrveranstaltung deutlich besser mitzukommen!

Oder nehmen Sie sich vor, sich in einer bestimmten Lehrveranstaltung mindestens
einmal zu melden und eine Frage zu stellen. Dabei ist es gar nicht so wichtig, etwas
besonders Intelligentes zu fragen. Wichtiger ist, Ihr bisheriges Verhaltensrepertoire zu
erweitern. Als Nebeneffekt lernt der Prof Ihr Gesicht kennen und stuft Sie dabei als interessierte Studentin ein. Oder Sie holen sich zu einem Thema, das Ihnen Schwierigkeiten
bereitet, Rat von jemandem. Oder Sie sprechen sich das in einer Lehrveranstaltung
Gelernte aufs Band und hören Sie es in der U-Bahn auf der Fahrt zur Uni an. Ihrer Fan-
tasie sind keine Grenzen gesetzt! Experimentieren Sie! Ihr Ziel ist dabei, erfolgreicher
oder effektiver oder angenehmer zu lernen und zu studieren.

> Irrsinn ist, wenn man immer und immer wieder dasselbe tut, in der Hoffnung, ein anderes
> Resultat zu erreichen! (Albert Einstein)

Mini-Erfolgstipp Nr. 2: Verändern Sie Ihren (Sitz-)Platz
Hier kommt ein Mini-Tipp, mit dem Sie den Erfolg in Ihrem Studium wirkungsvoll
anschieben können und den Sie wirklich so mal eben nebenbei, mit minimalem Aufwand für sich nutzen können. Ich bin sicher, auch Sie haben schon bemerkt, dass oft

die Unruhe, der Geräuschpegel und der Grad der Ablenkung unter den Studenten weiter hinten im Hörsaal höher sind. Wählen Sie deshalb immer ganz bewusst Ihren Sitzplatz. Es macht Sinn, sich nicht genau dahin zu setzen, wo man durch andere abgelenkt wird. Alleine die Tatsache, dass Ihre Sitznachbarin überhaupt keinen Plan (oder „Bock") hat, reicht schon aus, um Ihnen die Konzentration zu erschweren. Genauso sind aber auch umgekehrt die Konzentration und die Motivation anderer ansteckend. Nutzen Sie das gezielt für sich. Probieren Sie verschiedene Sitzplätze oder Sitznachbarn aus. Generell ist es ratsam, gelegentlich den Sitzplatz – und damit automatisch auch den Blickwinkel – zu verändern. Ich persönlich wechsele seit Jahren immer wieder ganz bewusst den Sitzplatz in Seminaren, auf Sitzungen und auch bei Familienfeiern. Deshalb weiß ich auch, dass dieses Verhalten hin und wieder andere etwas irritiert. Denn es bringt natürlich auch eine Veränderung deren gewohnheitsmäßiger Sitzordnung mit sich. Trotzdem: Trauen Sie sich und experimentieren Sie bitte mindestens drei Mal damit. Suchen Sie sich zu Beginn Situationen oder Orte dafür aus, wo es leicht(er) ist, den Platz und damit die Perspektive zu wechseln. Fangen Sie auch an zu beobachten, wie und wohin sich andere Menschen setzen. Beobachten Sie dabei insbesondere die Selbstbewussten und Erfolgreichen und wie diese dann, gestützt durch Ihre Position im Raum, auf Sitzungen oder bei Arbeitsgruppentreffen agieren. Starke, selbstbewusste und erfolgreiche Menschen setzen sich nicht ins Abseits oder in die hinterste Ecke. Beginnen auch Sie, die Hebelwirkung eines kraftvollen Sitzplatzes für sich zu nutzen!

Mini-Erfolgstipp Nr. 3: Probieren Sie es mal mit Musik
Über den Effekt, den Musik auf die Lernleistung hat, ist viel geforscht worden. Die Ergebnisse der Studien widersprechen sich leider zum Teil. Ruhige, instrumentale Hintergrundmusik erwies sich in vielen Fällen als entspannend und gleichzeitig mental anregend. Ich persönlich arbeite und schreibe deutlich besser mit Musik als ohne. Probieren Sie es einfach selbst aus! Im sogenannten Superlearning, einer Methode, die vielfach für das Erlernen von Fremdsprachen eingesetzt wird[6] , empfiehlt man beim Lernen Barockmusik im Hintergrund laufen zu lassen. Hier werden besonders Largo- oder Adagio-Sätze von Vivaldi, Bach oder Corelli, die einen beruhigenden Rhythmus mit 40–60 Schlägen pro Minute haben, empfohlen.

Etliche meiner Studenten mögen jedoch keine Musik im Unterricht und wollen am besten überhaupt keine Geräusche im Hintergrund. Aber auch von diesen haben einige entdeckt, die auf meine Empfehlung hin dann doch ein bisschen experimentiert haben, dass ein geeignetes Musikstück – VOR dem Lernen angehört – sie sehr schnell in einen

---

[6]Das sogenannte Superlearning ist eine Lehr- und Lernmethode, die in den 60er Jahren vom bulgarischen Arzt und Erziehungswissenschaftler Lozanov entwickelt wurde. Er hatte festgestellt, dass gezielte Entspannung und ruhige meditative Musik beim Vokabellernen zu ungewöhnlichen Gedächtnisleistungen führten. In den USA wurde die Methode dann von Pädagogen und Psychologen auf viele andere Lerninhalte übertragen und bekam den Namen ‚Superlearning'.

kraftvolleren Lernzustand bringen kann. Viele Menschen entspannen schneller bei Musik. Und aufmerksame Gelassenheit ist eine gute Basis bei jeder Art von Lernen. Umgekehrt kann ein geeignetes, schwungvolles Musikstück im Nu energetisieren – ich bin mir sicher, auch Sie haben das schon einmal am eigenen Leib erfahren – und Sie sogar aus einer Lethargie herausholen. Bei allen großen Hollywoodfilmen wird viel Zeit und Geld in die Komposition der Hintergrundmusik investiert, eben weil man durch geschickt eingesetzte Musikstücke Emotionen steuern kann. Musik soll speziell das Auswendiglernen, z.B. von Vokabeln, gut unterstützen. Der Grund dafür könnte auch darin liegen, dass emotional Angenehmes dauerhafter im Gehirn verankert wird.

Mini-Erfolgstipp Nr. 4: Finden Sie die Balance zwischen entspannter Gelassenheit und aufmerksamer Konzentration

Oft erzeugen Prüfungs- oder Abgabetermine oder auch das schlechte Gewissen Studierenden ziemlichen Stress. Oder aber der eigene Ehrgeiz treibt an, hetzt oder stresst. Dann gibt es aber wiederum auch Situationen im Studium, in denen es genau umgekehrt ist: Man ist zu träge, zu faul oder nur halbherzig bei der Sache. Vielleicht durch irgendetwas abgelenkt, mit den Gedanken woanders oder gelangweilt. Der Grund für Langeweile ist übrigens oft, dass man ganz bestimmte Erwartungen und Wünsche an eine Situation hat, die sich aber dann unerwartet anders darstellt.

Wenn Sie gestresst, ängstlich oder getrieben sind, wird es „eng". Neues Wissen geht dann nur schlecht in Ihren Kopf. Auf neue, kreative Ideen können Sie dann lange warten. Zu viel Anspannung blockiert das Denken und damit auch erfolgreiches Lernen. Wenn Sie aber umgekehrt zu lasch und antriebslos sind, werden Sie mit Sicherheit auch nicht erfolgreich arbeiten oder lernen. Dann wird sogar eine interessante und didaktisch gut aufgebaute Vorlesung ohne nachhaltige Wirkung oder irgendeinen Lerneffekt an Ihnen abprallen.

Deshalb achten Sie ab sofort immer öfter darauf, dass Sie sich ganz bewusst an den optimalen Punkt zwischen entspannter Gelassenheit und aufmerksamer Konzentration begeben (Abb. 1.3).

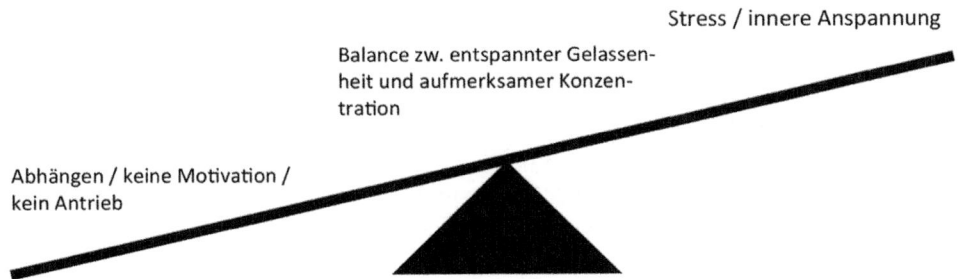

Abb. 1.3   „Wippe" von Anspannung gegen Entspannung

Mini-Erfolgstipp Nr. 5: Sie besitzen ein Frühwarnsystem – Nutzen Sie es!
Woran erkennen Sie, dass es nicht gut läuft im Ihrem Studium? Woran erkennen Sie, dass Ihre Leistungen oder Ihr Repertoire an Lernstrategien nicht ausreichen? Antworten Sie mir jetzt bitte nicht mit: „Wenn ich eine Prüfung nicht bestehe." Oder: „Wenn ich eine schlechte Note bekommen habe". Wann immer Ihnen so etwas passiert ist, haben Sie Ihr inneres Frühwarnsystem schon lange Zeit vorher ignoriert. Es gab bereits vorher deutliche Anzeichen dafür, dass etwas nicht stimmt, dass etwas nicht richtig läuft. Schon Wochen vorher hatten Sie eventuell den roten Faden in der Vorlesung verloren. Oder vielleicht konnten Sie die eigenen Vorlesungsmitschriften zuhause gar nicht mehr verstehen. Oder Sie sind an dem vom Dozenten empfohlenen Lehrbuch verzweifelt. Möglicherweise gab es Spannungen in Ihrer Lerngruppe, oder Sie sind schon länger gar nicht mehr hingegangen. Auch wenn all diese Beispiele vielleicht nicht ganz genau Ihre persönliche Situation treffen, denke ich, Sie verstehen, worauf ich hinaus will.

Was könnten für Sie persönlich solche „Frühwarnsignale" in Ihrem Studium sein? Notieren Sie das in Ihrem Erfolgs-Journal. Wenn Ihnen jetzt auf Anhieb nichts dazu einfällt, achten Sie ab sofort bewusst(er) darauf. Insbesondere wenn Sie ein Unbehagen oder ein mulmiges Gefühl im Magen spüren. Denn auch Körpersignale gehören in der Regel zu unserem Frühwarnsystem. Diese Körpersignale sind von Mensch zu Mensch unterschiedlich. Manch einer zerbricht sich den Kopf und bekommt dann eventuell Kopfschmerzen. Bei mir ‚meldet' sich dann immer ein bestimmter Backenzahn. Was sind die Körperzeichen Ihres Frühwarnsystems? Lernen Sie diese bewusst kennen. Und versuchen Sie, sie möglichst frühzeitig zu bemerken.

Die äußeren Probleme, wie zum Beispiel eine bestimmte Prüfung, ein schwieriger Lehrinhalt oder ein bestimmter Professor, stehen oft so stark im Mittelpunkt unserer Aufmerksamkeit, dass unsere eigenen Bedürfnisse und unsere innere Stimme völlig in den Hintergrund treten. Vielleicht bräuchten Sie einfach mehr Pausen? Oder ein anderer Lernstil (s. dazu Kap. 3) wäre angenehmer und effektiver für Sie oder ein anders geschriebenes Lehrbuch. Sie werden in den nächsten Wochen feststellen, dass oft sogar relativ kleine Veränderungen Ihnen schnell eine Erleichterung verschaffen können.

Nutzen Sie Ihr Unbehagen als Hilfsmittel
Je früher und je schneller Sie eine nahende Krise bemerken, umso eher und auch leichter können Sie gegensteuern. Je länger Sie damit warten, umso komplizierter wird in der Regel die Situation, und umso größer wird später der Aufwand für eine Kurskorrektur. Unbehagen im Studium ist ein Signal, das Sie ermahnt, wacher und genauer auf die eigenen Bedürfnisse zu achten. Viel zu oft fühlen sich Studierende einem unbehaglichen Zustand leider (fälschlicherweise!) ausgeliefert. Lustlos und wenig motiviert kommen sie dann auch in der nächsten Woche wieder in die Lehrveranstaltung. Und in der Woche darauf ebenso. Ich vermute, dass sich diese Vorlesungsbesuche kaum für sie lohnen. Viel wichtiger als im Hörsaal kostbare Zeit ergebnislos abzusitzen, wäre es, für sich zu erarbeiten bzw. zu erspüren, welche Veränderung, welche zusätzliche Ressource oder welches Hilfsmittel sie jetzt positiv unterstützen und wieder stabilisieren könnte.

Manchmal kann ein Gespräch mit dem Dozenten in der Sprechstunde oder im Anschluss an die Lehrveranstaltung klärend und hilfreich sein. Oder vielleicht hilft ein offenes Gespräch in der Lerngruppe weiter. Vielleicht wird es allmählich Zeit, dass sie beginnen, Lehrveranstaltungen aktiv vor- und auch nachzubereiten. Oder dass sie sich die Zeit nehmen, die wöchentlich vom Prof ausgegebenen Aufgaben für zuhause wenigsten teilweise zu bearbeiten. Sie selbst wissen in solchen Situation am besten, was Sie brauchen, damit Sie sich wieder besser fühlen. Aber Sie müssen sich die Zeit dafür nehmen, um es herauszufinden. Dabei werden Sie höchstwahrscheinlich auch sehr bald erkennen, dass Sie gut daran täten, beim nächsten Mal frühzeitiger auf Ihr Frühwarnsystem zu hören.

Wäre Ihre Mutter jetzt stolz auf Sie?
Wir alle versäumen gelegentlich, unser Frühwarnsystem so rechtzeitig zu beachten, dass wir noch schnell und leicht gegensteuern könnten. Manchmal machen wir uns selbst etwas vor. Wir schauen einfach nicht hin und bemerken deshalb längere Zeit nichts. Von Pat Parelli, einem international bekannten Pferdetrainer und Reitcoach, habe ich den hier folgenden Trick gelernt:

Stellen Sie sich vor, Ihre Mutter[7] würde Sie beobachten, während Sie in der Vorlesung sitzen und mitschreiben oder während Sie in der Lerngruppe mitdiskutieren oder während Sie zuhause am Schreibtisch sitzen und fürs Studium lernen. Würde sie dann bei dem, was sie sieht liebevoll und stolz lächeln und denken: „Oh ja, das ist meine Tochter (mein Sohn), ich bin so stolz auf sie (ihn). Wie selbstsicher (oder motiviert/engagiert/kompetent/gut vorbereitet) sie da sitzt (oder mitdiskutiert/arbeitet). Ich bin glücklich, dass sie es schafft, so erfolgreich zu studieren. Ich bin froh, dass sie sich für ein Studium entschieden hat, das sie begeistert, das ihr fachlich wirklich liegt und das sie glücklich macht." Oder wäre Ihre Mutter eher beunruhigt aufgrund dessen, was sie dort sieht? Da Sie beispielsweise offensichtlich demotiviert, gefrustet oder deprimiert sind, weil Sie z.B. in der Lehrveranstaltung nicht richtig mitkommen.

Wie ginge es Ihnen damit, plötzlich zu bemerken, dass Sie von einem geliebten Menschen so im Studium beobachtet werden? Wären Sie tendenziell stolz darauf, dass Ihre Mutter Sie so sieht? Oder wäre es Ihnen eher unangenehm, vielleicht sogar peinlich? In dem Fall wäre höchstwahrscheinlich eine Kurskorrektur dringend angebracht.

Last not least möchte ich Sie jetzt zum Abschluss anregen, zu reflektieren, was Ihnen dieses Kapitel gebracht hat. Und ich möchte Sie daran erinnern, dass all das nur dann Wirkung zeigt, wenn Sie auch entsprechend aktiv werden.

---

[7]Hier steht „Mom", wie Pat so schön auf amerikanisch sagt, stellvertretend für irgendeine Person, die Ihnen wichtig und wohlgesonnen ist. Ersetzen Sie hier bei Bedarf gerne „Mutter" durch ein anderes, für Sie besser geeignetes Wort, wie „Vater" oder „mein Lieblingsonkel".

Checklisten zum Kap. 1.2

Ich gehe meinen Erfolg im Studium aktiv an *(Haken Sie ab, was Sie erledigt haben)*

☐ Ich habe experimentiert und an drei Terminen etwas Neues ausprobiert. Was ich erlebt habe, habe ich anhand der Erfolgsjournal-Fragen aus Kap. 1.1 für mich reflektiert.

☐ Worin bestehen meine ganz persönlichen Frühwarn-Anzeichen im Studium?

1.3   Wir lernen uns kennen

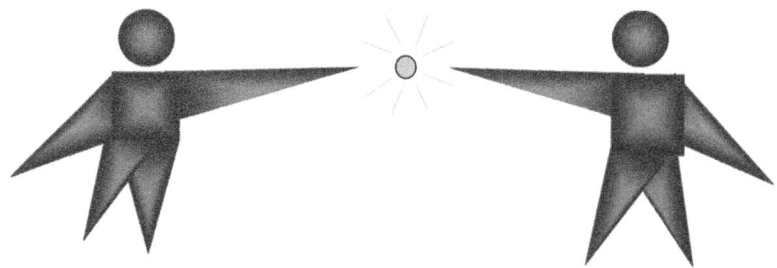

1.3.1   Ihr Coach stellt sich vor

Ich kenne Ihre Situation aus eigener Erfahrung

Haben Sie sich schon jemals von Ihrem Studium überfordert gefühlt? Glauben Sie mir, ich kenne das aus eigener Erfahrung. Mir selbst ist es als Studentin nicht anders ergangen. Leider habe ich selbst all die Techniken und Strategien, die ich Ihnen hier in diesem Buch vermittle, erst Jahre nach Abschluss meines Studiums kennengelernt. Dieses Buch wird Ihnen viel unnötige Mühe ersparen, die ich mir machen musste. Die in diesem Buch präsentierten Coaching-Techniken und Erfolgstricks funktionieren. Ja, sie funktionieren auch für Sie. Insbesondere für Sie! Denn wenn Sie diese Seiten jetzt lesen, sind Sie soweit: Sie sind bereit für mehr Erfolg im Studium. Jetzt kann es also losgehen. Ich freue mich auf unsere gemeinsame Reise! Ich freue mich, Sie in Form dieses Buches begleiten zu dürfen!

Ich möchte Ihnen gerne ein bisschen mehr über meinen Werdegang erzählen:

„Des Kaisers neue Kleider" oder: Geben Sie sich nicht mit dem zufrieden, was man Ihnen im Studium vorsetzt

Mit großer Begeisterung für die Mathematik und voller Vorfreude auf das entsprechende Studium hatte ich mich als 17-jährige für Mathematik und Statistik immatrikuliert.

Doch bereits in den allerersten Vorlesungsstunden kam die grausame Ernüchterung. In einem großen Hörsaal saßen wir zu hunderten von Studenten. Für die letzten Reihen wurde die Vorlesung auf kleinen Bildschirmen rechts und links am Rand der Stuhlreihen übertragen. Das Tafelbild wäre von da hinten kaum noch zu lesen gewesen. Jedes Jahr wurden andere Professoren des Lehrstuhls dazu verdonnert, die Mathe-Anfänger-Vorlesungen abzuhalten. Ganz offensichtlich war dies eine unbeliebte Aufgabe! Die Mathe-Vorlesungen liefen so ab, dass die Lehrenden – ohne auch nur einmal zwischendurch Blickkontakt mit ihrer Zuhörerschaft aufzunehmen – in Rekordzeit Formel um Formel an die Tafel gekritzelt haben. Diese Vorlesungen hätten für mich, obwohl ich ohne Frage mathematisch begabt und sehr interessiert war, genauso gut auf Chinesisch abgehalten werden können! Ich habe so gut wie nichts verstanden. Ich war geschockt! Gleichzeitig habe ich mich sehr gewundert, dass um mich herum all die anderen Studenten tapfer und mit unbewegtem Pokerface fleißig mitgeschrieben haben, so als sei das alles völlig normal. Mir erschien es, als sei ich die Einzige, die hier nichts verstand! Da ich damals sehr schüchtern war und keinen kannte, habe ich für mich alleine gelitten. Und habe für mich den Schluss gezogen, dass ich wohl dümmer als all die anderen war. Die Statistik-Einführungsvorlesung war am allerschlimmsten. Deshalb habe ich nach etwa drei Wochen in meiner Verzweiflung begonnen, – weil ich in der Vorlesung ja ohnehin nichts mitbekam – mich Mittwochmorgens, während der 90-minütigen Vorlesungszeit zuhause mit einem Lehrbuch hinzusetzen und darin zu lesen. Dazu muss ich anmerken, dass auch das vom Prof empfohlene Buch mir völlig unverständlich war. Also hatte ich mir in der Bibliothek einfach ein Grundlagenbuch in Statistik ausgeliehen, das leicht verständlich geschrieben war. Ich hatte natürlich Sorge, dass dies dem Niveau der Veranstaltung (und damit auch der Prüfung) nicht genügen würde, aber ich sah für mich keinen anderen Weg.

Nach etwa drei weiteren Wochen dachte ich: „Jetzt sollte ich aber doch mal wieder in die Vorlesung gehen, um zu schauen, ob mein privates Stoffpensum wenigstens in etwa zu dem passt, was in der Vorlesung gemacht wird." Im Hörsaal stellte ich dann erleichtert fest, dass unser Statistik-Professor an genau derselben Stelle im Stoff war, an der ich auch gerade in meinem Buch angelangt war. „Letzte Woche haben wir die Normalverteilung besprochen", sprach er dieses Mal unerwartet sein Publikum an. „Kann mir bitte jemand wiederholen, warum es wichtig ist, diese Verteilung zu standardisieren?" Das war eine leichte Frage. Also habe ich mich ohne viel nachzudenken gemeldet – übrigens als einzige von den über hundert Anwesenden. Aber das wurde mir erst später klar! – und die Antwort korrekt gegeben. Der Professor nickte zufrieden und sagte: „Also wenigstens Sie haben letzte Woche gut aufgepasst!" Die braven, angepassten Studenten im Hörsaal, von denen keiner die richtige Antwort gewusst hatte, schauten mich sprachlos an.

Nach jener Vorlesung, die sich als ein Schlüsselerlebnis für mein ganzes Studium herausstellen sollte, fand ich mich plötzlich von einer Traube von Mitstudenten umringt: „Wieso hast du das denn gewusst? Wieso konntest du das so gut erklären?", fragten sie aufgeregt. „Gerade die letzte Stunde war doch ein einziges Chaos. Keiner von uns hat irgendetwas verstanden! Überhaupt ist doch diese ganze Statistikvorlesung völlig unverständlich!" „Ihr anderen versteht auch nicht, was hier vortragen wird?", fragte ich völlig überrascht. Denn für mich war klar gewesen, dass nur ich zu dumm bin. Ich hatte mich für weniger klug, als all die anderen Studenten gehalten, weil die, ohne mit der Wimper zu zucken, immer tapfer alles mitgeschrieben hatten. Fakt war jedoch, wie ich nun sehr überrascht feststellte, dass es fast allen anderen in dieser Vorlesung ganz genauso ging wie mir. Auf meine Anregung hin hat sich dann spontan eine Lerngruppe zusammengefunden, in der wir gut (und mit Erfolg!) für dieses Fach und vor allem auch für die Klausur gelernt haben.

Jetzt mache ich einen Zeitsprung in den Herbst 2011. Da habe ich genau diese Geschichte einer jungen Frau erzählt, die ebenso wie ich die Mathematik liebt und die gerade begonnen hatte, Maschinenbau zu studieren. Sie war – bereits etwa drei Wochen nach Beginn Ihres Studiums – ziemlich frustriert, zumal im Herbst 2011 in Niedersachsen aufgrund des doppelten Abiturjahrgangs die Hörsäle überfüllt waren, und den Neuimmatrikulierten in ihrer ersten Semesterwoche mitgeteilt wurde, dass man ohnehin vorhabe, mindestens 25 % der Studierenden bis zum Ende des zweiten Semesters ‚auszusieben'. Nachdem sie meiner obigen Erstsemester-Geschichte staunend zugehört hatte, dämmerte ihr etwas. „Dann empfinden also eventuell die meisten anderen auch so wie ich? Ich dachte schon, nur ich wäre einfach zu blöd." Welch ein Hohn! Und das denkt eine junge Frau von sich, die auf dem Gymnasium den Mathe-Leistungskurs mit links und „sehr gut" absolviert hat!

Nein, Sie sind nicht zu blöd, zu dumm, zu langsam oder was auch immer! Sie müssen nur eventuell selbst die für Sie adäquate Lernstrategie herausfinden, um zufrieden(er) und erfolgreich(er) zu studieren. Um vor allem so zu studieren, dass dieses Fach, das Sie ja schließlich bewusst für einige Jahre zum Mittelpunkt Ihres Leben gemacht haben, wieder seinen alten Zauber für Sie entfalten kann!

Mir selbst hat als Studentin dieses Erlebnis in der Statistik-Vorlesung schlagartig zwei Dinge ein für allemal klar gemacht:

a. Dass ich definitiv ausreichend intelligent und begabt war für dieses Studium, auch wenn es mir selbst zwischenzeitlich einmal anders erscheinen sollte.
b. Dass ich ab sofort immer, wenn es für mich schwierig werden würde, nach eigenen, für mich selbst stimmigen Wegen suchen würde, den Stoff zu lernen.

Erst viele Jahre später – als ich mein Mathematik-Diplom längst in der Tasche hatte – erfuhr ich davon, dass es so etwas wie „Coaching-Techniken" gibt, die für alle Lebensbereiche anwendbar sind. Fasziniert experimentierte ich von nun an mit all den Lernstrategien und Erfolgstechniken, die Sie jetzt hier in diesem Buch zusammengestellt finden. Ich habe so ziemlich alles gelesen und ausprobiert, was ich über leichtes, schnelles und erfolgreiches Lernen finden konnte. Ich bin über Jahrzehnte hinweg tief in diese Materie eingedrungen. Und ich erinnere mich noch sehr genau, wie ich dabei immer wieder gedacht habe: „Hätte ich DAS bloß alles schon als Studentin (oder vorher als Schülerin) gewusst!" Dies ist das Buch bzw. das Coaching, das ich selbst als Studentin (oder schon als Schülerin) dringend gebraucht hätte. Dieses Buch soll jetzt Ihnen in Ihrem Studium die Möglichkeit bieten, sich Ihr Lernen mithilfe der hier präsentierten Erfolgs-Rezepte deutlich zu erleichtern, indem Sie Ihre Strategien optimieren.

Als ich selbst noch Studentin war, habe ich manches Mal gedacht: „Wenn ich später mal Professorin bin, mache ich das bestimmt alles völlig anders!" Hätte ich nicht selbst so oft in der Schule unter meinen Lehrern und später auch an der Uni unter manchem Professor gelitten, wäre dieses Buch mit Sicherheit niemals entstanden!

Gerade, weil ich – im Gegensatz zu vielen anderen Professoren-Kollegen – eben keine „Überfliegerin" in der Schule und im Studium war, kann ich mich sehr gut einfühlen in meine Studenten. Da ich mir hundertprozentig sicher bin, dass jeder Mensch, der es bis zu einem Hochschulzugang geschafft hat, Mathematik und Statistik verstehen und erlernen kann, besteht für mich meine Hauptaufgabe als Lehrende darin, die Studierenden auf Ihrem Lernweg zu ermutigen. Ich traue ihnen, gerade auch aufgrund meiner jahrzehntelangen Erfahrung als Hochschullehrerin und als Lernexpertin, oft mehr zu, als sie sich selbst. Ich glaube fest an sie, und das „springt" bei vielen meiner Studenten dann auch irgendwann „über". Sobald sie dann anfangen, an sich selbst zu glauben, ist der Rest ein Kinderspiel.

Schön, dass wir uns kennen lernen
Schön, dass wir uns auf diesem Weg kennenlernen. Ich freue mich, dass ich Sie mithilfe dieses Buches ein Stück weit auf Ihrem Weg zum Erfolg im Studium coachen darf. Als Professorin für Statistik (einem leider oftmals nicht so beliebtem Fach) habe ich in meinen Lehrveranstaltungen in den letzten zwei Jahrzehnten schon vieles ausprobiert. Beispielsweise habe ich schon vor mehr als zehn Jahren den Stoff meiner Einführungsvorlesung zusammen mit einer Studentenband als Rap vertont[8]. Doch obwohl regelmäßig in meinen Vorlesungen verhältnismäßig viele neue Statistik-Fans geboren werden, habe ich irgendwann begriffen: Eine Vorlesung kann noch so gut konzipiert und didaktisch aufbereitet sein, Sie als Studierende werden immer nur so viel lernen, wie Sie selbst bereit (und in der Lage) sind aufzunehmen. Dabei bestimmen Ihr individueller Lernzustand, d.h. Ihre mentale Einstellung zum Lernen, Ihr Selbstverständnis als Studierender, sowie Ihre (unbewusst) in der Schulzeit verinnerlichten Lernstrategien oft mehr über Ihren Erfolg und Misserfolg im Studium, als ein klar verständliches Lehrbuch oder didaktisch herausragende Lehre.

Außerdem ist es ohnehin unmöglich, dass Sie in Ihrem Studium all das lernen, was Sie für Ihre zukünftige berufliche Karriere wissen und beherrschen müssen. Aufgrund der ständig sinkenden „Halbwertszeit" des Wissens wird lebenslanges Lernen und ins-

---

[8]Finden Sie als downloadbaren mp3-File im Internet. Unter http://source-methode.de/statistik-rap (letzter Abruf: 1.2.17) finden Sie den Text des Songs sowie den Link zum mp3-file.

besondere Lernkompetenz für Sie immer wichtiger. Von allen im Studium erlernten Kompetenzen veralten die eigentlichen Fachkompetenzen am schnellsten. Im Studium an einer Hochschule werden in der Regel Selbstkompetenzen nicht genügend thematisiert.

Das biete ich Ihnen an

Während Sie dieses Buch durcharbeiten, können Sie sich selbst einen gut gefüllten Werkzeugkoffer zusammenstellen. Sie werden eine Fülle von Strategien und Tricks fürs Studium entdecken, auf die Sie schnell zurückgreifen können, wann immer es notwendig werden sollte. Sie werden Techniken kennenlernen, mit denen Sie deutlich lustvoller, effektiver und vor allem erfolgreicher lernen und arbeiten können.

Darüber hinaus werden Sie sich auch Ihrer eigenen Stärken und Talente bewusster werden. Ihre Neigungen und persönlichen Vorlieben werden Raum finden in Ihrem Studium. Sie werden – da bin ich mir sicher – schon bald selbstbewusst(er) und zuversichtlich(er) studieren, weil Sie dann Ihren eigenen Lernstil entdeckt haben und sich eigene, für Sie selbst stimmige Lernziele setzen, die Sie motiviert und mit Entschlossenheit verfolgen und praktisch umsetzen werden.

Dieses Buch soll Ihnen Mut machen, im Studium besser für sich selbst zu sorgen und Sie inspirieren zu experimentieren.

1.3.2 Und wer sind Sie?

Lernziele: Worum geht es in diesem Kapitel?
☑ Wo gibt es in Ihrem Studium die besten Ansatzpunkte für ein Erfolgscoaching? An welchem Punkt könnten Sie persönlich den Hebel besonders effektiv und einfach ansetzen?
☑ Kennen Sie Ihre Stärken und Schwächen? Haben Sie schon einmal andere, z.B. Freunde oder Familienmitglieder danach gefragt?
☑ Welche bereits vorhandenen Talente, Potenziale, persönliche Interessen und Neigungen könnten Sie eventuell bewusst(er) für Ihr Studium nutzen?
☑ Was wäre, wenn Ihr (scheinbar) größter „Stolperstein" Ihr größtes Potenzial verbergen würde?

Finden Sie geeignete Hebelpunkte

In einem persönlichen Gespräch wäre es nun, nachdem ich mich Ihnen vorgestellt habe, an der Zeit, dass auch Sie sich vorstellen und mir etwas von Ihnen und Ihrer Situation im Studium erzählen. Aber auch im persönlichen Coaching-Gespräch ginge es dabei nur teilweise darum, etwas mehr über Sie zu erfahren. Da Coaching vorrangig Hilfe zur Selbsthilfe ist, wäre das Ziel in so einem Gespräch immer auch, dass Sie selbst – angeleitet und inspiriert durch die Fragen des Coachs – Ihre momentane Situation und deren Entstehungsgeschichte von allen Seiten beleuchten und dabei reflektieren.

Während Sie in diesem Buch lesen, werden Sie sicherlich gelegentlich erstaunt feststellen, dass Sie schon lange das eine oder andere effektive Werkzeug besitzen, das Sie aber noch nie für sich genutzt haben. Sie werden eventuell auch verwundert feststellen, dass Sie alten, Sie nur unnötig behindernden Ballast mit sich herumtragen. Als allererstes sollten Sie deshalb zunächst eine Art Inventur machen und sich anschauen, was Sie so alles „im Gepäck" haben.

Die weiter unten folgenden Fragen werden Ihnen dabei helfen herauszufinden, wo Potenziale und Talente liegen. Sie werden auf den Punkt bringen, was Ihre persönlichen Eigenarten sind, und was Ihre Persönlichkeit auszeichnet. Wie Ihr Studium idealerweise aussehen würde und wie Ihre berufliche Zukunft. Bleiben Sie bitte ehrlich sich selbst gegenüber, wenn Sie über die Antworten nachdenken. Akzeptieren Sie sich mit allen Schwächen und Stärken, mit allen Eigenarten und Träumen. Nur wenn Sie so studieren und arbeiten, wie Sie von Natur aus eben sind, werden Sie zufrieden, motiviert und erfolgreich lernen und arbeiten können. „Werde, der du bist.", zitierte Nietzsche den griechischen Philosophen Pindar. Was er damit vermutlich meinte, war: „Werde zu dem, der Du sein könntest. Lebe Dein volles Potenzial!" Und: „Hör auf, Dich zu verbiegen. Sei authentisch!"

Die gute Nachricht ist: Sie besitzen bereits heute alle Ressourcen, Talente, Kräfte und Potenziale, die Sie benötigen. Halten Sie ab sofort bewusst(er) Ausschau danach. Talente und Neigungen sind uns oft so nah und vertraut, dass wir selbst sie gar nicht wahrnehmen. Fragen Sie deshalb bitte auch unbedingt gute Freunde und Familienmitglieder, wo deren Meinung nach Ihre Stärken liegen! Sobald Sie sich klar(er) werden, welche natürlichen Talente, Eigenarten, Macken, Potenziale und Stärken Sie in sich tragen, können Sie beginnen, sich Ihren ganz persönlichen Weg zum Erfolg zu „bauen". Mit Methoden, die Ihnen liegen, die Ihnen leicht fallen und sogar Freude machen werden.

> Niemand ist durchschnittlich, jeder ist auf seine ganz besondere Art er selbst. In jedem von uns ist von Geburt an eine unverwechselbare Kombination aus Eigenschaften und Begabungen angelegt. (Gulder 2007)

Lesen Sie sich die nachfolgenden Fragen durch und beantworten Sie diese bitte spontan mit wenigen Sätzen. Halten Sie die Antworten unbedingt schriftlich (wenigstens kurz in Stichworten) fest. Nutzen Sie die Fragen als Hilfestellung und Anregung, um herauszufinden, wo bei Ihnen Potenziale für mehr Erfolg im Studium liegen könnten – oder aber auch Schwachstellen. Sie brauchen nicht unbedingt alle Fragen im Detail beantworten: Betrachten Sie diese aber als Anstoß, damit Sie auch in solchen „Ecken" nachschauen, denen Sie bisher vielleicht nicht genügend Beachtung geschenkt haben. Ihr Ziel ist, herauszufinden, in welchen Bereichen und wie genau Sie konkret den Hebel ansetzen könnten, um leichter, zufriedener und vor allem erfolgreicher zu lernen und zu studieren. Dies ist Ihre Basis, das Fundament auf dem wir später Ihr Erfolgscoaching aufbauen.

Erste Stärken-Schwächen-Analyse

a. Nehmen Sie sich fünf Minuten Zeit (vielleicht stellen Sie sich eine Eieruhr oder einen anderen Timer) und listen Sie auf einem leeren Blatt alle Ihre Schwächen auf, die das Studium betreffen. Grübeln Sie nicht lange, schreiben Sie einfach, was immer Ihnen gerade in den Sinn kommt. In dieser Übung liegt der Fokus auf Quantität und nicht auf Qualität. Beispiele für solche Schwächen wären: „Ich lese zu langsam." Oder: „Ich schiebe unangenehme Pflichten bis zur letzten Minute auf."

b. Danach machen Sie bitte für einige Minuten eine Pause. Trinken Sie etwas Wasser, dehnen und strecken Sie sich, und dann geht es weiter:

Wieder nehmen Sie sich fünf Minuten Zeit. Dieses Mal schreiben Sie auf einem leeren Blatt alle Ihre Stärken auf, egal, aus welchem Bereich. Hier darf es auch aus dem Privatleben sein! Denken Sie auch an kleine Dinge wie: „Ich stehe im Semester jeden Morgen pünktlich auf!" Erinnern Sie sich: In dieser Übung liegt der Fokus auf Quantität, nicht auf Qualität. Falls Ihnen das Erstellen dieser zweiten Liste schwerer fallen sollte, schlafen Sie zunächst ein, zwei Nächte drüber. Lassen Sie sich hier mehr Zeit. Behalten Sie diese Aufgabe einige Tage im Hinterkopf. Tragen Sie den Zettel bei sich und ergänzen dann die Liste nach und nach weiter. Die Liste darf ruhig länger werden! Bitten Sie hier auch Ihre Freunde und geeignete Familienmitglieder um Unterstützung. Notieren Sie hier mindestens zehn Stärken, auf keinen Fall weniger. Mehr wären natürlich besser. Und heften Sie diese Liste unbedingt in Ihrem Erfolgsjournal ab!

Beispiele für Stärken wären:

- Ich bin eine verlässliche Freundin.
- Ich bin kreativ.
- Ich kann gut erklären.
- Ich kann gut zuhören.
- Ich lese gerne.
- Ich bin gut darin, neue Fremdsprachen zu lernen.
- Ich bin handwerklich begabt.

Was sind eigentlich Talente?

Talente unterscheiden sich von Fertigkeiten oder Fähigkeiten, die jeder bis zu einem bestimmten Grad erlernen kann. Beispielsweise kann jeder das Singen bis zu einem gewissen Grad erlernen. Ein Gesangstalent hat man jedoch oder eben nicht. Talente lassen sich nicht entwickeln oder erlernen. Talente sind ganz einfach da – oder eben nicht. Aber jeder Mensch besitzt Talente! Sie erkennen Ihre daran, dass …

… Ihnen Tätigkeiten oder Aufgaben mühelos von der Hand gehen,

… die Zeit wie im Nu verfliegt,

… etwas Sie so begeistert oder fasziniert, dass Sie niemals die Nase davon voll haben.

Dennoch wollen auch Talente gepflegt werden, damit man sie, wenn man mag, bis zur Meisterschaft weiterentwickeln kann. Es ist gut, die eigenen Talente zu kennen und zu leben. Es wird schwer und auf Dauer schmerzhaft, etwas zu studieren oder einen Beruf zu erlernen und später Jahrzehnte lang den Großteil des Tages auszuüben, bei dem die eigenen Talente keinen Platz haben. Sie müssen selbst darauf achten, dass Ihre Talente genügend Raum in Ihrer Arbeit und Ihrem Leben haben. Das ist Ihre Aufgabe. Zumal ja auch kein anderer Ihre Talente so deutlich erspüren und erkennen kann, wie Sie persönlich. Eine Tätigkeit, die Ihren Talenten entspricht, begeistert Sie. Sie erschöpft Sie nicht. Im Gegenteil, sie baut Sie auf!

> Mach, was Dein Herz zum Singen bringt. Frage nicht, was die Welt braucht. Frage vielmehr, was dich lebendig macht. Dann geh hin und tu es. Denn die Welt braucht Menschen, die lebendig sind. (Carlos Castaneda)

Wo liegen Ihre Talente?
- Welche Aufgaben erledigen Sie gerne? Woran genau liegt das?
- Was können Sie gut, auch ohne dass Sie sich intensiv darauf vorbereiten müssen?
- Bei welchen Tätigkeiten sind Sie zufrieden oder fühlen sich glücklich? Bei welcher Art von Beschäftigung oder in welchen Situationen fühlen Sie sich in Ihrem Element/sehr motiviert/besonders wohl? Was ist der Grund dafür?
- Welche Art von Situationen unterstützen Ihr Selbstbewusstsein und Ihr Wohlbefinden?
- Gibt es irgendetwas in Ihrem Studium, das Sie so begeistert, dass Sie dafür schon morgens fröhlich aus dem Bett springen? Falls nicht: Gibt es derzeit überhaupt irgendetwas, das Sie so begeistert, dass Sie deswegen morgens fröhlich aus dem Bett springen?
- Wann, wo oder bei wem können Sie so sein, wie Sie eigentlich sind, ganz Sie selbst?
- Stellen Sie sich vor, Sie sind auf einer wirklich langweiligen Geburtstagsfeier. Da entdecken Sie in der einen Ecke des Raumes eine Gruppe von Menschen, die sich über etwas unterhält, was Sie sofort aufhorchen lässt. Ein Thema, bei dem Sie sofort hellwach und Feuer und Flamme sind. Welches Thema ist das?
- Was war Ihr Lieblingsfach in der Schule?
- Was haben Sie als Kind am liebsten gespielt?
- Wofür wurden Sie schon häufig gelobt?
- Wenn Sie Ihr Bücherregal anschauen: Welche Themen interessieren Sie?
- Welche Art von Filmen lieben Sie?
- Wenn Sie eine Zeitschrift oder die Tageszeitung lesen, welche Rubrik schlagen Sie als erstes auf? Welche Themen springen Sie da besonders an?
- Wann hat Ihnen Lernen schon einmal so richtig Spaß gemacht? Warum?
- Womit verbrachten Sie als Kind am liebsten Ihre Zeit und womit als Teenager?
- Welche Kindheitsinteressen und Jugend-Hobbies betreiben Sie heute noch? Welche betreiben Sie heute nicht mehr, denken aber häufiger mal daran?

Du bist die einzige Person im gesamten Universum, die über deine speziellen Begabungen verfügt. Es wird immer jemanden geben, der besser ist in einem der Dinge, in denen du gut bist. Doch niemand im ganzen Universum kann die Qualität des Zusammenspiels deiner Begabungen, Ideen und (…) Fähigkeiten erreichen. (…) Ebenso wie jede Schneeflocke (…) ein vollkommenes Gebilde ist, das es nur einmal gibt, gibt es keine zwei Menschen, die gleich sind. (…) Weil du so rar und wertvoll bist, hast du es nicht nötig, andere zu imitieren. (Tipping 2009, S. 267)

Denkanstöße zur Reflektion Ihrer Situation im Studium

- Sie haben sich bewusst für Ihr Studienfach und damit ein bestimmtes Berufsbild entschieden. Welche Art von Wissen und Kenntnissen müssten Ihnen nun, Ihrer Einschätzung nach, in Ihrem Studium vermittelt werden, damit Sie in Zukunft in diesem angestrebten Beruf erfolgreich werden können?
- Was könnten Sie in Ihrer Freizeit tun, um nebenbei Stärken für Ihr Studium oder Ihren zukünftigen Beruf zu entwickeln? Beispiele dafür wären: Ein Aufenthalt im englischsprachigen Ausland, sich in den Vorsitz Ihres Sportvereins wählen lassen oder zusammen mit anderen Studierenden eine Riesen-Studentenfete organisieren.
- Was würden Sie gerne besser können?
- Studieren Sie gerne? Wenn ja, warum? Falls eher nicht: Warum nicht?
- Was gefällt Ihnen derzeit in Ihrem Studium am besten? Wovon wünschen Sie sich mehr?
- Was missfällt Ihnen derzeit in Ihrem Studium? Was sollte sich unbedingt verändern?
- Fühlen Sie sich manchmal hilflos oder ratlos im Studium? In welchen Situationen? Was genau löst diese Gefühle bei Ihnen aus?
- Gibt es ein Fach, das Sie meiden und in dem Sie beispielsweise nicht regelmäßig an der Lehrveranstaltung teilnehmen, bzw. einfach nichts dafür tun?
- Gibt es irgendetwas in Ihrem Studium, das Sie so frustriert, dass Ihnen morgens schon beim Weckerklingeln davor graust?
- Sind Sie stolz auf sich, wenn Sie eine Aufgabe gelöst, ein Buch, Skript o.ä. durchgearbeitet, eine Prüfung gut bestanden haben? Loben Sie sich regelmäßig für das, was Sie gut machen? Falls (noch) nicht, wie könnten Sie sich das zur Gewohnheit machen?
- Bereiten Sie regelmäßig die Lehrveranstaltungen vor oder nach?
- Beteiligen Sie sich regelmäßig im Unterricht? Wenn ja, in welcher Form?
- Stellen Sie Fragen im Unterricht? Nutzen Sie die Sprechstunden Ihrer Profs?
- Was ist der größte Fehler, den jemand an der Art, wie Sie studieren entdecken könnte?
- Was ist das Beste an der Art, wie Sie studieren bzw. für das Studium lernen? Sagen Sie hier jetzt nicht, da gäbe es bei Ihnen nichts: Jeder und jede hat mindestens einen solchen Punkt! Worin besteht er bei Ihnen?
- Wen würden Sie gerne durch Ihren Erfolg im Studium beeindrucken? Welche Erwartungen hat dieser Mensch an Sie?

- Was haben Sie bisher im Studium erreicht? Wie haben Sie das geschafft? Was haben Sie eventuell trotz guter Vorsätze oder viel Einsatzes nicht erreicht? Was glauben Sie, war der Grund dafür?
- Stellen Sie sich vor, eine gute Fee böte Ihnen an, aus Ihrer Hochschule oder Ihrem Studiengang die für Sie ideal-optimale Lernumgebung zu zaubern! Woran genau könnten Sie erkennen, dass der Zauber gewirkt hat?
- Welche Aufgaben schieben Sie regelmäßig auf die lange Bank?
- Haben Sie jemals explizit das Lernen gelernt?
- Welche Form von Unterstützung wünschen Sie sich beim Lernen?
- Welche Aufgaben mögen Sie gar nicht? Was genau macht es Ihnen dabei so schwer oder unangenehm?

Meistens hassen wir solche Tätigkeiten, die uns nicht liegen, die wir aber aus irgendeinem Grund machen müssen. Wenn Sie zu viele solche Dinge machen müssen, wird ein Studium zur Qual. Manchmal lassen sich jedoch die Umstände oder die Art verändern, wie Sie diese Arbeiten verrichten. Wie könnten Sie einen Weg finden, hier andere Arbeitsweisen einzusetzen, die Ihnen mehr liegen?

Glauben Sie uns: Selbstbewusstsein ist auf dem Arbeitsmarkt wichtiger als PC- und Fremdsprachenkenntnisse. (…) Begeisterungsfähigkeit und ausgeprägtes Selbstbewusstsein bringen Karrieren schneller voran. (…) Natürlich ist Ihr Abschluss eine großartige Leistung, (…) Der Personalchef will jedoch nicht wissen, was Sie gelernt haben, sondern vor allem, was Sie können. (…) Wenn Sie Ihre spezifischen Begabungen und Fähigkeiten nicht spontan nennen können – so geht es übrigens den meisten Lesern -, müssen Sie sich jetzt die Antworten ‚erarbeiten'. (Hesse und Schrader 2006, S. 30 ff.[9])

- Wie selbstbewusst fühlen Sie als Studierender sich auf einer Skala von 1 bis 8 (wobei 1 „ganz wenig" und 8 „sehr viel" bedeutet)?
- Besitzen Sie Ihrer Meinung nach ausreichend Selbstdisziplin? Bewerten Sie auch hier wieder auf der Skala von 1 bis 8.

Ihre Beziehung zum Studienfach

Schauen Sie sich die Beziehung zu Ihrem Studium mit etwas Abstand an. Diese Beziehung hat oftmals gewisse Ähnlichkeit mit einer Liebesbeziehung: In der Regel ist man am Anfang total fasziniert und begeistert. Vielleicht sieht man zu Beginn die Dinge etwas verklärt, wie durch eine Art rosa Brille. Etwas später tauchen irgendwann erste Konflikte auf. Das „Gegenüber" scheint plötzlich doch nicht mehr ganz so, wie man sich es ursprünglich erträumt hatte. Dann wird man eventuell erste Kompromisse machen

---

[9]Dieser Ratgeber richtet sich zwar an Berufstätige, vor allem an Berufswechsler, könnte aber aufgrund der detaillierten Selbstanalyse-Instrumente (wie persönlichem Potenzial-Analyse-Test und Interessen-Intensitäts-Test) durchaus auch für Sie als Studierende interessant sein.

müssen oder sich mit dem „Gegenüber" auseinandersetzen. Dabei sollte man versuchen, die Situation „mit den Augen der Gegenseite" zu betrachten, um besser zu verstehen. Manchmal macht es Sinn, das eigene Verhalten der aktuellen Situation anzupassen. Oftmals ist es auch hilfreich, sich bewusst daran zu erinnern, was es eigentlich war, was einen ursprünglich so fasziniert und angezogen hat.

Sie können für einen Moment die Augen schließen und sich das aktuelle Verhältnis zu Ihrem Studium als Symbol vorzustellen. Hierbei sollte man nicht allzu lange grübeln. Vertrauen Sie dem ersten Impuls, dem ersten Bild, das Sie intuitiv wahrnehmen.

Welches Symbol oder welches Bild könnte Ihre derzeitige Beziehung zu ihrem Studium repräsentieren? Vielleicht möchten Sie eine Skizze dazu in Ihr Erfolgsjournal malen. Sie müssen es ja keinem zeigen. Es ist nur für Sie selbst bestimmt, als Teil Ihres eigenen Self-Assessments.

Dann überlegen Sie sich bitte in einem zweiten Schritt, welches weitere Symbol oder Bild die Beziehung zu ihrem Studium repräsentieren könnte, wie Sie es sich stattdessen erträumen würden? Zeichnen Sie auch dieses Symbol in Ihr Erfolgsjournal.

Vielleicht erstellen Sie sogar später, in ein bis zwei Monaten, eine dritte (und vierte) Skizze, nachdem Sie die ersten Erfahrungen mit diesem Selbst-Coaching gemacht haben. Legen Sie noch heute einen Termin dafür in Ihrem Kalender fest.

Bei einer meiner Studierenden war das erste Symbol eine Brücke über einen Fluss. In der Zeichnung wirkten die Holzstützen der Brücke nicht sehr stabil und vertrauenserweckend. Eine andere Studentin hatte einen Baum gezeichnet, rosa blühend. Nur leider hingen die Blütenköpfe, weil der Baum nicht genug Wasser bekommen hatte.

Es ist möglich, mental an diesen Bildern zu arbeiten. Also zum Beispiel auf der Symbolebene (mehrere Tage lang immer wieder) den Baum zu gießen. Oder ihn einfach mental beregnen zu lassen. Sie könnten auch den Boden um den Baum herum harken oder düngen. Die Brücke ließe sich mental restaurieren oder völlig neu erbauen, mit schönen, starken, blau bemalten Stahlträgern. Das alles geht – mit ein wenig Übung – im Kopf, virtuell, ganz schnell. Dieses mentale Arbeiten mit inneren Bildern, was übrigens vielfach auch von Leistungssportlern und Managern verwendet wird, liegt dem einen mehr, als der anderen. Ausprobieren sollten Sie es auf jeden Fall!

Bleiben Sie sich selbst gegenüber ehrlich!

Bleiben Sie bei der Analyse Ihrer momentanen Situation sich selbst gegenüber ehrlich. Beschönigen Sie nichts. Aber tappen Sie dabei bitte auch nicht in die Falle, sich jetzt selbst zu verurteilen oder gar zu beschimpfen. Genau das ist nämlich ein typischer Stolperstein auf dem Weg zum Erfolg. Das hilft Ihnen ganz und gar nicht weiter. Hier geht es zunächst einmal nur um eine neutrale Bestandsaufnahme, um eine reine Sammlung der Fakten. Später überlegen wir dann zusammen eine für Sie geeignete und angenehme Lösungsstrategie! Wie? Dafür werden Sie in diesem Buch viele, sehr verschiedene Anregungen und Techniken finden. Zunächst müssen Sie jedoch den alten, Sie ständig behindernden Mustern auf die Schliche kommen. Dieser erste Schritt, die derzeitige Situation und den eigenen Beitrag dazu ehrlich anzuschauen und zu analysieren, erfordert – ja, ich weiß es aus eigener Erfahrung – zunächst auch etwas Mut. Aber dann geht es sehr schnell voran und bergauf. Versprochen! Warten Sie es ab, folgen Sie den Anweisungen in diesem Buch Schritt für Schritt, und lassen Sie sich überraschen. Und glauben Sie mir: Sie können sich jetzt schon darauf freuen, was bald an Neuem entstehen wird!

Wo liegen Ihre Potenziale?

Sie können sich darauf verlassen, dass Sie – wie jeder Mensch – eine einzigartige Kombination von Talenten besitzen. Dieses Kapitel unterstützt Sie dabei, sich dieser bewusst(er) zu werden. Tätigkeiten und Fertigkeiten, die zu Ihnen bzw. zu Ihren Neigungen oder Talenten passen, fliegen Ihnen nur so zu. In diesen Bereichen empfinden Sie das Lernen nicht einmal als Arbeit. Deshalb ist es nicht ratsam, sich verbissen auf seine Schwächen zu stürzen in dem Versuch, diese auszubügeln. In den Fächern, die Sie einfach nicht mögen, werden Sie es höchstwahrscheinlich auch mit viel Übung nie bis zur Meisterschaft bringen.

Wobei es aber gerade in diesem Zusammenhang auch wichtig ist zu überprüfen, ob es tatsächlich das Fach ist, gegen das diese Abneigung besteht oder ob vielleicht nur der betreffende Professor oder das spezielle Lehrbuch der Grund für die Schwierigkeiten beim Lernen sind. Schauen Sie also immer genau hin! Konzentrieren Sie sich stets auf das, was Ihnen das Studieren leicht macht, was Sie interessiert und motiviert, was Ihnen leicht von der Hand und in den Kopf (ins Herz) geht. Hierzu passt die folgende Geschichte.

Die Schule der Tiere

„Einmal hatten die Tiere entschieden, sie müssten etwas Heroisches tun, um den Problemen der „neuen Welt" zu begegnen. Also organisierten sie eine Schule. Sie erstellten einen Lehrplan für Leibesübungen, der aus Laufen, Klettern und Fliegen bestand. Um es einfacher zu machen, den Lehrplan zu verwalten, wählten alle Tiere jedes Fach.

Die Ente war ausgezeichnet im Schwimmen, sogar besser als ihr Lehrer. Aber sie konnte beim Fliegen nur gerade eben bestehen und war sehr schlecht im Laufen. Da sie im Laufen so langsam war, musste sie häufig nachsitzen und auch das Schwimmen aufgeben, um das Laufen zu üben. Das ging so lange, bis ihre Schwimmfüße arg verschlissen waren und sie nur noch eine durchschnittliche Schwimmerin war. Aber das wurde an der Schule akzeptiert, so dass sich keiner Gedanken darüber machte – keiner außer der Ente.

Der Hase begann als Klassenbester im Laufen, hatte aber einen Nervenzusammenbruch, weil er so viel im Schwimmen aufholen musste.

Das Eichhörnchen war ausgezeichnet im Klettern, bis der Unterricht im Fliegen es total frustrierte: Auf Anweisung des Lehrers musste es stets vom Boden aufwärts starten, statt vom Baumgipfel aus nach unten. Diese Überanstrengung hatte zur Folge, dass das Eichhörnchen schließlich lahmte und eine Drei im Klettern und eine Vier im Laufen bekam.

Der Adler war ein Problemkind und wurde streng rangenommen. Im Klettern war er stets der erste auf dem Baum, bestand allerdings auch hartnäckig auf seiner eigenen Methode hinaufzukommen.

Am Ende des Jahres hatte ein anormaler Aal, der außerordentlich gut schwimmen und auch ein bisschen laufen, klettern und fliegen konnte, den besten Notendurchschnitt und durfte auf der Abschlussfeier die Abschiedsrede halten." (von G.H. Reavis[10])

Achten Sie darauf, dass Sie so oft wie möglich Ihren bevorzugten Arbeitsstil nutzen. Schaffen Sie sich selbst Rahmenbedingungen, die Ihnen das Studieren erleichtern:

- Arbeiten Sie gerne im Team oder lösen Sie Aufgaben lieber ganz für sich alleine? Brauchen Sie einen stillen Raum, um gut zu lernen oder zu arbeiten? Lernen Sie lieber bei Musik, oder brauchen Sie den Austausch mit anderen? Haben Sie schon einmal ausprobiert, wie gut Sie in der Unibibliothek lernen können?
- Sprechen Sie gerne und erklären Sie gut? Telefonieren Sie gerne?
- Lesen Sie gerne? Oder hören Sie lieber CDs oder Podcasts? Vielleicht sind Ihnen Filme oder Videos am liebsten?
- Tüfteln Sie gerne an komplexen Problemen?
- Arbeiten Sie gerne am Computer?
- Arbeiten Sie lieber mit Ihren Händen oder sind Sie eher ein Denker?
- Welche Frage wäre in diesem Zusammenhang die richtige für Sie?
- Listen Sie zehn Tätigkeiten auf, die Ihnen leicht fallen.

Das was uns wirklich leicht fällt, ist uns so nah, so vertraut, dass wir es selbst oft gar nicht mehr bemerken. Wir glauben dann fälschlicherweise, das sei eben (für jeden!) so einfach und deshalb nicht der Rede wert. Fakt ist, dass gerade das, was Ihnen ganz leicht von der Hand geht, genau eine Ihrer Stärken darstellt! (Abb. 1.4)

Oft kennen wir unsere Stärken nur deshalb, weil wir immer wieder von anderen, wie Eltern und Lehrern, darauf hingewiesen wurden. Zum Beispiel durch Bemerkungen wie: „Sie hat wirklich eine schnelle Auffassungsgabe!" Es ist jedoch gut möglich, dass Sie darüber hinaus weitere Stärken besitzen, die Ihnen bis jetzt noch gar nicht bewusst sind, weil Sie bisher noch niemand darauf hingewiesen hat.

Auch das Umgekehrte ist leider wahr: Vielleicht hat irgendwann einmal ein Lehrer zu Ihnen gesagt, dass Sie mathematisch nicht begabt seien oder nicht gut texten könnten

---

[10]Diese Geschichte hat George Reavis in den 1940er Jahren geschrieben. Der Text ist vielfach im Internet verfügbar zum Beispiel unter: https://janebluestein.com/2012/the-animal-school/ (letzter Abruf: 13.10.18); er ist gemeinfrei.

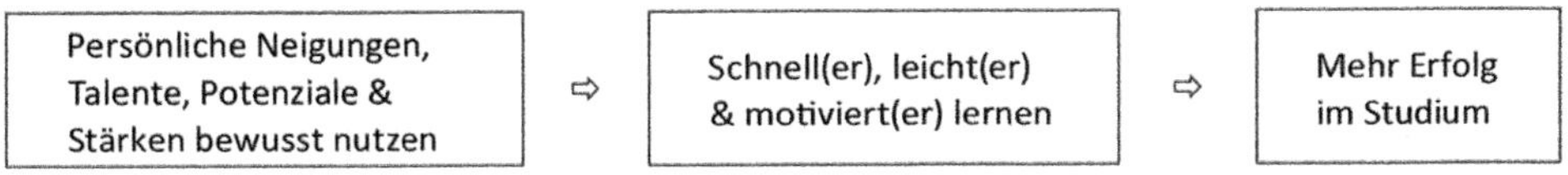

Persönliche Neigungen, Talente, Potenziale & Stärken bewusst nutzen	⇨	Schnell(er), leicht(er) & motiviert(er) lernen	⇨	Mehr Erfolg im Studium

Abb. 1.4 Lernprozesse verlaufen schneller und sind deutlich effektiver, wenn wir unsere Stärken dabei nutzen!

oder nicht gut zeichnen. Die Einschätzung eines einzelnen Lehrers belegt jedoch nicht immer notwendigerweise, dass dies auch stimmt. Ich kenne eine Frau, die heute, mit weit über 50 Jahren, leidenschaftlich gerne in ihrer Freizeit Krimis schreibt. Obwohl das schon Jahrzehnte vorher ein Traum von ihr gewesen war, hatte sie es bis zu ihrem 45. Lebensjahr nicht gewagt, mit dem Krimischreiben zu beginnen, weil ihr zu Schulzeiten eine Klassenlehrerin mangelndes Schreibtalent attestiert hatte.

Räumen Sie auf mit alten Glaubenssätzen, die Sie heute nur behindern, wie z.B.: „Ich bin ungeschickt/ nicht besonders intelligent/nicht belastbar" Es liegt an Ihnen, sich einen neuen Glauben über sich selbst zuzulegen: „Ich bewege mich graziös, bin außergewöhnlich intelligent und körperlich stark!" Wie Sie das konkret schaffen können, werden wir später noch im Detail klären.

> Als ich fünf Jahre alt war, hat mir meine Mutter immer gesagt, dass Fröhlichkeit das Wichtigste im Leben sei. Als ich in der Schule war, wurde ich gefragt, was ich sein will, wenn ich groß bin. Ich schrieb „fröhlich". Sie meinten, ich hätte den Arbeitsauftrag nicht verstanden. Ich sagte ihnen, sie hätten das Leben nicht verstanden. (John Lennon)

Recyceln Sie Ihre Schwächen

Horst Müller erklärt in dem Buch „Selbstmanagement" (Bischof et al. 2012), dass Schwächen vielfach „überdrehte Stärken" sind. Als Beispiel führt er die Gründlichkeit an, die sich oft als ein „zu langsam sein" äußere. Mir selbst fiel eine meiner größten Schwächen ein, als ich dies las: Ich neige zu Hektik und erledige vielfach Aufgaben sehr hastig. Dabei unterlaufen mir natürlich gelegentlich Flüchtigkeitsfehler und ich verbreite Stress. Die zugrundeliegende Stärke ist, dass ich extrem schnell denken und Lösungen entwickeln kann, weil ich komplexe Zusammenhänge sehr schnell (schneller als viele andere) durchschaue.

Eckart von Hirschhausen, Mediziner und Kabarettist, erzählt oft von einem Zufallserlebnis, das ihn entscheidend geprägt hat: Im Zoo beobachtete er einmal, wie ein Pinguin plump und ungelenk, fast wie behindert wirkend, durchs Gehege watschelte. Dann glitt das Tier ins Wasserbecken. Durch eine Glasscheibe konnte von Hirschhausen ihn weiterhin beobachten. Die Wendigkeit, Schnelligkeit und Eleganz des Pinguins im Wasser war atemberaubend schön. Hirschhausen wurde in dem Moment schlagartig klar:

- dass es wenig Sinn macht, mit Gewalt und Anstrengung an den eigenen Schwächen zu arbeiten, und dass man auf diesem (in unserem Schulsystem leider gängigen) Weg allerhöchstens mittelmäßig werden kann. „Salopp formuliert: Wenn du als Pinguin geboren wurdest, machen auch sieben Jahre (…) Selbsterfahrung aus dir in diesem Leben keine Giraffe" (Hirschhausen 2009).[11]

- dass man stattdessen seine Stärken entdecken, nutzen und ausbauen sollte: „[W]enn du merkst, du bist ein Pinguin, schau dich um, wo du bist. Wenn du feststellst, dass du dich schon länger in der Wüste aufhältst, liegt es nicht nur an dir, wenn es nicht „flutscht". Alles, was es braucht, sind kleine Schritte in die Richtung deines Elements. Finde dein Wasser. (…) Und schwimm!"

- dass es wenig Sinn macht, sich wegen äußerer Anforderungen zu verbiegen, weil jede Karriere und jeder Lebensweg einzigartig ist und nur Sie wissen, wo es für Sie lang-geht: „Was willst du? Was macht dir Freude? Wann geht dein Herz auf? Wann haben andere mit dir Freude? Was ist dein Beitrag, wofür brennst du ohne auszubrennen?"

Die Meinung, dass der Versuch, seine Schwächen zu korrigieren, nicht viel bringt und dass man stattdessen lieber seine Stärken nutzen und ausbauen sollte, wird auch von dem amerikanischen Psychologen Martin Seligman vertreten, Pionier auf dem Gebiet der positiven Psychologie.

Wagen Sie ein Gedankenexperiment: Was wäre, wenn auch Ihr (scheinbar) größter „Stolperstein" Ihr größtes Potenzial verbergen würde? So wie der Körperbau des Pin-guins, der ihm zwar an Land das Laufen schwer macht, aber unter Wasser absolut per-fekt ist. Welche Stärke könnte sich eventuell hinter Ihrer größten Schwäche (im Studium) verbergen?

Abgesehen davon, dass es ungeheure Anstrengung kostet, den Großteil der (Lebens-) Zeit mit etwas zu verbringen, was einem gar nicht wirklich liegt, gesund ist es auf Dauer auch nicht. Es ist besser den eigenen Träumen und Sehnsüchten zu folgen und den eige-nen Neigungen und Talenten Raum zu geben. Auf diese Weise entwickeln Sie einen Arbeits-, Lern- und Lebensstil, der zu Ihnen passt und für Sie stimmig ist.

Das ist nicht nur für Sie selbst eine Bereicherung, sondern ebenso für alle anderen, mit denen Sie beruflich zu tun haben werden, wie Kollegen, Kunden oder Vorgesetzte. Motiviertes, kreatives und selbstverantwortliches Handeln dient nicht nur Ihnen selbst in höchstem Maße. Entgegen dem gängigen Paradigma, dass Geld verdienen hart ist und das Arbeitsleben oft ein Kampf, gilt – wie es schon Mark Twain so schön formuliert hatte:

Je mehr Vergnügen du an deiner Arbeit hast, desto besser wird sie bezahlt.

Bei den Recherchen zu diesem Buch bin ich auf die sogenannte Biostruktur-analyse gestoßen. Eine Coaching-Methode, die auf den Forschungsergebnissen des

---

[11]Den Pinguin-Text als Video können Sie sehen unter: https://youtu.be/Az7lJfNiSAs (letzter Aufruf 13.10.18).

Anthropologen Rolf W. Schirm basiert. Hier werden Erkenntnisse aus statistischen Untersuchungen darüber genutzt, was Menschen erfolgreich macht: Erfolgreiche Menschen folgen nicht alle einem generell gültigen Geheimrezept. Es gibt keine verbindlichen Erfolgstechniken. Was erfolgreiche Menschen von weniger erfolgreichen unterscheidet ist, dass sie in erster Linie ganz sie selbst sind. Und dass sie Strategien und Mittel einsetzen, die genau zu ihnen persönlich passen.

Welcher Typ Mensch sind Sie?

- Was fällt Ihnen auf, wenn Sie Ihre persönliche Umgebung einmal wie durch die Augen oder die „Brille" eines Außenstehenden betrachten? Schauen Sie sich um: Wie sieht Ihr Zimmer aus, wie Ihr Schreibtisch? Die äußere Ordnung oder Unordnung sagt einiges über die innere (Un-)Ordnung eines Zimmerbewohners aus. Hier kann man auch erkennen, wie gut und wie liebevoll jemand für sich selbst sorgt. Vielleicht wäre auch ein Blick in den Kühlschrank aufschlussreich. Gerade im Studium ist gute, frische und gesunde Ernährung wichtig! Oder Sie werfen einen Blick in Ihren Kleiderschrank oder aber auch in die Tasche, die Sie immer mit zur Uni nehmen. Oder in Ihre Mitschriften. Betrachten Sie sich selbst, Ihre Umgebung, Ihre Angewohnheiten im Studentenleben für einen Moment mit neuen Augen. Notieren Sie unbedingt kurz, was Sie dabei über sich selbst herausgefunden haben.
- Führen Sie einmal Begonnenes in der Regel zu Ende? Oder: Wann führen Sie einmal Begonnenes in der Regel zu Ende?
- Welche guten Eigenschaften haben Sie nach Meinung Ihrer besten Freundin/ Ihres besten Freundes?
- Welches sind die beiden größten Erfolge, die Sie bisher hatten?
- Welche positive, Sie aufbauende Botschaft haben Ihnen Ihre Eltern mit auf den Lebensweg gegeben?

Gehen Sie entspannt mit diesen Fragen um, sammeln Sie die Information, die Ihnen dazu (auch vielleicht in den nächsten Tagen noch) ganz von alleine einfallen. Tragen Sie deshalb am besten auch Ihr Erfolgsjournal stets bei sich.

Ich bin stolz auf Sie, Sie machen das gut so!

> Your time is limited, so don't waste it living someone else's life. Don't be trapped by dogma – which is living with the results of other people's thinking. Don't let the noise of other's opinions drown out your own inner voice. And most important, have the courage to follow your heart and intuition. They somehow already know what you truly want to become. Everything else is secondary. (Steve Jobs)

Machen wir weiter:

- „Was möchte ich einmal werden, wenn ich groß bin?" Diese Frage ist interessanterweise auch noch für über 50jährige durchaus aufschlussreich!

- Worin besteht vermutlich der wichtigste Unterschied zwischen dem, der Sie jetzt sind und dem, der Sie nach dem Coaching hoffentlich sein werden?
- Welche Erfahrungen haben Sie mit komplett selbst gestalteten Lernprozessen? Vielleicht haben Sie sich zum Beispiel selbst eine bestimmte Maltechnik beigebracht. Oder allein durch Versuch-und-Irrtum gelernt, wie man einen Gemüsegarten anlegt oder tapeziert? Wie sind Sie dabei vorgegangen? Und woran haben Sie dabei fest geglaubt? Wie zum Beispiel: „Tomaten anpflanzen kann doch jeder! Es ist ganz leicht! Das schaffe ich schon!" Oder: „Ausprobieren und experimentieren macht mir Spaß! Die Zeit spielt keine Rolle."

Solche Referenz-Erlebnisse aus dem privaten Bereich können extrem hilfreich für das Studium sein. Fast jeder von uns hat sie irgendwann in seinen Leben schon gemacht. Lassen Sie sich auch hier ruhig ein paar Tage Zeit, um sich an Details zu erinnern. Sollten Sie sich an keine vergleichbare Erfahrung erinnern, rate ich Ihnen dringend, das nachzuholen. Suchen Sie sich dazu eine Tätigkeit aus, die Sie vielleicht schon lange einmal ausprobieren wollten. Wählen Sie etwas, das Sie so richtig motiviert und anmacht! Trauen Sie sich und legen Sie los!

Was sind Ihre wichtigsten Werte?
Jeder Mensch hat bestimmte innere Werte, die ihm oder ihr extrem wichtig sind. Z.B. Fairness, Ehrlichkeit, Sicherheit oder Harmonie. Diese Werte entscheiden darüber, was ihm oder ihr wertvoll ist und was nicht. Unsere Werte sind der innere Maßstab, anhand dessen wir Situationen oder Menschen beurteilen, uns für oder gegen etwas entscheiden. Es ist extrem hilfreich, die persönlichen inneren Werte zu kennen und zu wissen, welche dieser Werte am allerwichtigsten sind. Was wäre Ihnen so wichtig, dass Sie sich immer dafür einsetzen würden, gegebenenfalls auch gegen den Widerstand von Autoritäten? Was ist Ihnen so wichtig, dass Sie alles andere dafür aufgeben würden? Für welche Ideale würden Sie kämpfen?

Im Unterschied zu Zielen, die wir verfolgen und die sich im Laufe der Zeit immer wieder verändern, beschreiben Werte die zugrunde liegenden Überzeugungen, auf deren Basis wir handeln. Unsere Wertvorstellungen erklären viele unserer Verhaltensweisen. Werte sind extrem wichtig für die Motivation. Denn wenn Sie etwas wirklich erreichen wollen, dann nur deshalb, weil es Ihnen etwas wert ist. Unsere Ziele verändern sich teilweise relativ schnell und auch oft. Je nach Thema manchmal sogar schon nach paar Tagen oder gar Stunden. Unsere Werte können sich zwar auch gelegentlich ändern, aber das geschieht eher selten, in der Regel nur alle paar Jahre oder Jahrzehnte. Werte drücken auch aus, wie wir durch unsere Erziehung, die Kirche und die Gesellschaft geprägt wurden. Sie hängen eng mit der Persönlichkeit eines Menschen zusammen. Wenn wir in Übereinstimmung mit unseren Werte leben, sind wir zufrieden, und wir haben Achtung vor uns selbst. Die Einhaltung der persönlichen Werte ist essentiell wichtig für unser Wohlbefinden. Werte bestimmen auch, wann wir Verantwortung übernehmen und wann nicht.

Immer wenn Sie Ihre inneren Werte über einen längeren Zeitraum hinweg übergehen, leiden Sie! Wenn Sie Ihre inneren Wertmaßstäbe kennen, kann Ihnen das helfen, sich schneller und zielstrebiger zu entscheiden, beispielweise für den richtigen Arbeitsplatz oder das Thema einer Abschlussarbeit. Geht es beispielsweise um die Frage, ob Sie eine Praktikumsstelle in New York annehmen sollen, müssen Sie abwägen, ob Ihnen das aufregende Abenteuer in Amerika wichtiger ist, als die vertraute Gemeinschaft mit der Familie oder Ihrer Freundin. Werte geben den Menschen Orientierung, indem sie darauf hinweisen, was richtig und stimmig für sie ist.

Finden Sie Ihre Wertehierarchie
Ihre Werte reflektieren also das, was Ihnen ganz besonders wichtig ist. Die meisten unserer Entscheidungen und Verhaltensweisen orientieren sich an den inneren Werten, auch wenn uns das oft gar nicht bewusst ist. Typische Beispiele für Werte wären: Abenteuer, Anerkennung, Sicherheit, Unabhängigkeit, Teamarbeit, persönliche Weiterentwicklung, Familie, Wohlstand, Harmonie, Frieden, Kontrolle, Bildung/ Klugheit, Geborgenheit, Gemeinschaft/Zugehörigkeit, Zusammenhalt, Ehrlichkeit, Pünktlichkeit, Zuverlässigkeit. Umfangreiche Werte-Beispiellisten können Sie im Internet finden, wenn Sie dort zum Schlagwort „Werte" suchen.

Nehmen Sie sich die Zeit und erstellen Sie eine Liste aller Werte, die für Sie persönlich von Bedeutung sind. Sammeln Sie die Werte, die für Sie wichtig sind, in Ihrem Erfolgsjournal. Das werden höchstwahrscheinlich bald eine ganze Menge sein, bis an die 20 Stück zu haben, ist keine Seltenheit. Lassen Sie dann diese Liste eine Weile „gären", schlafen Sie darüber, sprechen Sie vielleicht auch mit anderen darüber. Finden Sie heraus, welche zehn Werte es sind, die Ihnen am allerwichtigsten sind. Dabei brauchen Sie sich im Moment über die Reihenfolge dieser zehn Werte untereinander noch keine Gedanken zu machen. Das wird der nächste Schritt sein.

Wenn Ihre Werteliste nur drei oder vier Elemente enthielte, wäre es relativ einfach, unter diesen eine eindeutige Rangfolge zu bestimmen. Sie könnten die Begriffe dann schnell im Kopf sortieren. Da jedoch eine Werteliste immer deutlich mehr Elemente enthält, ist es hier komplizierter, eine eindeutige Reihenfolge zu ermitteln.

In meinen Studenten-Workshops hat es sich bewährt, die eindeutige Reihenfolge der Werte mithilfe des in Abb. 1.5 dargestellten, von dem Karriere-Experten Richard Nelson Bolles entwickelten, Prioritizing Grid'[12] (auf dt.: Priorisierungs-Gitter) zu bestimmen.

Kopieren Sie sich diese Vorlage und tragen darin Ihre zehn wichtigsten Werte so ein, wie es in Abb. 1.6 mit ‚Wert1' – ‚Wert 10' demonstriert wird.

Also beispielsweise wie in Abb. 1.7.

Nun vergleichen Sie im nächsten Schritt anhand dieses Schemas die Werte jeweils paarweise miteinander: Wert 1 mit Wert 2 (die Nr. des für Sie wichtigeren Wertes kommt

---

[12]Sie finden unter www.beverlyryle.com/prioritizing-grid (letzter Abruf: 1.2.17) eine leicht benutzbare, interaktive Version dieses Grids.

Abb. 1.5 ‚Prioritizing Grid'
nach Bolles – leere Vorlage für
Sie zum Ausfüllen

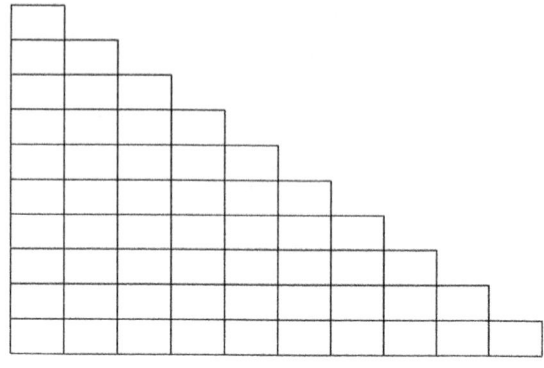

Abb. 1.6 ‚Prioritizing Grid'
nach Bolles – angewendet auf
Werte (generell)

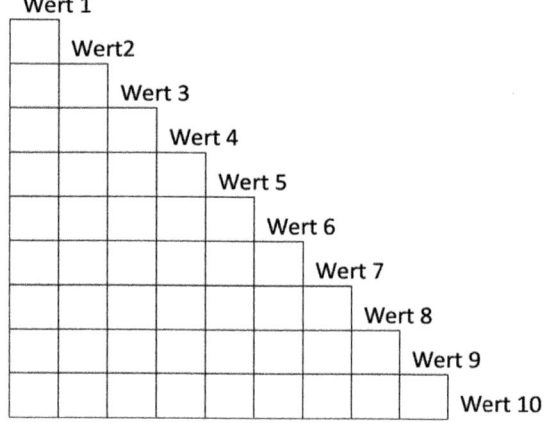

Abb. 1.7 Beispiel eines
‚Prioritizing Grid' nach Bolles –
angewendet auf Werte

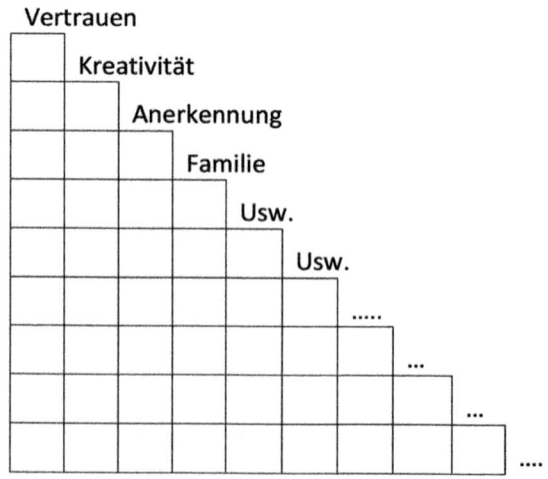

in Zelle ‚1|2'- s. nächste Abb.), Wert 1 mit Wert 3 (Nr. des wichtigeren Wertes in Zelle ‚1|3' eintragen), Wert 1 mit Wert 4 (in Zelle ‚1|4') usw., dann Wert 2 mit Wert 3 (in Zelle ‚2|3'), 2 mit 4 (in Zelle ‚2|4') usw., bis Sie zum Schluss Wert 9 mit Wert 10 vergleichen (Nr. des für Sie wichtigeren Wertes in Zelle ‚9/10' eintragen). D.h. in den Grid-Zellen tragen Sie jeweils die der beiden Zahlen ein, deren zugehöriger Wert Ihnen wichtiger ist.

Stellen Sie sich dazu jeweils innerlich die Frage: „Wenn es aus irgendeinem Grund nicht möglich wäre, diese Werte beide zu leben, welchen würde ich dann vorziehen?" Dann entscheiden Sie sich, grübeln Sie nicht all zu lange, folgen Sie Ihrem Bauchgefühl. Sie MÜSSEN sich bei jedem Vergleich für einen der beiden Werte entscheiden. Bedenken Sie dabei: Wenn Sie sich bei einem Paar-Vergleich gegen einen Wert entscheiden, taucht dieser ja trotzdem immer wieder bei vielen der anderen Paar-Vergleiche neu auf. (Abb. 1.8)

Zur Illustration dieses Vorgehens sehen Sie im Folgenden die Fortsetzung des obigen fiktiven Beispiels: Hier wurde Vertrauen (1) wichtiger als Kreativität (2) empfunden, auch wichtiger als Anerkennung (3) und als Familie (4). Kreativität (2) ist wiederum wichtiger als Anerkennung (3) und wichtiger als Familie (4). Familie (4) wird wiederum wichtiger als Anerkennung (3) empfunden. (Abb. 1.9)

Zum Abschluss zählen Sie in diesem Schema für jede der Zahlen 1 bis 10, wie oft sie eingetragen wurde. Im obigen (nur begonnenen!) Beispiel war:

Wert 1 ‚Vertrauen': 3-mal

Wert 2 ‚Kreativität': 2-mal

Wert 3 ‚Anerkennung': 0-mal

Wert 4 ‚Familie': 1-mal

Dann erstellen Sie aufgrund dieser Häufigkeiten eine Rangliste: Der am häufigsten aufgetretene Wert (war im Beispiel „Vertrauen") kommt auf Platz 1, der zweithäufigste (war im Beispiel „Kreativität") kommt auf Platz 2 usw. So erhalten Sie die

Wert 1									
1/2	Wert 2								
1/3	2/3	Wert 3							
1/4	2/4	3/4	Wert 4						
1/5	2/5	3/5	4/5	Wert 5					
1/6	2/6	3/6	4/6	5/6	Wert 6				
1/7	2/7	3/7	4/7	5/7	6/7	Wert 7			
1/8	2/8	3/8	4/8	5/8	6/8	7/8	Wert 8		
1/9	2/9	3/9	4/9	5/9	6/9	7/9	8/9	Wert 9	
1/10	2/10	3/10	4/10	5/10	6/10	7/10	8/10	9/10	Wert 10

Abb. 1.8 Prio-Vergleich aller Wertepaare miteinander

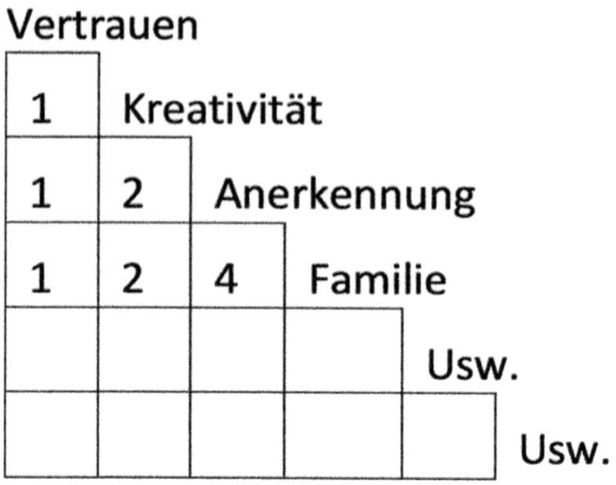

Abb. 1.9 Fortsetzung des
Beispiels – angewendet auf
Wertevergleiche

Vertrauen

1	Kreativität

1	2	Anerkennung

1	2	4	Familie

Usw.

Usw.

Prioritäten-Reihenfolge Ihrer zehn Werte und erfahren, welche Ihre drei allerwichtigsten Werte sind. In Ausnahmefällen kann es vorkommen, dass zwei Werte gleich wichtig sind (d.h. die gleiche Punktzahl haben), dann setzen Sie diese in Ihrer endgültigen Liste nebeneinander.

Wenn Sie ab jetzt bewusst darauf achten, werden Sie überrascht sein, wie oft in Ihrem Leben (nicht nur in Ihrem Studium) diese Wertepriorität eine entscheidende Rolle spielt. Sie entscheidet darüber, ob Sie sich in einer Situation wohl, glücklich, zufrieden oder aber betrogen und unwohl fühlen. Sollte im Studium vorübergehend einmal zu wenig Raum sein, Ihre inneren Werte zu leben, dann sorgen Sie dafür, dass diese in Ihrer Freizeit eine Ausdrucksmöglichkeit finden. Es ist sehr hilfreich, die eigenen Werte zu kennen. Deshalb nehmen Sie sich bitte die Zeit für diese Übung!

Machen Sie sich ein Bild Ihrer beruflichen Zukunft

Es ist empfehlenswert und auch hilfreich für das Studium, sich frühzeitig auch mit Ihrem zukünftigen Berufsbild und der konkreten Tätigkeit nach dem Studium zu befassen. Zum einen kann das Zukunftsbild, das Sie sich so entwerfen, ein starker Motivationsfaktor im Studium für Sie sein. Ein Lichtblick, der Sie auch durch ein schwierigeres Semester oder eine herausfordernde Lehrveranstaltung trägt: Auch das geht vorbei. Sie müssen da jetzt leider durch, um den erwünschten Studienabschluss zu erreichen. Aber später – und dann vor allem auf Dauer! – werden Sie sich mit anderen Themen und Inhalten beschäftigen. Mir selbst hat als Studentin diese Gewissheit durch mehr als eine hochkomplexe, staubtrockene Mathematik-Vorlesung geholfen. Die Anregung für diesen Trick hatte ich in dem Vortrag eines Praktikers bekommen, der an der Hochschule aus seiner Berufspraxis als Mathematiker berichtete. Seine Aufgaben als Mathematiker erscheinen mir spannend und sehr attraktiv. Und sie hatten verdammt wenig mit den kaum zu verstehenden n-dimensionalen Hyper-Ebenen meiner Geometrie-Vorlesung zu tun.

Zum anderen bringt ein für Sie attraktives Bild Ihres zukünftigen Berufes Ihnen auch ein weiteres Stück Klarheit in Bezug auf Ihre ganz persönlichen Neigungen, Stärken und Potenziale. Es hilft Ihnen bereits während des Studiums dabei, sich zu entscheiden, welches Referatsthema, welches Wahlpflichtfach, welche Praktikumsstelle oder welche Art von Thema Sie sich für die Abschlussarbeit aussuchen wollen. Sollte Ihr Studium kein Praktikums-Semester enthalten, machen Sie freiwillig eins in den Semesterferien. Schauen Sie Ihren zukünftigen Beruf auf jeden Fall schon während Sie studieren in der Praxis an. Sie verdienen auf diese Weise außerdem ein bisschen Geld. Insbesondere erhöhen Sie damit definitiv Ihren Marktwert und nicht selten ergibt sich dabei dann auch ein Angebot für eine zukünftige Arbeitsstelle.

Es gibt immer viele verschiedene Möglichkeiten, wie man einen bestimmten Beruf konkret ausüben kann. Manche Menschen arbeiten lieber ganz für sich alleine, andere lieber im ständigen Austausch oder im Team. Manche gehen strikt linear-strukturierend vor, andere eher intuitiv-kreativ. Manche Menschen arbeiten lieber mit Maschinen oder Computern, andere lieber mit Lebewesen. Sie können sich hier selbst noch viele weitere Möglichkeiten überlegen, die speziell in Ihrem Berufsfeld möglich sind oder sich anbieten. Eine Tierärztin hat andere Optionen, als ein Informatiker. Innerhalb jedes Berufsfeldes gibt es immer viele verschiedene Einsatzbereiche, die dann jeweils auch recht verschiedene Persönlichkeiten, Neigungen und Talente erfordern. Suchen Sie sich ganz gezielt einen Bereich, wo genau die Tätigkeiten gebraucht sind, die Sie gerne ausüben würden. Dann wird auch mit Sicherheit Ihr zukünftiger Arbeitgeber sehr zufrieden sein, genau Sie für diese Stelle gefunden zu haben.

Was wären für Sie die idealen Attribute einer zukünftigen Arbeitsstelle? Wann würde eine Stelle, eine Position, eine berufliche Aufgabe besonders gut zu Ihnen passen? Beginnen Sie hierfür erste Eckdaten zu sammeln. Es kann manchmal auch nützlich sein, sich zu überlegen, was auf keinen Fall für Sie stimmig wäre und dann das Gegenteil zu formulieren.

Beispiele:

- Ich würde gerne reisen, andere Kulturen kennen lernen.
- Ich brauche klar geregelte Abläufe.
- Ich will unbedingt ganz in Ruhe für mich alleine arbeiten. Oder umgekehrt: Ich möchte auf keinen Fall alleine arbeiten, ich muss andere Menschen um mich haben.
- Ich will unbedingt etwas Sinnvolles tun, was die Welt verbessert.
- Ich tüftele gerne.
- Ich repariere gerne Geräte.
- Ich lese gerne, viel und schnell.
- Ich kann unmöglich den ganzen Tag still am Schreibtisch sitzen. In meinem Berufsfeld könnte ich deshalb beispielsweise …

Nur über Deine Schokoladenseite kommst du zum Ziel! (Verfasser unbekannt)

Wie ist es Ihnen ergangen?

Eventuell war es für einige von Ihnen gar nicht so ganz einfach, alle diese Fragen zu beantworten. Damit sind Sie nicht alleine: Viele Studierende haben sich noch nie zuvor bewusst mit diesen Themen auseinandergesetzt. Dabei hat höchstwahrscheinlich jeder von Ihnen schon einmal die Vor- und Nachteile, die Stärken und Schwächen eines bestimmten Laptops oder Fernsehapparates aufgelistet, den zu kaufen Sie erwogen. Dafür „investieren" wir gerne mal einen Abend oder gar ein ganzes Wochenende, diskutieren das mit Freunden und Bekannten. Was jedoch die eigene Karriere, die Berufsplanung oder den Erfolg im Studium angeht … Deshalb kümmern Sie sich jetzt darum.

Fassen Sie Ihre Ergebnisse zusammen

Gehen Sie bitte abschließend noch einmal alle Ihre Antworten zu den Fragen durch. Achten Sie jetzt darauf, ob sich bestimmte Themen mehrfach wiederholen. Seien Sie ebenfalls wachsam, wenn ein bestimmter Begriff, eine bestimmte Frage oder ein Thema Sie besonders berührt. Versuchen Sie dann, „Schlüsselwörter" oder „Überschriften" zu finden, die das zusammenfassen, was Ihnen im Moment besonders wichtig erscheint. Diese Liste der Schlüsselworte und Überschriften führt dann in der Regel zu ein oder zwei Kernthemen. Worin besteht derzeit Ihr größtes Problem? Was muss sich am dringendsten verändern? Was wollen Sie (statt dessen) gerne für sich erreichen? Wo gibt es Potenziale, die Sie ab sofort mehr für sich nutzen sollten? Woran möchten Sie in diesem Coaching als erstes arbeiten?

Checkliste zum Kap. 1.3

Ich führe mein Erfolgsjournal und begleite so meinen Lernprozess *(Haken Sie ab, was Sie erledigt haben)*

☐ Ich habe anhand der Fragen in diesem Kapitel meine derzeitige Situation im Studium beleuchtet. Ich habe mir dazu schriftlich Notizen in meinem Erfolgsjournal gemacht.

☐ Ich habe mir notiert, wo meine Talente, Potenziale, Motivationsanreize und auch Stolpersteine liegen könnten.

☐ Ich habe Freunde, Familienmitglieder o.ä. gefragt, wo aus deren Sicht meine Talente und Begabungen liegen.

☐ Ich habe ein Symbol oder ein Bild, das meine derzeitige Beziehung zum Studium repräsentiert, in mein Erfolgsjournal gemalt. Und auch ein Symbol oder Bild, das eine Verbesserung dieser Beziehung ausdrückt. Ich habe ein paar Tage lang damit experimentiert, dieses innere Bild mental zu stärken.

☐ Ich habe mir über meine Werte Gedanken gemacht, habe diese aufgeschrieben und nach Priorität sortiert. Ich kenne meine drei wichtigsten Werte.

☐ Ich habe in den Notizen zu diesem Kapitel nach „roten Fäden", wiederkehrenden Thematiken oder nach Aussagen, die etwas in mir „triggern", gesucht. Was ich dabei gefunden habe, habe ich schriftlich festgehalten.

Literatur

Bischof K, Bischof A, Müller H (2012) Selbstmanagement, 2. ergänzte Aufl. Haufe Lexware, Freiburg

Gulder A (2007) Finde den Job, der dich glücklicher macht: Von der Berufung zum Beruf, 2. Aufl. Campus Verlag, Frankfurt a. M.

Hesse J, Schrader HC (2006) Was steckt wirklich in mir? Der Potenzialanalyse-Test. Eichborn, Frankfurt a. M.

Hirschhausen E (2009) Glück kommt selten allein .... rororo, Reinbeck

Tipping CC (2009) Radikale Selbstvergebung – Liebe Dich so, wie du bist, egal, was passiert! Integral, München

Fundamente Ihres Erfolges legen

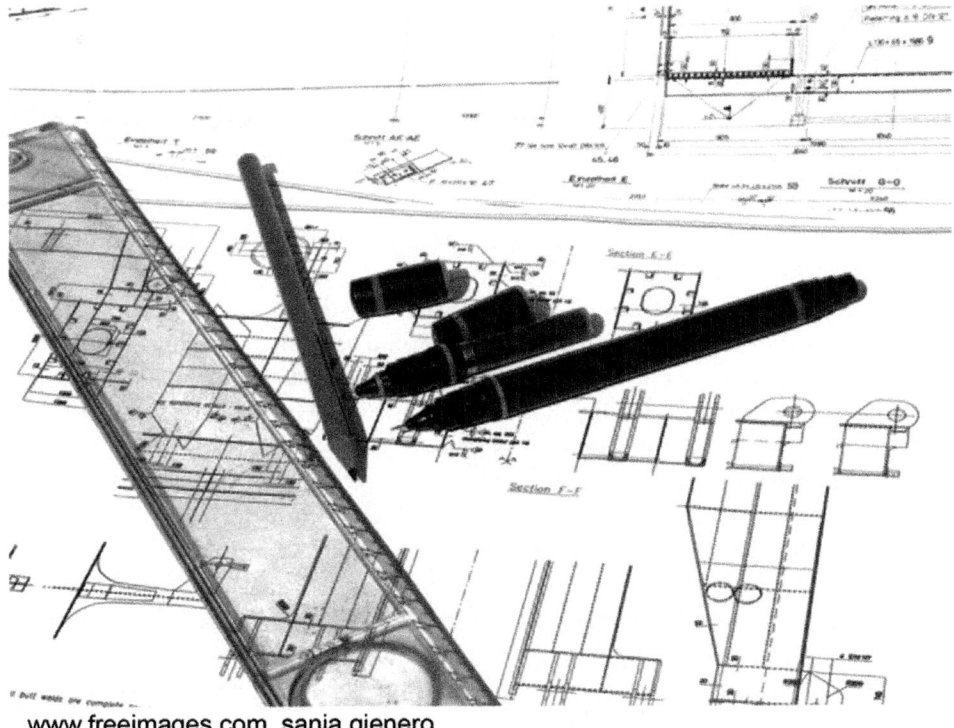

www.freeimages.com, sanja gjenero

Erfolg ist nicht der Schlüssel zum Glück. Glück ist der Schlüssel zum Erfolg. Nur wer das liebt, was er macht, wird Erfolg haben. (Albert Schweitzer)

© Springer Fachmedien Wiesbaden GmbH, ein Teil von Springer Nature 2018
K. Klenke, *Studieren kann man lernen*, https://doi.org/10.1007/978-3-658-23415-7_2

Lernziele: Worum geht's in diesem Kapitel?

☑ Was ist Coaching? Wie kann es Studierende unterstützen?

☑ Warum ist die Definition von Erfolg für jeden anders? Was bedeutet „Erfolg im Studium" für Sie ganz persönlich?

☑ Kennen Sie Ihren inneren Erfolgsraum? Wissen Sie, wie Sie ihn mithilfe von Mentaltechniken vergrößern und stärken können?

2.1 Grundbegriffe definieren

2.1.1 Was sind Coaching-Techniken? Braucht man sie im Studium?

Die meisten meiner Professorenkollegen gehen davon aus, dass Studierende natürlich bereits wissen, wie man effektiv lernt. Auch viele Studierende selbst denken gar nicht mehr über ihre Lernstrategien nach, die sie seit ihrer Schulzeit unreflektiert benutzen. Es ist merkwürdig, dass das Lernen per se an Schulen und Hochschulen so selten thematisiert wird. Kaum ein Mensch käme auf die Idee, beispielsweise Tennisspielen alleine und nur durch Herumprobieren zu erlernen. Einer meiner Freunde hat das so gemacht. Da ihn das Spiel sehr fasziniert und er viel experimentiert hat, spielt er heute erstaunlich gut Tennis. Er wird es hier aber nie zu besonderen Glanzleistungen bringen, denn er hält leider den Schläger nicht korrekt.

Auch viele Studierende halten – in der Regel ohne es zu wissen – „den Schläger falsch". Dadurch machen Sie sich das Lernen im Studium unnötig schwer. Sie merken zwar, dass es irgendwo nicht so flutscht, wie erhofft, aber das schreiben sie dann ihrer Faulheit oder ihrer mangelnden Intelligenz zu. Diese irrige Fehleranalyse kann auf Dauer zu einer völlig falschen Selbsteinschätzung führen.

Die meisten wirklich Erfolgreichen haben einen Coach. Wirtschaftsbosse genauso wie Hochleistungssportler. Und das, obwohl diese Menschen in der Regel ja schon recht erfolgreich sind und es auch in der Vergangenheit waren. Kein Profimusiker käme auf die Idee, seine Fähigkeiten und Talente ganz alleine weiter ausbauen zu wollen. Sobald es sich jedoch um die Wissenschaft des Lernens dreht, geht (fast) jeder davon aus, sie würde sich im Laufe des Lebens – insbesondere im Laufe eines Studiums – von alleine weiter ausbilden. Das ist ein fataler Irrtum, der Sie, wie viele andere Studierende auch, unnötige Umwege, viel Kraft und Nerven kostet.

Der Begriff des Coachens stammt ursprünglich aus dem Hochleistungssport. Dort werden nicht nur die sportlichen Talente und Techniken (dies entspricht dem Fach-Knowhow im Studium) trainiert und ausgebaut, sondern es geht dabei auch insbesondere darum, den Gecoachten mental zu motivieren, zu ermutigen und zu unterstützen. Das Wort „Coach" kommt aus dem Ungarischen und bedeutet „Kutsche". Das ist ein Transportmittel, um sich auf den Weg zu machen und ein bestimmtes Ziel zu erreichen. Wobei im Coaching immer der Coachee (der Gecoachte) selbst entscheidet, welchen konkreten Lösungsweg er oder sie für sich ausprobieren und umsetzen möchte. Coaching bietet …

… Hilfe zur Selbsthilfe, d. h., es hilft dem Coachee dabei, eine für ihn persönlich stimmige Lösung für seine Probleme in sich selbst zu finden.

… Unterstützung bei einer Analyse der eigenen Situation, insbesondere durch objektives Wahrnehmen der eigenen Denk- und Verhaltensmuster.

… Anstoß, sich der eigenen natürlichen Talente und Ressourcen bewusst zu werden, sowie dazu, diese bewusst zu nutzen und auszubauen.

… neue Lösungsstrategien unter Ausnutzung bereits vorhandener Ressourcen, Talente und Potenziale, und in Übereinstimmung mit den persönlichen Neigungen des Gecoachten.

… ge-Ziel-te Ausrichtung des persönlichen Fokus auf bisher ungenutzte Handlungsmöglichkeiten und Chancen.

… Ermutigung dazu, sich eigene, attraktive Ziele zu setzen und zu verfolgen, in dem schrittweise praktische „Hausaufgaben" experimentierend umgesetzt werden.

… Tipps und Tricks, die dabei helfen, die eigenen Ziele schneller zu realisieren.

… Fokus auf Lösungs- statt auf Problembewusstsein.

… während der Lösung aktueller Probleme automatisch auch ein Training von Erfolgsstrategien für die Zukunft.

Das Coachingkonzept in diesem Buch führt Sie weg von verbissenem Pauken und gestresstem sich-Anforderungen-anpassen-müssen. Es erinnert Sie daran, Ihren eigenen Träumen zu folgen. Wenn Sie dieses Selbstcoaching-Programm mitmachen, werden Sie sich manchmal einen Ruck geben müssen und den Entschluss fassen, sich auf bisher unbekanntes Terrain zu begeben. Es bedeutet immer wieder die Komfortzone des Vertrauten (und des Verhassten!) zu verlassen, um endlich zu sich selbst, so wie Sie wirklich sind, zu Ihrer wahren Power und Ihrem natürlichen Lerngenie zurückzukehren.

Alle hier im Buch vorstellten Methoden, Techniken und Tricks sind darauf ausgelegt, dass Sie Ihren eigenen Lern- und Arbeitsstil entdecken und sich daran erinnern, was Ihre eigenen Ziele sind. Sollte Ihnen irgendetwas, was in diesem Buch vorschlagen wird, widerstreben, vertrauen Sie Ihrem Bauchgefühl. Sie wissen am besten, was Ihnen guttut und was stimmig für Sie ist. Aber fordern Sie sich bitte auch. Denn nur, wenn Sie Dinge anders betrachten und anders angehen, als bisher, werden die gewünschten Veränderungen auch wirklich eintreten. Dennoch: Überfordern Sie sich bitte nicht. Gehen Sie achtsam mit sich um. Gekämpft und sich verbogen haben Sie sich vermutlich schon viel zu lange. Machen Sie ab sofort jeden Tag kontinuierlich und konsequent einige kleine Schritte in Richtung Ziel, dann kommen Sie am schnellsten voran. Denken Sie dabei an die sanfte Kraft des Wassers. Sie wissen: „Steter Tropfen…" Fließen Sie spielerisch-heiter mit, arbeiten Sie mit dem fröhlich-sanften Schwung eines kleinen, glucksenden Bächleins. Ein donnernder Wasserfall zu sein, kostet (zu Beginn noch) viel zu viel Kraft. Und ist auch gar nicht erforderlich!

Beim Coaching geht es oftmals gar nicht darum, zusätzlich etwas völlig Neues zu erlernen. Vielfach werden Sie sogar denken: „Aber das weiß ich doch!" Ja genau. Coaching erinnert Sie vielfach an das, was Sie schon wissen, an Ressourcen, die Sie schon lange (nur leider oft ungenutzt!) in sich tragen. Coaching macht deutlich, dass sich eben nur durch „Wissen" nichts verändert. Es geht hier immer ums Tun! Coaching macht Ihnen deutlich, wo und an welcher Stelle Sie am besten aktiv werden und den Hebel effektiv ansetzen können.

> Wenn du willst, was du noch nie gehabt hast, dann tu, was du noch nie getan hast. (Nossrat Peseschkian)

Eins steht fest: Aktiv werden müssen Sie. Handeln, umdenken und ausprobieren. Jedoch reichen dabei in der Regel kleine Babyschritte aus. Sie sind sogar, auf Dauer gesehen, viel effektiver, als eine riesige Hauruck-Aktion. Wichtig ist nur, dass Sie sich in Bewegung setzen und dann auch in Aktion bleiben.

Dabei ist das Vorgehen im Prinzip immer gleich:

1. Entscheiden Sie sich, welches Thema, welches Problem, welche Herausforderung Sie angehen wollen.
2. Überlegen Sie sich dafür geeignete Aktionsschritte: Was könnten Sie jetzt tun? Denken Sie dabei daran, anders zu agieren, zu denken und zu lernen als bisher. Welches alte Verhalten, Denk- oder Lernmuster sind Sie bereit aufzugeben, damit Sie Ihr Ziel erreichen? Wie könnten Sie Ihre Aktionsschritte so gestalten, dass es Ihnen gut geht, während Sie ein neues Verhalten, Denk- oder Lernmuster ausprobieren? Experimentieren Sie auf spielerische Art und Weise.
3. Beobachten Sie sich und die Situation während Sie handeln: Was haben Sie bewirkt? Was hat sich verändert, was verbessert? Wenn sich die Situation verbessert hat, machen Sie entweder so weiter oder probieren Sie ruhig noch etwas anderes als Alternative aus. Sollte sich durch eine Aktion nichts verbessert haben, hadern Sie nicht mit sich, sondern suchen Sie stattdessen nach einer Alternative!
4. Bleiben Sie am Ball!

Hier kommt ein Spickzettel für schwierige Situationen: Durchlaufen Sie in diesem Fall (mindestens einmal) mental den in Abb. 2.1 dargestellten **„Erfolgs-Loop für den Notfall"**.

Obwohl wir vieles davon später noch im Detail beleuchten werden, kommen hier schon einige wichtige Spielregeln für den Erfolg im Studium.

Erinnern Sie sich: „Ich bin der Boss in
meinem Studium! Ich habe das Ruder
selbst in der Hand und ich bestimme, wo
es langgeht!"
Und: „Ich bin selbst verantwortlich für
meinem Lernprozess."

„Gibt es irgendetwas Wichtiges,
das ich jetzt unbedingt sofort tun
sollte, um größeren Schaden zu
verhindern?" Tun Sie es!

„Was könnte ich jetzt sofort anders
machen? Was hat mir früher schon einmal
geholfen?" Wenn Ihnen dazu nichts
einfällt, machen Sie eine Verschnauf- und
Abstands-Pause und überlegen danach
neu.

Überlegen Sie sich: „Was ist im
Moment mein Ziel? Was möchte ich
jetzt gerade (für mich) erreichen?"

Abb. 2.1 „Erfolgs-Loop für den Notfall"

2.1.2 Spielregeln für den Erfolg im Studium

- Denken Sie daran: Ein emotional guter, positiver und zuversichtlicher Zustand beim Lernen ist die wichtigste Basis für ein erfolgreiches Studium. Gestresst hat noch nie jemand gut und effektiv gelernt! Arbeiten und lernen Sie – so gut es geht – gelassen und entspannt. Unterteilen Sie große Aufgaben immer in mehrere kleine Schritte. Schaffen Sie sich selbst so oft wie möglich eine angenehme Arbeitsatmosphäre.
- Viele kleine Babyschritte, die Sie konsequent täglich umsetzen, werden Sie überraschend schnell zu guten Erfolgen führen!
- Bleiben Sie, so gut es Ihnen gelingt, im zuversichtlichen „Ich schaffe das-Zustand", bzw. kehren Sie immer wieder bewusst dahin zurück!
- „Fake it ′til you make it" (zu dt.: „Tu einfach so, als ob.") ist ein populärer amerikanischer Coaching-Spruch: Man verhält sich (trotz innerer Zweifel) wie jemand, der genau weiß, wie man die bestimmte Aufgabe angeht. Interessanterweise klappt dieser Trick oft: Plötzlich hat man den Dreh raus. Probieren Sie es aus.
- Setzen Sie sich auch im Kleinen Ziele für Ihr Studium. ‚Nur so‘ für eine Stunde etwas für das Studium zu lesen oder zu schreiben ist deutlich weniger effektiv, als wenn Sie sich vorher kurz überlegen, weshalb Sie diesen Text lesen wollen oder was das Ziel Ihres Schreibens ist.
- Bleiben Sie nachsichtig mit sich selbst, machen Sie sich bitte nicht selbst fertig, wenn etwas nicht so klappt, wie erhofft. Das ist völlig normal! Es geht jedem von uns gelegentlich so und es ist sogar ein wichtiger Teil eines jeden Lernprozesses! Sie bekommen das hin! Bleiben Sie dran – probieren Sie stattdessen etwas anderes aus.
- Fangen Sie noch heute an. Wenn Sie jetzt nicht aktiv werden, werden Sie es später, nachdem Sie dieses Buch fertiggelesen haben, mit hoher Wahrscheinlichkeit auch nicht. Terminieren Sie deshalb heute noch fest den ersten oder nächsten Babyschritt

in Ihrem Kalender. Planen Sie ihn fest ein und halten Sie Ihr Versprechen sich selbst gegenüber ein.

- Last not least: Geben Sie niemals, niemals, niemals auf. Erinnern Sie sich selbst immer daran: Ihnen wird immer wieder irgendetwas einfallen, was Ihnen weiterhilft!

2.1.3 Was ist eigentlich Erfolg?

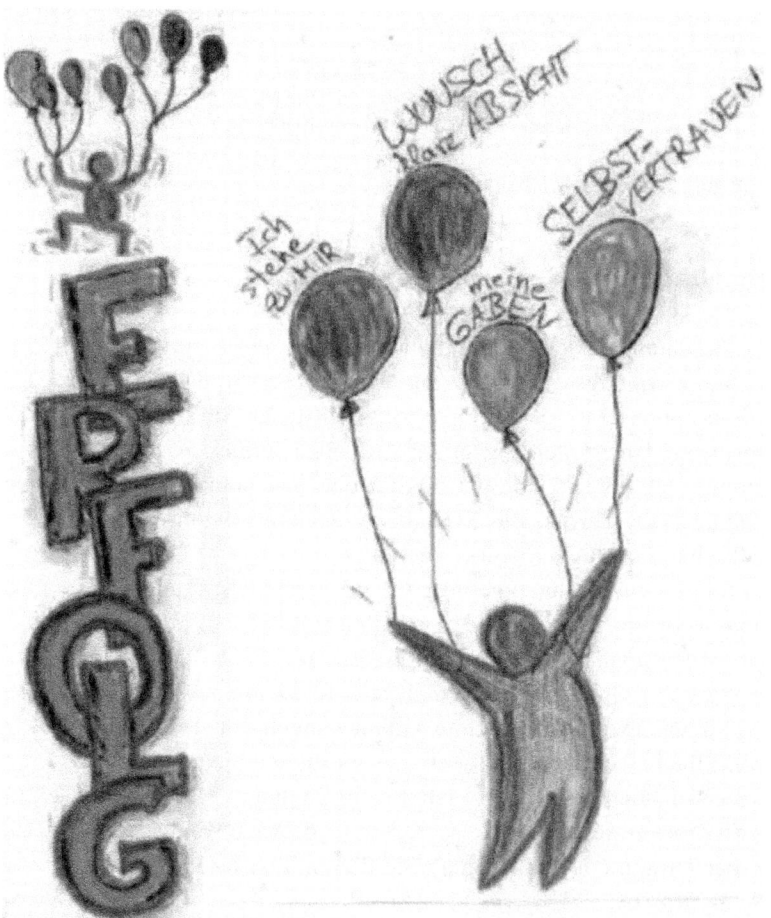

Ein Mensch ist erfolgreich, wenn er zwischen Aufstehen und Schlafengehen das tut, was ihm gefällt. (Bob Dylan)

A career is wonderful but you can't curl up with it on a cold night. (Marilyn Monroe)

Sie wollen erfolgreich(er) sein im Studium! Sonst würden Sie dieses Buch nicht lesen. Aber wann genau werden Sie dieses Ziel erreicht haben? Was genau müsste passieren, damit Sie das Gefühl haben, im Studium erfolgreich zu sein? Benennen Sie mindestens drei konkrete Details.

Erfolg im Studium bedeutet mehr als gute Noten! Eine Schwierigkeit bei der Definition von Erfolg besteht darin, dass Erfolg subjektiv ist. Was für den einen von Ihnen einen Erfolg bedeutet, wie beispielsweise ein „Befriedigend" im Fach Statistik zu bekommen, könnte eventuell für eine andere Studentin ein totales Versagen bedeuten.

Was bedeutet Erfolg für Sie ganz persönlich?

Wäre es beispielsweise für Sie ein Erfolg, wenn Sie bei irgendeinem externen Lehrbeauftragten aus der Industrie ‚billig' an eine gute Note gekommen sind? Das ist schon manchmal vorkommen. Oder wäre es ein Erfolg für Sie, wenn Sie für ein bestimmtes Fach ausreichend Stoff in Ihr Kurzzeitgedächtnis gestopft haben, um in der Prüfung die Note Zwei hinzubekommen? Den Stoff haben Sie dabei aber nicht wirklich verstanden. Der Bezug zu Ihrem zukünftigen Beruf ist Ihnen schleierhaft geblieben. Wenn ich Sie vier Wochen nach der Prüfung danach fragen würde, wüssten Sie nichts mehr davon, gar nichts mehr. War die gute Note dann tatsächlich ein Erfolg? Natürlich hängt das auch davon ab, was Ihr Ziel ist. Wenn Sie nur deshalb einen akademischen Abschluss in einem technischen Fach brauchen, weil Sie nach dem Studium etwas machen wollen, wofür zwar ein akademischer Abschluss formal erforderlich, inhaltlich aber nicht wichtig ist, dann wäre diese Zwei ein Erfolg. Falls Sie aber als Maschinenbauerin Karriere machen wollen und nun fehlt Ihnen genau dieser Stoff, nämlich wichtiges Fachwissen für die spätere Praxis, was ist dann? Dann war diese Note wohl eher kein so großer Erfolg.

Erarbeiten Sie sich Ihre persönliche Definition von „Erfolg"

Wenn du davon träumen kannst, kannst du es auch tun! (Walt Disney)

- Welche Gefühle löst der Begriff „Erfolg!" in Ihnen aus? Begeisterung? Hoffnung? Vorfreude? Oder aber eher Stress? Leistungsdruck? Vielleicht ein schlechtes Gewissen? Oder was sonst?
- Was waren Erfolge in Ihrem bisherigen Studium?
- Welche Situation im Studium hat Sie zufrieden gemacht oder auch glücklich?
- Welche Situationen im Studium haben Ihr Selbstbewusstsein gestärkt?
- Wie viele Menschen kennen Sie, die nach Ihrer Einschätzung wirklich erfolgreich sind? Denken Sie hier auch an Ihr Privatleben. Welche Eigenschaften zeichnen diese Menschen aus? Was könnten Sie von Ihnen lernen?
- Nennen Sie einige Umstände, die eintreten müssten, damit dieses Studium so eine richtige Pleite für Sie wird.
- Nennen Sie einige Umstände, die eintreten sollten, damit dieses Studium richtig gut für Sie wird.

- Vervollständigen Sie den Satz „Erfolg _____
  _____." Mögliche Ergänzungen wären: „Erfolg haben immer die anderen",
  „Erfolg ist geil" oder „Erfolg kommt jetzt in mein Leben."
- Vervollständigen Sie den Satz „Ich _____
  _____ Erfolg." ohne lange nachzudenken auf fünf verschieden Arten.
  Mögliche Ergänzungen könnten sein: „Ich will Erfolg.", „Ich verdiene Erfolg.", „Ich
  habe nie Erfolg.", „Ich will gar keinen Erfolg.", „Ich liebe Erfolg.".
- Was haben Sie von Ihren Eltern bzw. Ihrer Familie über Erfolg gelernt?
- Ergänzen Sie ohne viel nachzudenken den Satz: „Mir ginge es höchstwahrscheinlich
  viel besser im Studium, wenn ich folgendes über Erfolg glauben würde: _____
  _____
  _____."
- Verfassen Sie in wenigen Sätzen Ihre eigene Definition von „Erfolg im Studium".
- Was könnten Sie selbst ganz konkret dazu beitragen, um genau diesem Zustand deut-
  lich näher zu kommen?

All dies könnte ‚Erfolg im Studium' bedeuten

- Gute bis sehr gute Noten zu haben.
- Ihre Profs sind zufrieden mit Ihnen → vermitteln Ihnen deshalb eventuell gerne eine
  gute Stelle oder schreiben Ihnen bereitwillig ein positives Gutachten für ein Aufbau-
  studium oder ein Praktikum im Ausland.
- Ihre Eltern sind zufrieden → „Ich bin so stolz auf meine Tochter! Sie studiert Zahn-
  medizin!"
- Zügiges Studium → Abschluss in Regelstudienzeit oder früher.
- Gute Marktchancen.
- Effektiv zu studieren → mit möglichst wenig Aufwand möglichst schnell den
  Abschluss machen.

oder auch dies

- Die (meisten) Studieninhalte interessieren Sie wirklich.
- Sie lesen/arbeiten/programmieren/designen/studieren gerne.
- Sie haben im Studium gute Freunde fürs Leben gefunden (*und haben sich damit
  gleichzeitig ein wichtiges Netzwerk für die berufliche Zukunft aufgebaut*).
- Sie sind stolz auf sich und Ihre Leistungen.
- Sie sind zufrieden mit sich und Ihrem (Studenten-)Leben.
- Das sind ein Fach und ein Beruf, von denen Sie sich wirklich gut vorstellen können,
  sie jahrzehntelang mit Freude und Interesse auszuüben.
- Sie schauen voller Zuversicht in die Zukunft.
- Einige Fächer liegen Ihnen sehr.

- Sie freuen sich Montagsmorgens oder nach den Ferien, dass die Lehrveranstaltungen wieder losgehen.
- Sie freuen sich schon morgens beim Aufwachen darauf, in die Hochschule zu fahren.
- Ihr Studium „empowert" Sie, d. h. es macht Sie stärker, zufriedener und selbstbewusster.
- Ihr Arbeitseinsatz für Ihr Studium macht sich bezahlt in Form von guten Noten oder anderem positiven Feedback.
- Sie erzählen anderen gerne und stolz von Ihrem Studium.
- Ihr Studium bereitet Sie ausreichend und gut auf Ihre berufliche Zukunft vor.
- Sie lernen im Studium Dinge und entwickeln Fähigkeiten, die Ihnen (schon jetzt) auch außerhalb des Studiums nützlich sind.

Hier wird deutlich, dass es Sinn macht, bewusst zu unterscheiden zwischen den offiziellen Lernzielen oder Prüfungsanforderungen Ihres Studienprogramms und Ihren persönlichen Zielen. Dazu zählen auch die Berufsträume, die Sie ursprünglich überhaupt erst dazu bewogen hatten, genau dieses Studium zu wählen. Verlieren Sie auch diese nicht aus den Augen.

Wichtig – und besonders erfolgversprechend – ist natürlich die Schnittmenge dieser beiden Zielrichtungen, wo sich Ihre persönlichen Vorstellungen und Wünsche mit den Zielen und Anforderungen Ihres Studienfachs treffen!

> Nur der ist erfolgreich in seinem Geschäft, der von der Tätigkeit leben kann, die ihm die größte Freude bereitet. (Henry Thoreau)

2.1.4 Ihre Beziehung zur Leistung im Studium

Nachdem Sie nun rational-intellektuell über Ihre Definition von „Erfolg im Studium" nachgedacht haben, wollen wir uns dem Thema intuitiv-spielerisch, d. h. auf eine etwas andere Art nähern. Diese Methode mag Ihnen eventuell auf den ersten Blick etwas ungewöhnlich oder abgefahren vorkommen. Ich möchte Sie bitten, sich trotzdem auf dieses kleine Experiment einzulassen, denn es lohnt sich wirklich. Verlieren können Sie bei dieser Übung nichts, aber wichtige Infos für sich gewinnen. Später, nachdem Sie das Kapitel „Gebrauchsanweisung fürs Gehirn" gelesen haben, werden Sie auch intellektuell verstehen, warum diese Übung hier an dieser Stelle als Teil des Coaching-Programmes eingebaut wurde.

Nehmen Sie jetzt bitte zehn bis fünfzehn Minuten Zeit, um eine Bilanz zu ziehen zu dem Thema: „Wie sieht meine Beziehung zur Leistung im Studium aus?" Schalten Sie dafür Ihr Handy aus und stellen Sie sicher, dass Sie diese Viertelstunde wirklich ganz ungestört sind.

Zum Ablauf der Intuitions-Übung

Bevor Sie die Übung durchführen, lesen Sie bitte den folgenden Text erst einmal komplett in Ruhe durch.

Sie können den Text später, während Sie die Übung machen, noch einmal Abschnitt für Abschnitt durchlesen. Dabei machen Sie jeweils eine kurze Pause, um das Gelesene schrittweise mit geschlossenen Augen nachzuvollziehen. Für viele Menschen ist es mit geschlossenen Augen leichter, die innere Stimme der Intuition zu hören. Deshalb könnten Sie sich alternativ auch den Text selbst sprechen und als Audio-Datei speichern.

Wenn Sie Mitglied in einer Lerngruppe sind und eventuell andere Mitglieder der Gruppe diese Übung auch kennenlernen möchten, könnte einer von Ihnen den Text langsam und mit Pausen zwischendurch vorlesen.

Sie werden während der Übung überrascht sein, wie leicht und mühelos die Informationen zu Ihnen kommen. Es ist wirklich kinderleicht. Sie brauchen selbst nichts zu konstruieren, sondern einfach nur zuhören oder zuschauen oder innerlich einfach das fühlen, was von alleine auftaucht. Schauen und hören Sie zu, als säßen Sie in einem virtuellen Kino oder im Theater: Sie lassen Ihre Intuition für sich arbeiten. Die Puzzleteile werden sich von alleine zusammenfügen.

Erinnern Sie sich an das Zitat: „Streng Dich weniger an, dann hast Du mehr Erfolg!" Das gilt insbesondere bei solchen Intuitions-Übungen! Sie können dem Potenzial Ihrer Intuition vertrauen. Setzen Sie sich jetzt bitte hier in diesem Moment das Ziel, dass Sie mit der nun folgenden Übung genau so viele Informationen erhalten werden, wie es für dieses Selbstcoaching und für Ihren zukünftigen Erfolg im Studium passend und förderlich ist.

Jetzt geht's los!

1. Zur Vorbereitung:

Für diese Übung brauchen Sie einen sogenannten Trigger, d. h. einen „Auslöser", der die gewünschten Informationen oder Erinnerungen aktiviert. Ein solcher Trigger könnte beispielsweise der Ausdruck Ihres derzeitigen Notenstands sein. Oder auch ein bestimmtes Lehrbuch oder Ihre Mitschriften aus einer Lehrveranstaltung. Kurz: Sie brauchen irgendeinen Gegenstand, der Ihr Studentenleben repräsentiert, den Sie physisch in die Hand nehmen können. Suchen Sie sich jetzt zuerst solch einen Gegenstand und halten Sie auch Ihr Erfolgsjournal bereit. Danach geht es los.

Lassen Sie sich von sich selbst überraschen! Gehen Sie spielerisch und easy mit der Übung um. Beherzigen Sie: „Streng dich weniger an, dann hast du mehr Erfolg!"

2. Suchen Sie sich einen Ort, wo Sie für etwa eine Viertelstunde ungestört sind. Schalten Sie Ihr Handy aus.

Setzen Sie sich entspannt, aber aufrecht hin – vielleicht legen Sie die Armbanduhr ab oder öffnen den obersten Hosenknopf. Stellen Sie die Füße flach auf dem Boden. Kreuzen Sie bitte weder die Arme, noch die Beine, Ihre Wirbelsäule sollte aufgerichtet sein.

Spüren Sie bewusst das Gewicht Ihres Körpers auf der Sitzfläche und wie Ihre Fußsohlen auf dem Boden stehen. Entspannen Sie Ihren Körper – lassen Sie die Schultern hängen und allmählich immer mehr nach unten sinken, entspannen Sie Ihre Stirn und lockern Sie die Kiefermuskeln.

Dann schließen Sie sanft die Augen.

Nun machen Sie bewusst einige tiefe Atemzüge und spüren dabei, wie sich Ihre Bauchdecke hebt und senkt.

Vielen Menschen hilft bei einer solchen Übung zur Unterstützung eine ruhige, instrumentale Musik im Hintergrund – probieren Sie das für sich aus, wenn Sie möchten.

3. Schicken Sie nun Ihren rationalen Intellekt auf einen Spaziergang. Sie können ihm vorher danken für seine unermüdlichen Leistungen und ihm versichern, dass gerade seine Leistungen bei der Suche nach dem für Sie stimmigen Weg zum Erfolg im Studium von unschätzbarem Wert sind. Jetzt jedoch lassen Sie Ihre Intuition für sich arbeiten und müssen deshalb in der nächsten Viertelstunde bewusst gar nichts tun, außer zuzuhören oder zuzuschauen – und im Anschluss an diese Übung unbedingt alles im Erfolgsjournal aufschreiben!

Nun führen Sie innerlich ein Gespräch bzw. ein „Interview" mit Ihrem Trigger. Wenn dieses Blatt Papier, dieses Buch, dieser Gegenstand sprechen könnte, wie würde er Ihnen auf die unten folgenden Fragen antworten? Wenn Ihnen dazu zwischenzeitlich nichts einfallen sollte, tun einfach Sie ‚so als ob', spielen Sie mit den Antworten. Manchmal ist es leichter die Antworten direkt aufs Blatt zu schreiben. Bewegen Sie den Stift so schnell Sie können, ohne viel Grübelei. Schreiben Sie einfach ganz spontan auf, was immer kommt. Sollte so etwas dabei etwas sein, wie: „So etwas Blödes habe ich ja noch nie gehört, mit meinem Lehrbuch sprechen?!", dann schreiben Sie auch das hin. Alles ist ok! Keiner sieht diesen Text. Phantasieren Sie immer weiter aufs Papier, was Ihr Interview Ihnen an Informationen liefert. Aussortieren und zensieren können Sie das alles dann später noch. Im Moment geht es erst einmal darum, möglichst viel aufzuschreiben.

Auch ich habe diese Übung irgendwann staunend zum ersten Mal mitgemacht und war fasziniert und überrascht, welche Informationen dabei ans Tageslicht kamen. Spielen Sie mit der Übung wie ein Kind. Lassen Sie Ihrem Stift und Ihrer Phantasie freien Lauf.

Atmen Sie noch einmal tief durch und legen Sie innerlich für die nächsten zehn Minuten ganz bewusst alle Gedanken des Zweifels und Grübelns auf die Seite. Stellen Ihre inneren Ohren und Augen und auch Ihr Herz auf Empfang. Bleiben Sie offen, egal, welche Informationen Sie erhalten werden.

4. Halten Sie Ihren Trigger-Gegenstand in der Hand und konzentrieren Sie sich darauf. Nun sprechen Sie ihn innerlich an als „Kenner" Ihrer Angewohnheiten im Studium: „Bitte hilf mir, unterstütze mich. Du weißt, wie ich lerne und studiere. Hilf mir dabei, mir selbst über meine Denkgewohnheiten und Verhaltensmuster im Studium klarer und bewusster zu werden."

Sie werden nun dem Gegenstand nacheinander die folgenden Fragen stellen. Dann hören Sie jeweils zu, was als Antwort kommt, schauen und spüren Sie hin und vertrauen Sie dabei bitte Ihrer Intuition sowie Ihrer Kreativität und inneren Weisheit.

Frage 1:	Wie würdest du meine Einstellung und meine Beziehung zu dir beschreiben?
Frage 2:	Habe ich (gelegentlich) Angst vor Dir? Wenn ja, warum genau?
Frage 3:	Wie würdest Du auf einer Prozentskala von 0 % bis 100 % meine Angewohnheit einschätzen, Probleme der Umwelt zuzuschreiben oder mich als Opfer der Umstände zu fühlen?

Direkt nachdem Sie diese Frage gestellt haben, werden Sie die Prozentzahl vor Ihrem inneren Auge aufleuchten sehen. Manche Studierenden hören sie stattdessen auch.

| *Frage 4:* | Inwieweit übernehme ich selbst die Verantwortung für meinen Lernerfolg? |

Auch hier erscheint die Antwort wieder als Prozentzahl.

| *Frage 5:* | Welche weiteren Informationen hast du für mich über meine Einstellung, meine Gefühle oder Gewohnheiten in Bezug auf den Erfolg im Studium? |
| *Frage 6:* | Als Letztes bitten Sie den Gegenstand um die Antwort auf eine, für Sie sehr wichtige Frage, obwohl Sie diese gar nicht explizit formuliert und gestellt haben. |

Dann schreiben Sie fünf Minuten lang, ohne Pause, ohne den Stift abzusetzen, ohne viel zu denken und so schnell wie Sie nur können die Ergebnisse des Interviews auf. Dieser letzte Schritt ist sehr wichtig!

Schön, dass Sie sich auf dieses Experiment eingelassen haben!

Was ist Ihr Arbeitsmotto? Sich bloß keine Mühe geben. Das ist nur mühsam. Kein Mensch arbeitet gerne hart. Und doch tun es fast alle, (…) Weil es ein Paradigma ist, dass nur durch harte Arbeit Erfolg möglich sei. (…) Es geht auch anderes, nämlich (…) so, wie wir als Kinder die erstaunlichsten Sachen zuwege gebracht haben, ohne dass wir uns dabei Mühe gegeben hätten. Mühe verdirbt den guten Geist der Arbeit. (Paul J. Kohtes[1])

---

[1]Sagte der Führungskräfte-Coach in einem Interview (managerSeminare-Heft 144, März 2010).

Optimieren Sie Ihren inneren Erfolgsraum

www.freeimages.com

Sie erinnern sich, dass Coaching ursprünglich aus dem Hochleistungssport stammt. Und dass dort neben dem intensiven Training der sportlichen Techniken (dem entspricht im Studium das Fach-Knowhow) ganz gezielt auch mentale Visualisierungsübungen zur Stärkung des Selbstvertrauens eingesetzt werden. Die meisten Spitzensportler haben bereits wochen- oder gar monatelang vor ihrem tatsächlichen Sieg mental visualisiert, wie sie voller Freude und Stolz ganz oben auf dem Siegertreppchen stehen und den Pokal erhalten.

Visualisierungsübungen sind ein elementarer Bestandteil jedes Erfolgs-Coachings. Deshalb werden Sie nun hier eine sehr kraftvolle Mentaltechnik kennenlernen, mit der sich insbesondere das Selbstvertrauen deutlich stärken lässt. Mithilfe dieser Übung werden Sie für sich selbst recht schnell erkennen, wie stark (oder schwach) Ihr eigener Glaube an den Erfolg im Studium derzeit ist. Diese Übung hilft aber auch dabei, den Glauben an den Erfolg und das Vertrauen in die eigenen Leistungen deutlich zu stärken.

Der Erfolgskubus
Schon vor Jahrzehnten habe ich diese Visualisierungstechnik des sogenannten ‚Success Cube'[2] (zu deutsch: Erfolgswürfel) entdeckt. Ich habe im Laufe der Jahre sehr viele

---

[2]Ich danke dem Urheber dieser Methode des ‚Success Cube', Lazaris, dass er mir gestattet, diese Technik hier in diesem Buch an Sie weiterzugeben. Die Quelle, an der ich mich hier orientiere, ist sein Audio-Tape: „Consciously Creating Success" (Copyright 1986, NPN Publishing,

verschiedene Mentaltechniken speziell für den Erfolg kennengelernt und sehr viele davon dann auch später einfach wieder vergessen. Die Methode des ‚Success Cube' war jedoch für mich so bemerkenswert und effektiv, dass sie ganz von alleine in mein Standardrepertoire eingegangen ist. Ich setze sie deshalb auch in den Studenten-Erfolgscoaching-Workshops ein. Mit großem Erfolg! Ich möchte Ihnen dazu erzählen, was ich letztes Jahr beim Girlsday an der Hochschule Hannover mit dieser Technik erlebt habe.

Im Rahmen des Girlsday an der Hochschule Hannover hatte ich einen Minicoaching-Workshop für Schülerinnen im Alter von 9–15 Jahren angeboten. Ich habe dort die Technik des ‚Success Cubes' so erklärt, wie ich es auch weiter unten in diesem Kapitel tun werde. Dann wurde die Visualisierungsübung durchgeführt und danach habe ich die Mädchen gebeten, ihren ganz persönlichen Erfolgswürfel auch zu malen. Zu der Minicoaching-Veranstaltung waren 17 Mädchen gekommen. Es war eine ziemlich heterogene Gruppe mit einigen sehr kindlich wirkenden Mädchen, aber auch mit bereits erwachsen wirkenden, modisch durchgestylten jungen Frauen. Nahezu alle Mädchen waren von Anfang an sehr aufgeschlossen und interessiert. Sie haben die Visualisierungsübung mit großem Eifer und viel Freude mitgemacht. Jedoch hatten zwei der schon recht erwachsen wirkenden Girls ganz offensichtlich überhaupt keine Lust auf solche „Psychospielchen". Da sie sich aber ansonsten still verhalten haben, war das okay so für mich. Während der Visualisierung haben Sie ruhig auf ihren Stühlen gesessen und das „alberne Geschwafel" dieser Professorin halbherzig an sich vorbeirauschen lassen. Dass sie bei der anschließenden Malaktion „gestreikt" haben, ist mir an dem Tag entgangen. Es gab schließlich 15 andere Mädchen, die mit Hingabe und Begeisterung ihren Würfel auf für mich erstaunlich kreative Weise ausgestaltet und gemalt haben und mir zwischendurch immer wieder enthusiastisch Details ihres Werkes zeigten.

In der Abschlussrunde des Mini-Workshops habe ich die Mädchen gebeten, mir per Handzeichen Rückmeldung zur Success-Cube-Übung zu geben. Ich wollte herausfinden, wie gut diese Übung angekommen war. Und da dies mein erster Versuch mit Schulkindern gewesen war, wollte ich wissen, ob sie mir raten würden, dieses Programm im nächsten Jahr wieder anzubieten.

Wir haben dafür vereinbart, dass ein ausgestreckter Arm hochgehalten „ja" bedeutet. Eine Hand, tief über dem Tisch gehalten, bedeutete „nein". Dazwischen war natürlich auch ein „na ja, geht so" als Handzeichen möglich. Fünfzehn Hände flogen sofort eifrig hoch in die Luft. Nur die beiden älteren Mädchen saßen bei dieser Abstimmung einfach nur passiv da. „Seid Ihr im Abstimmungsstreik?", habe ich deshalb nachgefragt. „Nee!", kam es sofort wie aus einem Mund zurück. Nun war ich etwas verwirrt: „Aber ich sehe gar kein Handzeichen von Euch beiden?!" „Das liegt daran, dass diese Veranstaltung so schlecht war, dass wir unsere Hände unter dem Tisch so tief gehalten haben, wie es nur

---

Inc.; produziert von Concept: Synergy, PO Box 37665, Raleigh, NC 27627, www.Lazaris.com, 1–800–678–2356, ConceptSynergy@Lazaris.com). Für dieses Buch wurde die Technik speziell für die „Dimensionen" des Studiums von Prof. Klenke abgeändert.

geht!" Auch das war akzeptabel für mich, denn dies waren ja nur zwei von 17 Mädchen. Noch dazu die beiden, die offensichtlich am tiefsten von allen Anwesenden in der Pubertät steckten. Ich muss gestehen, ich hatte diesen Vorfall schon bald danach wieder vergessen.

Sechs Wochen später erhielt ich dann völlig unerwartet eine e-Mail mit dem Betreff „Girlsday Erfolgskubus". Staunend las ich in einem längeren Brief dieser beiden Mädchen, dass es ihnen sehr leid täte, dass sie sich auf dem Girlsday vor sechs Wochen über mein Minicoaching und insbesondere die Erfolgskubus-Übung lustig gemacht hätten. Mittlerweile hätten sie nämlich zu ihrer großen Verwunderung festgestellt, dass genau dieses Minicoaching (obwohl die beiden ja wirklich nur halbherzig mitgemacht hatten und nur mit höchstens einem Ohr bei der Sache gewesen waren) tatsächlich ihr Schulerleben verändert habe. Aufgrund einer für sie unerwarteten, „nicht enden wollenden Periode des Erfolgs in der Schule" würden sie beide zusammen nun den Success-Cube regelmäßig visualisieren und hätten auch zuhause ihr Würfelbild nachträglich gemalt und über dem Schreibtisch aufgehängt.

Die Dimensionen des Erfolgskubus. Oder: Wie hoch wollen Sie die Latte legen?
Wir alle haben eine innere Vorstellung davon, wie viel (oder wie wenig) wir erreichen können. Leider unterschätzen viele Studierende ihr eigenes Potenzial. Bei der Success-Cube-Technik geht es darum, die eigene Messlatte angemessen zu justieren, d. h. die Größe angestrebter Erfolge weder zu niedrig noch zu hoch zu anzusetzen. Es geht sowohl darum, das eigene Potenzial realistisch einzuschätzen, als auch darum, den eigenen inneren Erfolgsraum allmählich immer weiter auszudehnen und zu stärken.

Man braucht eine gewisse innere Größe, um Erfolge im Leben zuzulassen und erreichen zu können. Der Würfel steht in dieser Visualisierungsübung als Symbol für den inneren Erfolgsraum. Die Ausmaße des Würfels symbolisieren dabei, wie viel Erfolg Sie in Ihrem Leben zulassen bzw. zulassen können.

Die Höhe

Die erste Erfolgsdimension wird repräsentiert durch die Höhe des Würfels. Sie symbo-
lisiert die äußere Anerkennung von Leistungen. Im Studium sind das gute Noten oder
beispielsweise auch ein Empfehlungsschreiben Ihres Profs für ein Stipendium. Im
Berufsleben wären es beispielsweise die Höhe des Einkommens oder der soziale Status.

Diese erste Dimension ist unbestreitbar wichtig! Aber es ist nur eine von dreien. Es ist
die Dimension, die in unserer westlichen Gesellschaft oft sehr im Mittelpunkt steht. Es
gibt jedoch daneben andere Dimensionen und Facetten des Erfolgs, die man ebenfalls im
Auge behalten und verfolgen sollte.

Die Höhe des Würfels hat auch damit zu tun, in wie weit wir uns trauen, unsere Größe
nach außen, das heißt anderen zu zeigen.

Die Breite

Die zweite Erfolgsdimension wird repräsentiert durch die Breite des Würfels. Hier geht
es darum, wie „breit", d. h. wie vielfältig Ihr Erfolg ist. Es ist generell, unabhängig vom
Studium ratsam und wichtig, in möglichst vielen Bereichen des Lebens erfolgreich
zu sein. Im Beruf beispielsweise genauso wie als Familienvater. Da wir hier die Wür-
fel-Übung speziell auf die Situation und Ihr Potenzial im Studium anwenden, bedeutet
hier beispielweise die Breite des Würfels, möglichst in allen Fächern erfolgreich zu sein.
Oder dass Sie in schriftlichen Klausuren genauso glänzen, wie in einem persönlichen
Gespräch mit dem Prof oder bei einem Referat. Es geht hier auch darum, verschiedene
Lernstrategien zu kennen, um bei Bedarf die Strategie wechseln zu können. Arbeiten
Sie immer nur mit einer bestimmten Methode oder stehen Ihnen verschiedene Lern- und
Lösungswege zu Verfügung? Lernen und arbeiten Sie kreativ?

Fokussieren Sie sich mit Ihrem engagierten Einsatz nur auf ein bis zwei Lieblings-fächer oder kümmern Sie sich um die ganze Palette der im Studium abgeprüften Fächer? Denken Sie Tag und Nacht nur noch ans Studium und die Prüfungen oder kümmern Sie sich auch regelmäßig um Ihren Körper und Ihre sozialen Kontakte? Planen Sie sportliche Aktivitäten im Kalender genauso ein, wie die Lernzeiten und auch Treffen mit Freunden oder der Familie?

Die Breite des Würfels hat auch damit zu tun, inwieweit wir bereit sind, unsere bis-herigen Grenzen zu erweitern und alte Grenzen in Frage zu stellen.

Die Tiefe

Bei der dritten Erfolgsdimension, die durch die Tiefe des Würfels repräsentiert wird, geht es darum, inwiefern Sie das, was Sie im Studium tun oder lernen, selbst befriedigt. Ist es stimmig für Sie und passt es zu Ihren ganz persönlichen inneren Werten? Wachsen Sie auch persönlich im Studium? Wie „reich" fühlen Sie sich innerlich durch das, was Sie im Studium erleben und erlernen? Kurz: Die Tiefe des Würfels steht für die Erfolgs-dimension des Sinns und der inneren Befriedigung.

Zusammenspiel der drei Dimensionen
Erstrebenswert ist eine Ausgewogenheit der drei Dimensionen, d. h. auf der Symbol-ebene sollte der innere Erfolgsraum wirklich ein Würfel mit überall gleicher Kanten-länge sein. Das ist aber nicht bei allen Studierenden der Fall.

Hier sehen Sie beispielsweise einen „Würfel", bei dem die Tiefe deutlich geringer ist, als die Höhe und die Breite. Dies könnte zum Beispiel eine Situation im Studium repräsentieren, in der alle um Sie herum sagen: „Was hast du denn? Du hast gute Noten, studierst ein tolles, innovatives Fach, hast gute Chancen auf dem Arbeitsmarkt. Nun sei doch endlich mal zufrieden. Du solltest wirklich dankbarer sein." Nach außen ist alles okay, sogar bestens – aber innerlich fehlt Ihnen dennoch etwas!

Zu diesem platten „Würfel" mit zu geringer Höhe fällt mir sofort eine meiner Studentinnen ein, die mir schon in ihrem allerersten Semester aufgefallen war. Hoch motiviert und sehr engagiert hat sie unabhängig vom Vorlesungsstoff in allen möglichen Statistikbüchern gelesen und mir oft vor oder nach der Vorlesung interessierte Fragen zu ihrer Lektüre gestellt. Auffallend war dabei, dass das, was sie mich fragte, immer verhältnismäßig wenig Bezug zu meinen Lehrinhalten hatte. Trotzdem hat sie mich mit ihrem Eifer und dem ungewöhnlich hohen Einsatz sehr beeindruckt. Sie ist ebenso politisch engagiert, Mitglied im Studentenparlament und steht – auch gegen die Meinung von Autoritäten – stets zu ihren Idealen. Ich war etwas verwundert, als ich ihre erste Statistikklausur (leider) mit bestem Willen nur mit einem „Befriedigend" bewerten konnte. In einem meiner Erfolgsworkshops erzählte sie mir später, dass sie nicht versteht, warum sie in allen (!) Fächern – trotz großem Enthusiasmus für Ihr Studium und auch einem hohen Arbeitseinsatz – immer nur ein „Befriedigend" bekam. Ihr Fehler war, das wurde ihr in der Success-Cube-Übung schnell klar, dass sie sich einfach zu wenig um die konkreten Prüfungsanforderungen der Profs (der Autoritäten) gekümmert hatte. Gerade letzte Woche habe ich eine weitere Klausur von ihr benotet – mit einem „sehr gut". Seitdem sie erkannt hat, wo es bei ihr gehakt hatte, gehört sie nun wirklich zu den besten unserer Studierenden!

Auf vergleichbare Weise lässt sich jede beliebige Form oder Verformung des Würfel-Symbols in Bezug auf eine konkrete momentane Studiumssituation intellektuell-analytisch interpretieren. Und in der Tat werden Sie in der gleich weiter unten vorgestellten Visualisierungsübung immer als ersten Schritt die Form Ihres derzeitigen Erfolgskubus bestimmen. Darüber hinaus geht es dann jedoch bei dieser Übung schwerpunktmäßig nicht darum, Ihre momentanen Schwächen im Detail zu analysieren. Stattdessen werden Sie intuitiv und spielerisch-kreativ an der Verbesserung und der Stärkung Ihres Erfolgsraumes arbeiten.

Wenn Sie eine Weile darüber nachdenken würden, hätten Sie höchstwahrscheinlich schon bald eine Idee, wie Ihr persönlicher Erfolgskubus aussehen könnte. Aber diese Mühe brauchen Sie gar nicht zu machen, denn genau das erfahren Sie rasch und kinderleicht in der nachfolgenden Visualisierungsübung.

Die Größe des Erfolgskubus

In der Visualisierungsübung werden Sie Ihren Erfolgskubus besuchen und diesen Raum – Ihren inneren Erfolgsraum – auch betreten. Dann werden Sie – falls es notwendig ist – daran arbeiten, dass seine Dimensionen ausgewogen(er) werden. Und auch daran, dass insgesamt die Ausmaße des Würfels gut zu Ihnen und Ihrer momentanen Situation im Studium passen.

Ihr Erfolgskubus sollte so groß sein, dass Sie bequem darin stehen und sich frei darin bewegen können. Wenn Sie Ihre Arme nach oben oder zu den Seiten ausstrecken, sollten Sie die Wände (noch) nicht berühren. Ungünstig ist es, wenn Sie sich darin klein machen müssen oder Ihre Bewegungen einschränken, also zum Beispiel nur gebückt darin stehen können oder die Arme anlegen müssen, um nicht seitlich anzustoßen.

Sie werden erstaunt sein, wie leicht es ist, die Wände Ihres Würfels zu verschieben und zu justieren. Dieser innere Erfolgsraum soll ein geschützter Ort der Kraft und Inspiration für Sie sein. Ihr Erfolgswürfel-Raum sollte ein angenehmer Raum für Sie sein und zu Ihnen passen. Deshalb gilt hier nicht unbedingt: Je größer, je besser. Dieses Buch wird Sie immer wieder dazu ermutigen, sich selbst mehr zuzutrauen, d. h. übertragen auf den Erfolgskubus, Ihren inneren Erfolgsraum auszudehnen. Dennoch achten Sie dabei bitte immer darauf, dass Sie sich nicht überfordern. Bei sehr ehrgeizigen Studierenden, die sich ohnehin ständig selbst unter Druck setzen, kann es vorkommen, dass sie ihre eigene Messlatte viel zu hoch hängen. Sie arbeiten oft am Rand der Überforderung. Übertragen auf den Erfolgskubus kann das Resultat ein viel zu großer Erfolgsraum sein. Einige ehrgeizige Studierende haben mir in den Workshops beschrieben, dass Ihr Erfolgswürfel einer riesigen Halle gleiche, deren Decke sie niemals erreichen könnten. Darüber hinaus fühlten sie sich in dem hallenartigen Raum eher verloren. In solchen (allerdings seltenen!) Fällen ist es besser, die Ausmaße des Würfels in der Visualisierungsübung zu reduzieren.

Ihr Erfolgsraum wird im Laufe Ihres Studiums und auch im Laufe Ihres Lebens allmählich mit Ihnen zusammen wachsen. Sie können ihn, falls Sie das möchten, zu einem späteren Zeitpunkt immer wieder mental besuchen und ihn nach und nach weiter ausdehnen. Der Raum sollte immer dann wachsen, wenn Sie selbst wachsen oder wachsen möchten. Er sollte immer genügend Platz für alle Ihre Erfolge bieten, auch die zukünftig geplanten.

So trainieren Sie mental
Bevor Sie diese Visualisierungsübung durchführen, lesen Sie bitte den folgenden Anleitungstext in Ruhe GANZ durch.

Bei dieser wunderbaren Visualisierungsübung werden Sie überrascht sein, wie leicht und mühelos die Informationen zu Ihnen kommen werden. Es ist kinderleicht. Sie brauchen sich nichts selbst zu konstruieren, sondern Sie schauen oder hören einfach nur zu oder fühlen das, was ganz von alleine auftauchen wird. Es wird so ähnlich sein, als säßen Sie in einem Kino oder im Theater. Sie lassen für sich arbeiten. Die Informationen werden sich wie Puzzleteile ganz von alleine zusammenfinden.

Erinnern Sie sich an das Zitat: „Streng Dich weniger an, dann hast Du mehr Erfolg!" Das gilt insbesondere für Visualisierungsübungen! Vertrauen Sie ganz dem Potenzial Ihrer Intuition und Ihrer inneren Führung. Sie werden in der nun folgenden Übung genau so viele Informationen erhalten, wie es jetzt gerade für Ihre Entwicklung und Ihren zukünftigen Erfolg im Studium passend und förderlich ist.

Sie können für die Visualisierung den unten folgenden Text selbst langsam, gelassen und fokussiert Abschnitt für Abschnitt durchlesen. Dann machen Sie jeweils eine kurze Pause, um das Gelesene schrittweise mit geschlossenen Augen nachzuvollziehen. Für viele Menschen ist es leichter, mit geschlossenen Augen zu visualisieren. Deshalb könnten Sie sich alternativ auch den Text sprechen und als mp3-Datei speichern. Sofern Sie Mitglied einer Lerngruppe sind und andere Mitglieder dieser Gruppe die Übung auch gerne kennen lernen möchten, könnte einer von Ihnen den Text langsam und mit Pausen für die Visualisierungszeit vorlesen.

Jetzt geht's los!

1. Suchen Sie sich einen Ort, wo Sie für etwa eine Viertelstunde ungestört bleiben. Schalten Sie Ihr Handy aus. Setzen Sie sich entspannt, aber aufrecht hin – vielleicht legen Sie die Armbanduhr ab oder öffnen den obersten Hosenknopf. Stellen Sie die Füße flach auf dem Boden. Kreuzen Sie bitte weder die Arme, noch die Beine, Ihre Wirbelsäule sollte aufgerichtet sein.

Spüren Sie zunächst ganz bewusst das Gewicht Ihres Körpers auf der Sitzfläche und wie Ihre Fußsohlen auf dem Boden stehen. Entspannen Sie Ihren Körper – lassen Sie die Schultern hängen und allmählich immer mehr nach unten sinken, entspannen Sie Ihre Stirn und lockern Sie die Kiefermuskeln. Dann schließen Sie sanft die Augen. Nun machen Sie bewusst einige tiefe Atemzüge und spüren dabei, wie sich Ihre Bauchdecke hebt und senkt.

Vielen Menschen hilft bei solchen Visualisierungsübungen zur Unterstützung eine ruhige, instrumentale Musik im Hintergrund – probieren Sie das für sich aus, wenn Sie möchten.

2. Erkunden Sie Ihren Erfolgskubus

Vielleicht kennen Sie den schon älteren Kinofilm „Last Action Hero" mit Arnold Schwarzenegger? Darin wird ein Junge, der im Kino sitzt und dort gerade Arnold Schwarzenegger in einem Science Fiction-Film bestaunt, unerwartet von einer Sekunde auf die andere in die Kinoleinwand bzw. die Welt des Films hineingezogen. Ohne zu verstehen, was genau passiert ist, findet er sich plötzlich in einer phantastischen Science-Fiction-Welt wieder, wo er dann natürlich auch einige Abenteuer zu bestehen hat.

Genau wie im Hollywoodfilm ist auch in der Phantasie alles möglich. Natürlich auch bei Ihnen. Deshalb blinzeln Sie jetzt noch einmal kurz auf diese Buchseite mit dem Bild des Erfolgswürfels.

Und dann … im selben Moment … während Sie gerade noch einmal einen tiefen Atemzug machen, stellen Sie sich vor, Sie springen hinein in dieses Würfelbild, in die Welt dieser Visualisierungsübung, in Ihren persönlichen Erfolgswürfel.

Ohne zu wissen, wie das genau funktioniert, finden Sie sich jetzt plötzlich in der phantastischen Welt des Erfolgskubus wieder. Genauer: In Ihrem ganz persönlichen Erfolgswürfel.

a. Wie ist Ihr erster Eindruck? Manche Menschen sehen hier sofort etwas, andere erspüren es eher. Wie fühlt es sich an, hier zu sein? Anderen wiederum schießt als erstes irgendein Satz durch den Kopf.

Egal, ob Sie es sehen, fühlen oder hören, nehmen Sie ganz bewusst die Form Ihres Würfels wahr. Vielleicht ist er größer, als Sie dachten oder vielleicht kleiner. Aber ganz egal, welche Form er auch hat, Sie spüren, dieser Raum ist Ihnen seltsam vertraut.

Wie groß ist Ihr Würfel? Müssen Sie sich eventuell bücken, um darin zu stehen? Dann nehmen Sie jetzt Ihre Hände zu Hilfe und verschieben damit die Höhe des Erfolgskubus. Verschieben Sie die Decke des Raumes so, dass diese über Ihren Fingerspitzen liegt, wenn Sie die Arme ganz ausstrecken. Wenn Sie mögen, können Sie beim mentalen Schieben Ihre Hände echt mit nach oben heben, so als würden Sie tatsächlich etwas von sich wegschieben.

Sollte die Decke zu hoch sein, senken Sie diese mit der Kraft ihrer Gedanken etwas ab. So weit, bis die Höhe für Sie persönlich stimmig ist!

Nun bearbeiten Sie genauso auch die Breite des Würfels. Müssen Sie sich schmal machen, wenn Sie im Würfel stehen? Dann nehmen Sie auch hier die Hände zu Hilfe und verschieben die Seitenwände. Rücken Sie die Wände rechts und links neben Ihnen so zurecht, dass Sie sich wohl fühlen in diesem Raum.

Nun zur Tiefe des Erfolgskubus: Verschieben Sie auch hier die Wände bei Bedarf und folgen Sie dabei Ihrer Intuition.

Abschließend überprüfen Sie die Ausgewogenheit der drei Dimensionen. Vielleicht müssen Sie noch ein letztes Mal die Wände etwas zurechtrücken. Ihr Erfolgswürfel soll groß sein. Nicht zu groß, aber groß genug für Sie und alle Ihre Ziele, Träume und demnächst anstehenden Erfolge.

b. Wie geht es Ihnen jetzt in Ihrem Erfolgsraum? Schauen und spüren Sie jetzt noch genauer hin. Manchmal steht in diesem Raum Gerümpel. Da stehen dann zum Beispiel nie zu Ende geführte Projekte. Entrümpeln geht hier – wie im Märchen – ganz leicht, mit einem Fingerschnipsen! Oder Sie öffnen beherzt die Tür und werfen alles, was hier nicht hingehört, in den dort bereitgestellten Müllcontainer.

Wie ist die Qualität der Luft hier im Raum? Sollte sie schal und abgestanden sein, können Sie jetzt frische Luft hereinlassen und den Würfel mal richtig durchlüften.

Wie ist die Beleuchtung? Vielleicht wird es Zeit, Tageslicht in den Raum zu lassen oder ihn sonst irgendwie ausreichend und für Sie angenehm zu beleuchten. Einige der Girlsday-Mädchen haben sich beispielsweise ein Plexiglasdach eingebaut, so dass sie auch im Würfel den Himmel immer über sich sehen konnten. Damit Sie auch im

Würfel beobachten konnten, wie die Wolken vorüberziehen oder nachts den klaren Sternenhimmel betrachten.

Welche Farbe hat Ihr Erfolgsraum? Rot schafft eine andere Atmosphäre, als grün oder dunkelblau, gold oder gelb. Wenn Sie mögen, gestalten Sie die Wände Ihres Erfolgsraumes mit Farben oder auch Mustern, die Ihnen Mut, Leichtigkeit und Kraft geben.

Aus welchem Material besteht Ihr Erfolgskubus? Steht er stabil und fest auf dem Boden? Oder ist er etwas wackelig und unsicher gebaut, eher wie eine Bretterbude? Verändern Sie bei Bedarf die Konsistenz der Wände und stellen Sie sicher, dass der Würfel so stabil ist, dass er eventuelle Stürme des Lebens und auch Gegenwind gut überstehen wird.

Durch die mentalen Korrekturen am Symbol des inneren Erfolgsraumes geben Sie Ihrem Unterbewusstsein entsprechende Impulse. Sie signalisieren ihm und damit auch natürlich sich selbst, dass Sie für größere, aus Ihrer Sicht sinnvolle Erfolge und auch die entsprechende Anerkennung von außen bereit sind.

c. Hier im Erfolgswürfel sind auch alle Ihre bisherigen Erfolge archiviert. Bei manchen Menschen stehen hier Glasvitrinen mit Pokalen oder schön gerahmte Urkunden und Zeugnisse hängen an der Wand. Andere haben eine Bildergalerie mit Fotos der für sie wichtigsten Erfolgsmomente des Lebens. Wieder andere haben hier einen Computer stehen, auf dem sich eine Sammlung von mp3- oder Videodateien befindet, in denen diese Erfolgsmomente festgehalten wurden. Wieder anderen reicht hier ein nüchternes Excel-Spreadsheet, das einfach chronologisch alle Erfolgsereignisse mit Datum und in Stichworten erfasst. Oder aber es gibt – ein bisschen altmodischer, dafür aber technikunabhängig – einen Karteikasten mit vielen bunten Karteikarten, auf denen diese Infos erfasst wurden.

Lassen Sie sich überraschen, wie Ihr Erfolgsarchiv aussieht.

Lassen Sie sich nun hier einen Ihrer Erfolge aus der Vergangenheit zeigen, egal, aus welchem Lebensbereich. Er sollte geeignet sein, Sie daran zu erinnern, was Sie bereits früher alles auf die Beine gestellt haben. Ein reales Ereignis aus Ihrer Vergangenheit, das geeignet ist, Ihnen Mut, Kraft und Zuversicht für Ihr Studium zu geben. Lassen Sie sich einen Erfolg aus Ihrer Vergangenheit zeigen, der Ihnen hilft, in Zukunft selbstbewusster und optimistischer zu studieren!

Dann stellen Sie sicher, dass im Archiv – d. h. in Ihrer Vitrine oder dem Karteikasten – schon jetzt ausreichend Platz ist für alle Ihre zukünftigen Erfolge. Vielleicht liegt da bereits ein goldener Rahmen für Ihr Abschlusszeugnis? So ein Kubus ist dann nicht nur bereit, weitere Erfolge aufzunehmen, sondern er zieht Ihren Erfolg dann auch geradezu von alleine an!

Dies ist ein Ort, an dem Sie auftanken, sich selbst aufbauen und ermutigen können, wenn Sie es einmal brauchen sollten. Hier können Sie zukünftige Erfolge mit Leichtigkeit visualisieren. D. h. Sie können schon heute sehen, hören und mit allen Sinnen spüren, wie es sein wird, wenn Sie Ihr Ziel erreicht haben.

Interessant ist insbesondere das Gefühl der Leichtigkeit an diesem Ort. Lassen Sie sich hier beraten, wenn es um Ihren Erfolg geht. Sie können sich hier beispielsweise ein persönliches Erfolgssymbol geben lassen – ein kleines, einfaches Bild, das Sie bei Bedarf darin unterstützt, zuversichtlich und gelassen Herausforderungen gegenüberzutreten.

Eine außergewöhnlich erfolgreiche Studentin, deren Problem es war, das sie ständig das Gefühl hatte, noch nicht genug getan und gelernt zu haben, hat hier für sich als Symbol das „erledigt"-Zeichen ☑ gefunden. Dieses Symbol, das sie sich jetzt selbst zur Erinnerung immer schnell oben auf Arbeitsblätter (und auch Klausurblätter!) zeichnet, erinnert sie stets unmittelbar daran, was und wie viel sie bereits gearbeitet und erreicht hat.

Sie können jederzeit in diesen inneren Erfolgsraum zurückkehren, einfach um den Raum zu genießen und aufzutanken. Oder aber, um neue Infos zu sammeln, die Ihnen helfen, noch erfolgreicher zu studieren.

d. Wichtig ist, dass Ihnen dieser Raum jederzeit leicht und schnell zugänglich ist. Wie werden Sie ihn das nächste Mal wieder betreten können? Hat der Raum eine Art Tür? Eventuell könnten Sie sich eine schöne große Tür einbauen. Und auch ein Schloss. Denn nur Sie ganz alleine sollten hier Zugang haben. Nicht Ihre Eltern, Ihre Profs, Ihre Freunde oder sonst irgendjemand. Nur Sie alleine betreten und bestimmen über diesen inneren Raum. Nur Sie selbst bestimmen, was in diesen Raum hineinkommt und was nicht. Deshalb sollten auch nur Sie einen Schlüssel zu der Tür besitzen.

Sie wissen, Sie können jederzeit hierher zurückkehren. Sie wissen, der Raum, den Sie heute neu gestaltet haben, bleibt nun genau so, bis Sie selbst ihn eventuell später noch einmal verändern, erweitern oder vergrößern wollen.

Nun – langsam, ganz langsam – können Sie sich für heute von Ihrem Erfolgsraum verabschieden.

Schauen Sie sich den Erfolgswürfel zum Abschluss auch noch einmal von außen an. Wie schön er ist, wie ausgeglichen in Höhe, Breite und Tiefe. Dann verschließen Sie die Tür und nehmen den Schlüssel an sich.

Allmählich kehren Sie bewusst zurück in dieses Zimmer, in dem Sie diese Visualisierungsreise begonnen haben. Atmen Sie ein paar Mal tief durch. Wenn Sie mögen, strecken Sie sich oder rekeln sich, wie morgens beim Aufwachen. Bewegen Sie Ihre Finger und die Füße und langsam und in Ruhe öffnen Sie auch die Augen wieder. Legen Sie Ihre rechte Hand auf das linke Knie und die linke Hand auf rechte Knie.

3. Abschluss der Übung

Bleiben Sie auch bitte noch für den nächsten letzten Schritt still bei sich. Malen Sie jetzt mit bunten Stiften ein Bild Ihres Erfolgswürfels in Ihr Erfolgsjournal. Malen Sie ihn so, wie er kraftvoll und stark auf Sie wirkt, und Sie im Studium dabei unterstützt, erfolg-reich(er) zu sein. Denken Sie daran, dass dies am besten klappt, wenn alle Würfelseiten etwa die gleiche Länge haben. Halten Sie im Bild auch Ihr Erfolgssymbol fest, sowie die Farben und Muster, die Ihnen Kraft geben.

Malen Sie bunt, frei und spontan ohne darauf zu achten, ob das Bild künstlerisch wertvoll oder naturgetreu ist. Letzteres ist für diese Übung völlig egal: Malen Sie möglichst flott und intuitiv einfach drauflos. Lassen Sie die Buntstifte sich wie von selbst über das Papier bewegen.

Oftmals entstehen hierbei übrigens Bilder, die etwas unbeholfen und kindlich erscheinen. Das habe ich immer wieder bei meinen Studenten beobachtet, die zum Teil deshalb unzufrieden mit Ihrem Bild-Ergebnis waren. Deshalb weise ich Sie hier vorher darauf hin. Sogar eine Hobby-Malerin unter meinen Studenten, die seit Jahren sehr schöne Aquarelle malt und diese auch gelegentlich verkauft, hat mir berichtet, dass sie, als sie den Success-Cube malte, plötzlich wieder so unbeholfen zeichnete, wie ein kleines Kind. Es ist unser inneres Kind, das in solchen Momenten malt, und das ist gut so! In dem Alter, in dem wir mit Begeisterung (und noch völlig ohne innere Zensur) solche Bilder gemalt haben, waren wir alle noch ganz geniale Lerner und Lernerinnen. Im Vergleich zu heute haben wir damals zwanzig Mal so effektiv und genial schnell gelernt. Verbinden Sie sich bewusst mit dieser inneren Lerninstanz, die immer noch in uns allen schlummert. Schicken Sie bitte das kindliche Genie nicht fort oder beschimpfen gar sein Bild, wenn es endlich wieder – nach so einer wundervollen Übung wie dieser – in uns aktiv wird. Genießen Sie es, wenn diese wunderbar kindlich-spontane, neugierige, aufgeweckte innere Instanz sich von alleine bei Ihnen meldet, um Sie auf Ihrem Weg zum Erfolg zu unterstützen!

Ein Student mailte mir zu dieser Übung: „Die Success-Cube-Übung habe ich später noch mehrmals zusammen mit Entspannungsmusik eingesetzt. Dabei konnte ich immer wieder in den Raum eintreten und mich für einen kurzen Moment erholen. Mein Fazit ist: Der Success-Cube ist eine gute Methode, um in sehr stressigen Zeiten etwas zu entschleunigen. Es ist mir immer einfacher und schneller gelungen, wieder in den Success-Cube einzudringen. Es ist ein Ort, an dem ich mich sehr wohlfühle."

Checkliste zum Kap. 2.1

Ich gehe meinen Erfolg im Studium aktiv an (*Haken Sie ab, was Sie erledigt haben*)

☐ Ich weiß, was Coaching bedeutet und kann mindestens drei Vorteile benennen, die ein Coaching ganz konkret für mich persönlich und meinen Erfolg im Studium haben könnte.

☐ Ich habe den Coaching-Trick „Fake it 'til you make it!" mindestens ein Mal konkret im Studium ausprobiert.

☐ Ich habe meine persönliche Definition von Erfolg gefunden und aufgeschrieben.

☐ Ich habe einen Gegenstand als Trigger genutzt und mithilfe der Intuitions-Übung mehr über meine Denkmuster und Verhaltensweisen erfahren.

☐ Ich habe meinen inneren Erfolgsraum kennengelernt und erforscht. Ich habe ihn mithilfe der Visualisierungsübung justiert und gestärkt.

2.2   Gebrauchsanweisung fürs Gehirn

Lernziele: Worum geht's in diesem Kapitel?

☑ Welche Arbeitsteilung haben die rechte und die linke Gehirnhälfte?

☑ Was kann man tun, um bewusst beide Gehirnhälften beim Lernen zu nutzen?

☑ Warum werden die berühmten Sylvester-Vorsätze nur selten tatsächlich umgesetzt?

☑ Warum wir nur einen Bruchteil dessen sehen und wahrnehmen, was wir tatsächlich erleben.

☑ Wie kann es sein, dass tausende von Menschen einen mitten durch ein Video laufenden großen Gorilla einfach nicht sehen?

☑ Wieso entscheiden Ihre Gedanken und Ihre mentale Haltung darüber, was und wie viel Sie in einer Lehrveranstaltung lernen?

☑ Warum ist es gut, wenn Sie den Lernkanal kennen, den Sie natürlicherweise bevorzugen?

☑ Wie müssen Sie lernen, um möglichst leicht möglichst viel Stoff behalten zu können?

☑ Was sollten Sie tun, wenn eine Lehrveranstaltung in Form einer reinen Powerpoint-Präsentation stattfindet?

☑ Was versteht man unter Lernplateau? Warum wird es vielfach falsch interpretiert und entmutigt dann völlig unnötig Studierende?

☑ Warum schlägt unser Reptiliengehirn Alarm, wenn wir etwas Neues lernen?

☑ Warum sind viele kleine Lernschritte effektiver, als jeder Lernmarathon?

☑ Wann ist leichtes Unbehagen beim Lernen ein gutes Zeichen?

Wenn man sich mit dem Thema „Erfolgreich(er) lernen" befasst, macht es Sinn, sich auch mit der Arbeitsweise unseres Gehirns zu beschäftigen.

2.2.1   Rechte und linke Gehirnhälfte

Ende der 60er Jahre entdeckte Roger W. Sperry, dass die beiden Hälften unseres Großhirns verschiedene Aufgaben haben und deshalb auch unterschiedlich arbeiten. Er bekam für seine Forschungsergebnisse 1981 den Nobelpreis für Medizin. Um erfolgreich und motiviert zu lernen, ist es ratsam, ganz bewusst und gezielt beide Gehirnhälften zu benutzen, so dass diese gleichberechtigt miteinander im Team arbeiten bzw. sich gegenseitig unterstützen.

Die linke Gehirnhälfte ist zuständig für …

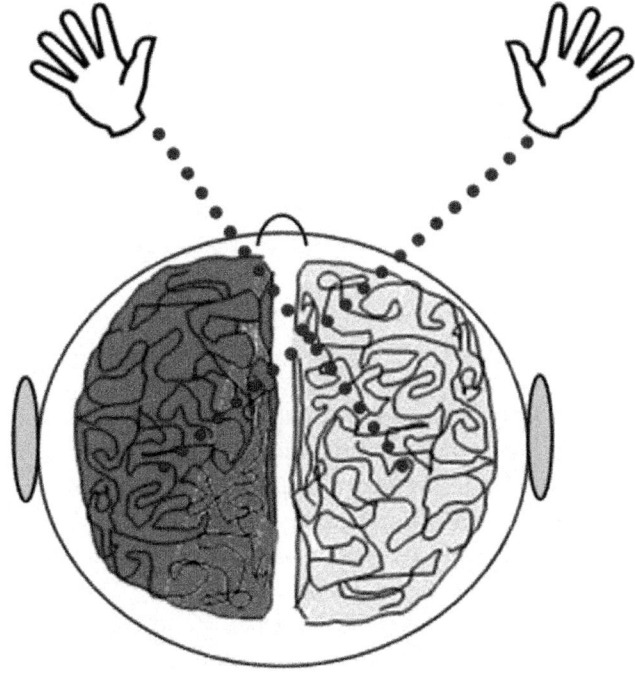

… die Steuerung der rechten Körperhälfte, z. B. der rechten Hand
… die Sprache
… rationales Denken, Logik
… das Strukturieren, Analysieren
… Präzisionsarbeit, Details
… sequenzielles Denken und Anwenden von Regeln
… lineares Denken, Denken in Ursache-Wirkungs-Zusammenhängen

In unserem Schul- und Hochschulsystem wird schwerpunktmäßig ‚links-hirnig' orientiert unterrichtet.

Antrieb bzw. Motivation kommt hier aus dem Impuls, Schmerz vermeiden zu wollen, d. h. Motivation durch Bestrafung funktioniert hier gut. Damit passt hier das gängige Schul- und Hochschul-Benotungssystem, das stets nach Fehlern sucht und diese abstraft.

Die rechte Gehirnhälfte ist zuständig für …
… die Steuerung der linken Körperhälfte, z. B. der linken Hand
… das Denken in Bildern
… gefühlsmäßiges Denken
… ganzheitliche Betrachtung, Überblick, Zusammenhang

… das Einsortieren neuer Fakten in schon vorhandenes Wissen bzw. Vernetzung neuer
Fakten mit dem, was schon an Wissen da ist
… Kreativität, Intuition, Inspiration
… Körpersprache, nicht-verbale Kommunikation

Das Denken mit der rechten Gehirnhälfte strebt hin zu Wohlbefinden und Angenehmem.
Dahin, wo man sich emotional und ganzheitlich wohlfühlt. Hier entstehen Anreiz und
Motivation durch die Aussicht auf Belohnung. Das Denken der rechten Gehirnhälfte
springt an auf Ermutigung, auf das Loben von Erfolgen (wenn Sie das von außen nicht
ausreichend erhalten, fangen Sie an sich selbst zu loben!), sowie auf positive Ziele und
Zukunftsvisionen.

Bei vielen Menschen dominiert eine der beiden Gehirnhälften das Denken und Lernen.
Cordula Nussbaum untersucht in ihrem Buch „Zeitmanagement für kreative Chaoten"[3]
das unterschiedliche Arbeitsverhalten der sogenannten Rechts- bzw. Linkshirner. Bei
etwa einem Viertel der Erwachsenen, so schreibt sie, dominiere die linke Gehirnhälfte.
Dies sind Menschen, die stets ganz systematisch und klar strukturiert arbeiten und lernen. Von etwa einem Drittel der Bevölkerung werden beide Hirnhälften in ausgewogenem
Verhältnis eingesetzt. Das ist ideal fürs Lernen. Jedoch bei über 40 % der Erwachsenen
dominiert die rechte Hemisphäre. Deshalb sind viele der üblicherweise angepriesenen
Arbeits- und Lernmethoden für diesen großen Teil der erwachsenen Bevölkerung gar
nicht angemessen. Wie beispielsweise die üblichen Zeit-Management-Methoden oder
auch etliche der klassischerweise in Schule und Hochschule vermittelten Lernmethoden.
Rechtshirner sind kreative Menschen. Sie hassen exakt festgelegte Vorgaben, Zeit-
korsetts oder „vorgekaute" Lernaufgaben. Anreiz durch Strafandrohung und Sanktion
von Fehlern zieht bei ihnen nicht. Sie brauchen Freiheiten und Raum für Ihre Kreativität.
Gerade für diese Menschen ist es wichtig, dass Sie sich im Alltag (neben all den ohnehin
erforderlichen Pflichtroutinen) gezielt Zeit und Raum für ihre kreativen Projekte und die
Umsetzung ihrer Herzensträume verschaffen.

Nun verstehen Sie, warum in diesem Buch immer wieder auch mit intuitiven
Visualisierungstechniken gearbeitet wird. Warum Sie sich neue Ansätze und Strategien
für Ihr Studium nicht nur rational-intellektuell überlegen sollen, sondern parallel auch
intuitiv-kreativ entwickeln.

**Harmonisierung und Ausgleich der rechten und linken Gehirnhälfte durch Körper-
übungen**
Durch Gehirn-Gymnastik
Da die rechte Gehirnhälfte die linke Körperseite steuert und die linke Gehirnhälfte die
rechte Körperseite, hat der Amerikaner Paul Dennison unter dem Namen ‚Brain-Gym'
sogenannte Überkreuzbewegungen entwickelt. Diese sind leicht durchzuführende

---

[3]Erschienen in Frankfurt a. M. 2008.

Körperübungen, die helfen sollen, die Gehirnhälften innerhalb von wenigen Minuten miteinander zu koordinieren. Anleitungen zu diesen Übungen finden Sie im Internet, wenn Sie bei YouTube unter den Stichworten „Überkreuzbewegungen", „Koordination der Gehirnhälften" oder „Brain-Gym" suchen.

Eine dieser Überkreuzbewegungs-Übungen besteht zum Beispiel besteht darin, auf der Stelle zu marschieren und dabei jeweils mit dem sich hebenden Bein gleichzeitig auch den gegenüberliegenden Arm zu heben. Alternativ dazu kann man dabei auch jeweils mit der gegenüberliegenden Hand kurz den sich hebenden Oberschenkel berühren. Brain-Gym-Spezialisten empfehlen Schülern und Studenten, wenn sie beim Lernen oder in einer Klausur gestresst sind, sich ein großes ‚X' aufs Papier zu zeichnen und es für einen Moment anzuschauen. Vielleicht probieren Sie es selbst aus, verlieren kann man dabei nichts.

Durch die Atmung
Im Hatha-Yoga[4] wird seit tausenden von Jahren gelehrt, dass auch das rechte und linke Nasenloch bzw. das Atmen durchs rechte und linke Nasenloch mit der Aktivität der jeweils gegenüberliegenden Gehirnhälfte gekoppelt ist. Wenn Sie sich einmal abwechselnd die Nasenlöcher zuhalten und so bewusst nur durch jeweils ein Nasenloch atmen, werden Sie bemerken, dass in der Regel eins der beiden Nasenlöcher freier ist und damit der entsprechende Atemstrom etwas stärker. Besonders deutlich spürbar wird das, wenn wir Schnupfen haben. Beobachten Sie einmal während Ihrer nächsten Erkältung, wie oft (und wie lange) dann eines Ihrer beiden Nasenlöcher dominiert. Im Yoga heißt es, dass dann auch die jeweils zugehörige, also die gegenüberliegende Gehirnhälfte aktiver sei. Und dass die Seiten in einem Rhythmus von etwa 90 min wechseln und damit auch der Aktivitätsgrad der entsprechenden Gehirnhälfte. Basierend auf diesem Wissen könnte man sich überlegen, in welchem Zeitraum man am besten welche Art von Lerntätigkeit erledigt.

---

[4]Es gibt verschiedene Yoga-Richtungen. Bei uns im Westen wird Yoga in Regel mit dem Hatha-Yoga gleichgesetzt. Beim Hatha-Yoga stehen praktische, körperbezogene Aspekte im Vordergrund, wie die klassischen Yoga-Körperstellungen oder auch Atemübungen. Dazu gehört auch die hier beschriebene Wechselatmung.

Ebenfalls aus dem Yoga stammt die sogenannte Wechselatmung. Man atmet dazu in ruhigem Tempo abwechselnd durch das rechte und das linke Nasenloch. Das andere Nasenloch wird dabei jeweils zugehalten:

1. Sie halten das linke Nasenloch mit dem Zeigefinger der rechten Hand zu und atmen nur rechts die Luft tief und langsam ein.
2. Vor dem Ausatmen wechseln Sie die Seite, indem Sie nun nur das rechte Nasenloch mit dem Daumen der rechten Hand verschließen und die Luft ganz entspannt und langsam auf der linken Seite ausatmen.
3. Dann wird auch auf der linken Seite wieder eingeatmet, aber vor dem Ausatmen wieder die Seite gewechselt (dazu wieder das linke Nasenloch mit dem Zeigefinger der rechten Hand zuhalten) und die Luft rechts ausgeatmet.
4. Dann wieder rechts einatmen (wie in 1.) und links ausatmen (wie in 2.), usw. Insgesamt werden die Schritte 1.- 3. dreimal in gemächlichem Tempo durchlaufen.
5. Zum Abschluss atmen Sie ganz bewusst ein paar Mal entspannt und normal durch beide Nasenlöcher ein und aus.

Mir ist keine wissenschaftliche Studie über die Wirkung der Wechselatmung auf die Gehirnaktivität bekannt. Aus eigener Erfahrung kann ich jedoch sagen, dass ich selbst mich danach stets deutlich ausgeglichener und ruhiger fühle. Studierende haben mir das bestätigt, und einige benutzen die Wechselatmung als eine Methode, um sich vor Prüfungen innerhalb weniger Minuten zu beruhigen.

Hemisphären-Modell widerlegt?!
Beständig wird weiter erforscht, welche kognitiven Fähigkeiten durch welche der beiden Gehirnhälften dominiert werden. Mittlerweile ist man in der Neurowissenschaft von einer grundsätzlichen Polarisierung der beiden Gehirnhälften abgerückt. Es wurde beispielsweise nachgewiesen, dass bei Schädigung einer bestimmten Region des Gehirns deren Funktionen sogar von der gegenüberliegenden Hemisphäre übernommen werden kann.

Immer wieder wird in diesem Zusammenhang betont, dass niemand nur mit der rechten oder nur mit der linken Gehirnhälfte denke und arbeite, und dass die Einsortierung in Rechts- und Links-Hirner eine zu starke Vereinfachung sei. Bei den meisten kognitiven Vorgängen sind beide Gehirnhälften aktiv. Es stimmt jedoch auch, dass etliche kognitive Funktionen lateralisiert sind, d. h. dass sie weitgehend einer der Hemisphären zugeordnet werden können. So wird zum Beispiel die Sprache bei den meisten (aber eben nicht allen) Menschen von der linken Hemisphäre gesteuert.

Intention dieses Kapitels ist nicht, eine neurowissenschaftlich vertiefte Abhandlung über die Wirkungsweise des Gehirns zu präsentieren. Hier geht es vielmehr darum, Ihnen unterschiedliche Lern- und Denkmodi bewusst zu machen. Und Ihnen dabei zu helfen, Ihr eigenes Lernrepertoire zu erweitern. Dafür ist es unerheblich, von welcher Hemisphäre nun bei einem bestimmten Leser die Sprachverarbeitung konkret gesteuert wird.

2.2.2 Verschiedene Ebenen des Bewusstseins

Unser Gehirn funktioniert so ähnlich, wie ein Computer. Gleiche Außenreize rufen in der Regel auch immer die gleiche Reaktion in uns hervor, ob wir das nun so wollen oder nicht. Sie kennen das: Wie oft hatten Sie sich schon fest vorgenommen, dass Sie das nächste Mal, wenn etwas Bestimmtes passiert, endlich anders reagieren wollten. Aber dann lief doch leider wieder alles genauso ab, wie beim letzten Mal. Ein Grund für das häufige Versagen solcher Vorsätze liegt darin, dass unser Unterbewusstsein eben nicht rational und logisch denkt, handelt und reagiert, sondern strikt nach „Schema F" agiert.

Der bewusste Verstand ist ein mächtiges Instrument, mit dem wir vorsätzlich unserer Denken und Handeln steuern. Dabei entscheiden wir uns für oder gegen bestimmte Gedanken, entwerfen neue Ideen oder planen Vorhaben. Die bewusste Intelligenz ist von unermesslichem Wert, hat jedoch ihre Grenzen. Zum Beispiel ist sie nur begrenzt multitaskingfähig. Das ist der Grund, warum vieles in unserem Körper automatisch, ohne unser bewusstes Zutun gesteuert wird. Wie das Atmen zum Beispiel. Auch bei anderen Tätigkeiten, wie beispielsweise dem Autofahren, agiert größtenteils unser Unterbewusstsein. Es kann sehr viel mehr Informationen verarbeiten, als wir bewusst registrieren können. Es kalkuliert den räumlichen Abstand zu anderen, sich ebenfalls schnell bewegenden Autos, initiiert das Setzen des Blinkers, den Blick in den Rückspiegel und steuert, wann wir mit welcher Intensität auf die Bremse oder das Gaspedal treten. All das tut es unbewusst im Hintergrund, während Sie vielleicht auf der Fahrt zur Hochschule im Kopf ganz bewusst noch einmal Ihr Referat durchgehen.

Das Unterbewusstsein fungiert vielfach wie eine Art Autopilot. Jede Sekunde verarbeitet es Millionen von Impulsen, Informationen und Eindrücken. Ohne diese Autopilot-Funktion könnten Sie noch nicht einmal das Zimmer verlassen, ohne sich dabei an den Möbeln zu stoßen. Das Unterbewusstsein ist dem bewussten Denken in vielem überlegen. Aber das Unterbewusstsein arbeitet auch strikt nach vorgegebenem Schema. Es folgt eben, genau wie ein Computer, stets auf genau dieselbe Art und Weise bestimmten Regeln und Programmen. Viele dieser Programme sind Jahrzehnte alt und deshalb eventuell in manchen Punkten nicht mehr zeitgemäß. Die gute Nachricht ist: Es ist möglich, Ihr mentales Computerprogramm upzudaten bzw. upzugraden!

2.2.3 Gorillas mitten unter uns. Oder: Wir filtern ständig

Sobald Sie sich einem Ziel verschrieben haben (mit dem findigen Setzen von Zielen beschäftigen wir uns später noch im Detail!), sucht Ihr Unterbewusstsein rund um die Uhr nach passenden Informationen, um Sie zu unterstützen. Ich bin sicher, auch Sie haben schon die folgende Erfahrung gemacht: Sobald Sie Ihre Aufmerksamkeit (sehnsüchtig) auf ein bestimmtes Thema oder Objekt richten, dauert es nicht lang und Sie begegnen dem Thema bzw. Objekt überall und ständig. Wenn Sie überlegen, ob Sie sich ein ganz bestimmtes dunkelblaues Rennrad kaufen wollen, sehen Sie plötzlich dauernd genau diese dunkelblauen Rennräder. Aber Achtung: Das Umgekehrte gilt leider genauso.

Etwas kann unsichtbar für Sie sein, obwohl es sich direkt vor Ihrer Nase befindet, weil der Fokus ihrer Aufmerksamkeit woanders liegt

Über unsere Sinnesorgane gelangen in jeder Sekunde Millionen von Informationen in unser Gehirn. Die allermeisten dieser Informationen filtert unser Unterbewusstsein, um uns so vor totaler Reizüberflutung zu schützen. Vielleicht haben Sie schon von den Aufmerksamkeits-Experimenten des amerikanischen Forschers Daniel J. Simons gehört. Einige von Ihnen kennen vermutlich sein berühmtes Gorilla-Video: Darin spielt ein Gruppe von Jugendlichen Basketball. Die Aufgabenstellung für das Aufmerksamkeits-Experiment wird zu Beginn des kurzen Videos[5] eingeblendet: „Zählen Sie, wie oft die Spieler in Weiß sich den Ball zuwerfen." Was anschließend die meisten der Bälle zählenden Zuschauer nicht bemerken ist die nach etwa einer Minute als Gorilla verkleidete Person, die quer über das Spielfeld läuft. Die meisten Menschen sehen das tatsächlich nicht. Obwohl dieser Gorilla sogar für eine Weile mitten im Bild stehen bleibt, und sich plakativ mit den Fäusten auf die Brust trommelt. Dieses Phänomen hat in breiter Öffentlichkeit große Verwunderung hervorgerufen. Sobald man jedoch die oben beschriebene Funktionsweise unseres Unterbewusstseins versteht, ist das Ergebnis dieses Aufmerksamkeits-Experiments nicht mehr so verwunderlich. Des Rätsels Lösung liegt in dem vor dem Schauen des Videos gesetzten Ziel des Beobachters und der entsprechenden Filterfunktion des Unterbewusstseins.

Nachdem Sie den Clou des Gorilla-Videos jetzt kennen, ist es für Sie selbst leider nicht mehr möglich dieses verblüffende Experiment am eigenen Leib zu erleben. Vielleicht testen Sie es mit Freunden, die noch nichts davon gehört haben. Damit Sie dennoch selbst auch in den „Genuss" kommen, live zu erleben, wie Ihr Gehirn Informationen (ohne Ihr bewusstes Zutun) heftig filtert, können Sie sich ein anderes Video[6] von Professor Simons bei YouTube anschauen.

Vergleichbares gilt natürlich auch für jede Lehrveranstaltung, die Sie in Ihrem Studium besuchen! Ihre persönliche Einstellung zur Situation, d. h. wie positiv oder negativ bzw. wie leicht oder wie schwierig Sie eine Vorlesung oder einen bestimmten Stoff einschätzen, entscheidet darüber, was Sie in dieser Vorlesung erleben. Und auch darüber, wie viel und was genau Sie dabei lernen oder eben leider nicht lernen. Wenn wir uns auf

---

[5]Das Video finden Sie in mehreren Variationen im Internet, beispielsweise unter dem Namen „selective attention test" unter https://youtu.be/vJG698U2Mvo (letztes Abrufdatum: 1.2.17). Die Anweisung zu Beginn ist auf Englisch: Es ist die Aufforderung, beim Anschauen zu zählen, wie oft sich die weiß gekleideten Spieler den Ball zuwerfen.

[6]Sie finden es dort unter den Namen „The Monkey Business Illusion" bzw. https://youtu.be/IGQmdoK_ZfY (letzter Abruf: 1.2.17). Oder schauen Sie sich auch alternativ sein Video „Colour Changing Card Trick" unter https://youtu.be/v3iPrBrGSJM (letzter Abruf: 1.2.17) an.

etwas fokussieren, bzw. wenn wir fest an etwas glauben (damit befassen wir uns später noch im Detail) versorgt uns das Unterbewusstsein entsprechend filternd, unermüdlich und absolut verlässlich mit genau dazu passenden Informationen.

2.2.4 Weitere Erfolgsgeheimnisse

Auf welchem Kanal gehen Sie auf Empfang?

Jeder Mensch braucht etwas anderes, um gut zu lernen. Mancher lernt besonders leicht, wenn ihm alles detailliert erklärt wird. Andere wiederum lernen am besten, wenn sie in ihrem eigenen Tempo ein Buch zum Thema lesen. Wieder andere lernen besonders gut, wenn sie sich in einer Lerngruppe austauschen. Sie wissen vermutlich, dass die drei Hauptlernkanäle das Sehen, das Hören und das aktive Handeln sind. Aber wissen Sie auch, auf welche Art Ihnen persönlich das Lernen am leichtesten fällt?

In diesem Buch wird das Thema nur kurz angeschnitten. Sie finden hinreichend Informationen dazu in anderen Büchern über Lerntechniken. Wenn Sie im Internet unter „Lerntypen Test" suchen, finden Sie kostenlose Online-Tests[7], mit denen Sie Ihren bevorzugten Lernkanal feststellen können. Es ist wichtig, dass Sie wissen, wie Ihnen persönlich die Aufnahme von neuem Stoff besonders leicht fällt. Und dass Sie das ganz gezielt im Studium nutzen. Auditive Menschen lernen zum Beispiel sehr gut, wenn sie mit anderen über den Stoff sprechen oder eine Audioaufnahme zum Thema anhören. Visuell ausgerichtete Menschen lernen besonders leicht, wenn sie lesen oder einen Film anschauen. Handlungsorientierte Menschen können nicht gut lernen, wenn sie lange still sitzen müssen. Dann hilft ihnen manchmal schon ein elastisch-wippender Stuhl am Schreibtisch oder auf einem Gymnastikball zu sitzen. Es gibt auch flache Gymnastik-ball-Sitzkissen, die Sie mit in die Hochschule nehmen können. Kauen Sie ein Kaugummi während Sie lernen oder gehen Sie, während Sie für eine Prüfung lernen, im Raum umher. Auch das Mitschreiben im Unterricht ist schon eine aktive Handlung.

So behalten Sie den Stoff garantiert

Am allerbesten und am erfolgreichsten lernen Sie, wenn Sie möglichst viele verschiedene Lernkanäle miteinander kombinieren. Da dies nicht automatisch in jeder Lehrveranstaltung angeboten wird, müssen Sie hier eventuell selbst aktiv werden. Bedenken Sie: Je mehr der Lernkanäle Sehen, Hören und aktives Handeln Sie nutzen, umso effektiver lernen Sie und umso mehr behalten Sie auch.

---

[7]Gut ist der Test auf www.brainboxx.co.uk/a3_aspects/pages/VAK_quest.htm, er ist leider auf Englisch. Für Infos über die Unterschiede der drei Lerntypen s.: www.brainboxx.co.uk/a3_aspects/pages/VAK.htm. Tipps, wie man seinen bevorzugten Kanal gut nutzt, unter: www.brainboxx.co.uk/a3_aspects/pages/MakeMost.htm (letzter Abruf für alle 3 Seiten: 1.2.17). Einen deutschen Test finden Sie beispielsweise unter: www.veritas.at/sbo/extproj/Lerntypentest/lerntypentest.php (letzter Abruf: 1.2.17).

Ich habe oft beobachtet, wie beim Einsatz von PowerPoint-Folien die Teilnahms-
losigkeit der Studierenden zunimmt. Sie schalten nach einer Weile offensichtlich um in
eine Art passiven „Fernseh-Modus". Und sie unterliegen vielfach dem Irrglauben, dass
„Slideshow gehört" gleichzusetzen sei mit „Stoff verstanden". Auch wenn eine Lehrveranstaltung schwerpunktmäßig visuell aufgebaut ist, denken Sie trotzdem selbst aktiv
mit. Überlegen Sie sich Fragen zum Stoff und stellen Sie sie. Schreiben Sie auch bei
Powerpoint-Vorträgen selbst mit, am besten in Ihren eigenen Worten. In einer Lehrveranstaltung selbst mitzuschreiben, hilft Ihnen, den Stoff im Gehirn zu verankern. Während Sie das Gehörte in eigenen Worten formulieren, wird Ihnen bewusst, wie viel (oder
wie wenig) Sie wirklich verstanden haben. Sie müssen dabei entscheiden, was wichtig
und was unwichtig ist. Das können Sie nicht, ohne selbst mitzudenken. Sie sollten auch
wissen, dass die Handouts der Folien Ihnen niemals den ergänzenden Blick in ein Lehrbuch ersparen.

Vorsicht: Lernplateau!
In der Lernpsychologie gibt es den Begriff des Lernplateaus. Für viele Studierende ist
es schon eine große Erleichterung, dieses Phänomen theoretisch kennenzulernen und zu
verstehen. Schon allein das Wissen um die sogenannten Lernplateaus kann so manchen
Frust beim Lernen verhindern und ein deutlich selbstbewussteres und entspannteres Studieren ermöglichen.

Vielleicht haben Sie in den letzten Jahren einmal eine neue Sportart begonnen oder
eine neue Sprache erlernt. Dann kennen Sie das Phänomen: Zu Beginn tut sich erst einmal gar nichts, man versteht nur Bahnhof. Dann plötzlich, nachdem Sie unverdrossen
weitergemacht haben, sind Sie im Thema. Irgendwie hat es innerlich „Klick" gemacht.
Das Gehirn hat nach mehreren Wiederholungen die neuen Bewegungen oder die neue
Theorie verinnerlicht. Sie sind begeistert! Ermutigt und frisch motiviert machen Sie weiter. Dann plötzlich, als es gerade so schön läuft, stagniert es auch schon wieder und Sie
machen einfach keinen weiteren Fortschritt mehr. Manchmal geht es hier sogar wieder
einen Schritt retour!

Zu viele geben an diesem Punkt frustriert auf. Sie glauben dann fälschlicherweise,
dass diese neue Sportart oder Spanisch zu lernen, wohl doch nicht ihr Ding sei, oder dass
Statistik eben zu hoch für sie ist. Dabei sind diese vorübergehenden Stagnationsphasen,
egal, ob Sie ein neues Instrument oder eine Programmiersprache lernen, nicht nur ein
ganz natürlicher Teil eines jeden Lernprozesses, sondern darüber hinaus sogar ein gutes
Zeichen!

Lernfortschritt verläuft nicht linear, sondern eher in Stufen (siehe Abb. 2.2) mit
sogenannten „Lernplateaus", wo es zwischenzeitlich immer wieder scheinbar für eine
Weile einfach nicht weiter voran geht. Lernexperten wissen, dieser Punkt ist jedes Mal
ein gutes Zeichen!

Wenn Sie etwas Neues lernen, bilden sich auch physisch neue Zellen im Gehirn und
auch Synapsen, d. h. neue Verbindungen zwischen den Zellen. Dieser Umbau bzw. Aus-
bau des Gehirns nimmt eine gewisse Zeit in Anspruch und verbraucht Energie. Für uns

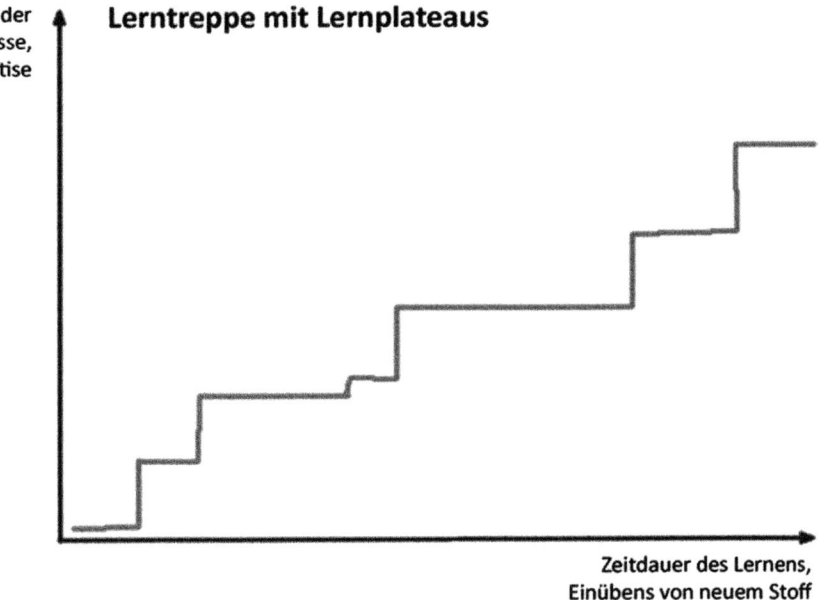

Abb. 2.2 Der Lernfortschritt verläuft in Stufen

fühlt sich das dann so an, als wären wir irgendwie im Kopf blockiert. Wenn Studierende, beispielsweise kurz vor den Prüfungen, unermüdlich sehr viel lernen, blockiert das Gehirn zwischenzeitlich immer wieder diesen unentwegten Input. Der Grund liegt darin, dass das Gehirn immer wieder zwischendurch in Ruhe das bisher Gelernte verarbeiten und vor allem eben auch physisch „verdrahten" muss. Besonders kurz vor den Prüfungen haben deshalb Studierende immer wieder Phasen, wo Sie plötzlich das Gefühl haben, nichts mehr in den Kopf hinein zu bekommen oder noch schlimmer, weniger zu wissen, als noch einige Tage zuvor.

Das Gehirn unterbindet während der „Umbaumaßnahmen" stundenweise den Zugriff. Dabei geraten dann nicht selten – aber völlig unnötig – Studierende in Panik oder die berühmte Prüfungsangst setzt ein. Dabei wird hier ein ganz normaler bio-logisch-chemischer Körpervorgang falsch interpretiert. Dieses „Blockadegefühl" in Ihrem Kopf ist ein gutes Zeichen: Ihr Gehirn lernt! Es ist dabei, das Wissen fest zu ver-drahten.

Für viele Studierende ist es eine große Erleichterung, wenn Sie von dieser Tat-sache hören bzw. lesen. Am besten lassen Sie Ihr Gehirn während solch einer Plateau-phase in Ruhe. Schlafen Sie ein Weilchen. Damit unterstützen Sie das Gehirn bei seinen Umbaumaßnahmen. Oder machen Sie eine Pause und gehen Sie spazieren. Oder wech-seln Sie wenigstens für eine Weile das Lernthema.

Nach jedem Lernplateau folgt, wenn Sie sich davon nicht entmutigen lassen, ein Sprung auf ein höheres Lern- und Wissensniveau! Also, wenn es beim Lernen manchmal zwischendurch zäh wird, wenn es irgendwie gerade nicht richtig vorangehen will oder Sie sogar bemerken, dass Sie leichte Rückschritte machen, dann denken Sie an das Lernplateau. Erinnern Sie sich daran, dass dieser vorübergehende Lernstillstand ganz normal und sogar ein gutes Zeichen ist.

Dies impliziert aber auch, dass es extrem ungünstig ist, sich den gesamten Prüfungsstoff erst kurz vor der anstehenden Prüfung in den Kopf zu stopfen. Besser und insgesamt gesehen auch viel angenehmer für Sie ist es, kontinuierlich über das ganze Semester hinweg regelmäßig immer ein bisschen zu wiederholen und zu lernen. Machen Sie das jede Woche! Sie werden merken, dann muss es auch gar nicht so viel sein. Sie werden den Unterschied schon im laufenden Semester bemerken, weil Sie dann natürlich auch viel besser in den laufenden Lehrveranstaltungen mitkommen werden. Was Ihnen dann wiederum zusätzliche Lernzeiten erspart.

Die Grenzen Ihrer Komfortzone: das Reptiliengehirn

Unser Stammhirn, auch Reptiliengehirn genannt, ist neben anderem zuständig für alle Flucht- oder Kampfreaktionen. Es ist stammesgeschichtlich der älteste Teil unseres Gehirns. Eine seiner Aufgaben besteht (schon seit Millionen von Jahren) darin, das Überleben zu sichern. Für einen Neandertaler konnte es lebensgefährlich sein, wenn er einem ihm unbekannten Tier begegnete oder eine Pflanze sammelte, die er noch nie zuvor gesehen hatte. Deshalb löste bei ihm bzw. seinem Reptiliengehirn alles Unbekannte und Neue sofort einen Alarmzustand aus! Dieses Reaktionsmuster ist bis heute – auch bei uns – so geblieben! Unser Reptiliengehirn kann dabei leider zwischen echter Gefahr und einer harmlosen, neuen Situation nicht immer richtig unterscheiden. Deshalb lösen alle Veränderungen und alles Neue bei uns (bis heute!) unmittelbar ein gewisses Unbehagen aus.

Wenn man diesen Mechanismus nicht durchschaut, wird man eventuell aufgrund seiner Gefühle innerhalb einer imaginären Grenze dessen gehalten, was einem bekannt und vertraut ist; innerhalb der sogenannten Komfortzone. Das geschieht, sobald wir mit etwas Neuem, Ungewohntem konfrontiert werden. Und das werden wir, sobald wir etwas lernen wollen. Wir stoßen dabei folglich, zumindest zu Beginn, automatisch an die Grenzen unserer Komfortzone. Wann immer wir beginnen, wirklich Neues zu lernen, wird im Stammhirn ein gewisses Unbehagen ausgelöst.

> Es ist nicht das Unbekannte, vor dem wir Angst haben müssen, es ist das Bekannte, das wir fürchten sollten. Das Bekannte, das sind die rigiden Muster unserer vergangenen Konditionierung. Sie halten uns in den gleichen rigiden Verhaltensmustern gefangen. (…) das Unbekannte, das ist das Feld unendlicher Möglichkeiten, das Feld reinen Potentials, das, was wir wirklich sind. (Deepak Chopra)

Das sollte man wissen, wenn man studiert: Ein gewisses Unbehagen, ein Zweifeln oder ein inneres Zögern bedeutet im Studium nicht notwendigerweise eine Notlage oder gar Stopp. Es bedeutet auch nicht: „Dieses Fach liegt mir nicht!" Alles, was es bedeutet ist: „Aha! Hier kommt etwas Neues auf mich zu!" Denken Sie daran, wann immer Sie ein neues Fach in Ihrem Stundenplan finden!

Natürlich haben unsere Gefühle Einfluss auf unser Handeln und insbesondere darauf, wie kraftvoll oder hilflos wir uns in einer bestimmten Situation fühlen. Trotzdem haben Sie immer die Wahl! Denn es ist immer möglich, trotz eines Gefühls zu handeln. Beispielsweise könnten Sie trotz eines Grummelns im Bauch den Mut fassen, während der Sprechstunde an die Tür von Frau Prof. L. zu klopfen, um ihr ein Problem mit dem Stoff in der Sprechstunde vorzutragen.

Probieren Sie etwas Vergleichbares einfach einmal aus! Wählen Sie zu Beginn dafür ein kleines und nicht so wichtiges Problem. Sie werden feststellen, dass oftmals die Angst, das blöde Gefühl vorher gar nicht gerechtfertigt war. Sie müssen dazu Ihre sogenannte Komfortzone verlassen. Aber: „Wer nicht wagt, der nicht gewinnt!" Und glauben Sie mir, durch solche kleinen Mutproben werden Sie enorm an Energie und Kraft gewinnen. Nicht nur Ihre Grenze, auch Ihr Selbstbewusstsein wird sich dabei ausdehnen.

> If you're only willing to do what's easy, life will be hard. But if you're willing to do what's hard, life will be easy. (T. Harv Eker)

Sie können nur dann etwas Neues lernen, wenn Sie bereit sind Ihre Komfortzone ein Stück weit zu verlassen. Sie müssen dann zunächst – nur für eine Weile, dann beruhigt sich das Reptiliengehirn wieder – ein leichtes Unbehagen aushalten. Dieses Unbehagen ist dabei sogar ein gutes Zeichen, denn es bedeutet: Jetzt lernen Sie gerade wirklich etwas Neues!

Andererseits ist es kontraproduktiv, sich zu stark zu fordern. Sie sollten sich nicht zu schnell zu weit aus Ihrer Komfortzone herauswagen. Denn sobald wir uns zu viel, d. h. zu viele große Schritte auf einmal, zumuten, werden wir garantiert bald auf innere Hindernisse und Blockaden stoßen. Ob wir es wollen oder nicht, unser Stammhirn und sein Schutzprogramm werden dann automatisch aktiv. Sie landen dann in der sogenannten Angst- oder Panikzone (vgl. Abb. 2.3), wo vor lauter Stress gar nichts mehr (in den Kopf) geht.

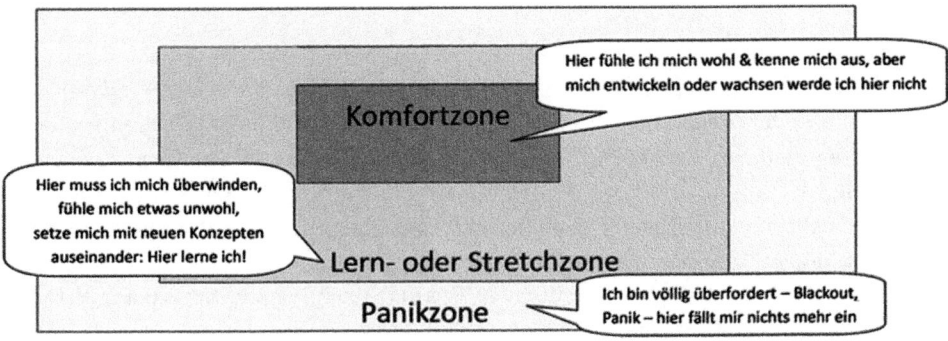

Abb. 2.3 Komfortzone, Lernzone, Panikzone

Genauso wie beim Sport, ist es auch im Studium weder ratsam noch gesund, sich untrainiert zu schwere Aufgaben oder Gewichte zuzumuten. Es ist unmöglich sofort von Null auf Hundert hochzuschalten. Wenn Sie jedoch damit anfangen, jeden Tag nur 10–15 min zu üben bzw. zu lernen, geht Ihnen die neue Technik bzw. das neue Fach relativ schnell in Fleisch und Blut über. Das Neue wird immer vertrauter, und es wird dann in die Komfortzone „integriert", d. h. diese vergrößert sich.

Jeder Mensch hat eine andere Komfortzonengrenze. Dies hängt davon ab, wie vertraut er oder sie damit ist, immer wieder Neues zu erlernen. Es ist wichtig zu wissen, dass Ihre Zonengrenzen nicht in Stein gemeißelt sind. Sie lassen sich verändern und ausweiten, so dass Sie in Zukunft immer mehr immer leichter und schneller lernen können.

Wenn Sie jetzt an Ihre derzeitige Situation im Studium denken: Wo befinden Sie sich in der Komfortzone? Wo in der Stretch- oder Lernzone? Wo vielleicht sogar in der Panik- oder Stresszone? Wählen Sie jetzt spontan, ohne lange darüber nachzudenken, eine ganz konkrete Situation aus Ihrem Studium, die Sie verbessern möchten. Überprüfen Sie, ob es hier an der Zeit ist, Ihre Komfortzone öfter zu verlassen, um mehr und besser zu lernen. Oder ob Sie sich dort eventuell schon viel zu weit hinausgewagt haben. Dann könnten Sie den Stresspegel reduzieren, indem Sie kleinere Schritte machen, sich selbst weniger antreiben, mehr Geduld mit sich haben. Kurz: Wie könnten Sie in Bezug auf diese Situation oder Aufgabe Ihren Radius, Ihr Lernverhalten, Ihr Repertoire an Denk- und Verhaltensmustern verändern und optimieren?

Regen Sie Ihr Gehirn an, sich neu zu verdrahten
Indem Sie sich angewöhnen, regelmäßig Neues zu denken oder zu tun, erweitern Sie Ihre Komfortzone. Sie regen Ihr Gehirn an, sich immer wieder frisch zu verdrahten. Man kann trainieren, Neues besser zulassen zu können. Dazu reichen kleine, ganz banale Aktivitäten. Sie könnten dazu zum Beispiel gelegentlich einfach auf einem anderen Weg als sonst zur Hochschule gehen oder fahren. Sie könnten gelegentlich ganz andere Fern- sehsendungen anschauen, als Sie es sonst tun, einen Krimi, eine Talkshow, eine Sport- oder Wissenschaftssendung. Sie könnten sich anders anziehen oder die Haare anders stylen. Ihrer Phantasie sind hier keine Grenzen gesetzt.

Checkliste zum Kap. 2.2

Ich weiß, wie das Gehirn funktioniert (*Haken Sie ab, was Sie erledigt haben*)

☐ Ich habe entweder die Wechselatmung oder die Überkreuzbewegungen des Brain-Gym ausprobiert und konkret getestet, ob mir danach das Lernen leichter fällt.

☐ Ich habe herausgefunden, welcher der drei Haupt-Lernkanäle Sehen, Hören und aktives Tun, der von mir favorisierte ist.

☐ Ich habe mir überlegt, wie ich das in Zukunft ganz konkret für meinen Erfolg im Studium nutzen kann.

☐ Ich habe mir für ein Fach, das mir leider bis jetzt noch nicht leichtfällt, überlegt, wie ich gezielt weitere Lernkanäle nutzen kann.

☐ Ich habe mir eines der Aufmerksamkeits-Videos angeschaut und am eigenen Leib erlebt, wie mein Unterbewusstsein das filtert, was ich sehe.

☐ Ich habe analysiert, in welchen Bereichen im Studium es an der Zeit ist, meine Komfortzone zu verlassen.

☐ Ich habe analysiert, ob es Situationen im Studium gibt, wo ich mich selbst durch zu viel Eifer und Ehrgeiz blockiere.

2.3 Kreatives Schreiben: Spielend leicht erfolgreich texten

Lernziele: Worum geht's in diesem Kapitel?

☑ Was versteht man unter Kreativem Schreiben? Weshalb ist es so eine verblüffend einfache und zugleich effektive Arbeitsmethode?

☑ Worin besteht der raffinierte Trick bzw. die Grundidee des Kreativen Schreibens? Und wie lässt sich diese auf andere Lerntätigkeiten übertragen, wie beispielsweise das Lesen von Fachtexten?

In meinen Erfolgsworkshops ist das Kreative Schreiben bei den Studierenden immer gut angekommen. Für einige Teilnehmer war es sogar das Wichtigste überhaupt, was sie für sich aus dem Coaching mitgenommen haben. Ich möchte Ihnen dazu kurz eine Geschichte erzählen, die ich im letzten Semester an der Hochschule Hannover wirklich so erlebt habe. In einer Lehrveranstaltung zum Thema „Erfolg im Studium" habe ich die Studierenden mit dieser Schreibtechnik viel und oft arbeiten lassen. Eine Studierende meldete sich zu Beginn der zweiten Stunde und sagte: „Tut mir leid, aber wenn ich das gewusst hätte, dass wir hier so viel und regelmäßig schreiben werden, hätte ich mich niemals für dieses Wahlpflichtfach entschieden. Niemals! Ich habe solche Angst vor dem Schreiben, jede Hausarbeit ist ein Horrortrip für mich. Ich denke, ich werde jetzt doch noch schnell in ein anderes Wahlpflichtfach wechseln." Es gelang mir glücklicherweise, sie davon zu überzeugen, dass ganz im Gegenteil gerade diese Lehrveranstaltung genau die richtige für sie sei. Weil sie hier mit der Technik des Kreativen Schreibens im Nu ihre alte Schreibhemmung überwinden könne. Denn gerade für Menschen wie sie ist diese Schreibmethode ein Geheimrezept.

Ich war dann jedoch ehrlich gesagt selbst verblüfft, als es schon ab der vierten Stunde genau diese Studentin war, die sich darüber beschwerte, dass diese Art des wundervollen, lustvollen Schreibens in diesem Seminar eigentlich viel zu kurz käme. Heute ist das Verfassen von Texten mit der Methode des Kreativen Schreibens für diese junge Frau zum Hobby geworden. Sie sagte zu mir: „Kreativ schreibend entwerfe ich Texte, so ähnlich, wie ich sonst mit Pinsel und Farben Bilder auf meine Leinwand male. Ich liebe es, mit Pinsel und Farben zu malen, und jetzt auch mit Stift und Worten." Ich hoffe, das überzeugt Sie. Geben Sie bitte dem Kreativen Schreiben eine Chance. In diesem Buch basieren viele der praktischen Übungen auf genau dieser Methode.

Vor vielen Jahren habe ich per Zufall das sogenannte „Kreative Schreiben" entdeckt. Von der ersten Minute an hat mich diese ungewöhnliche Methode für das Verfassen von Texten fasziniert. Meine Begeisterung für diese Technik ist bis heute unverändert. Für mich persönlich war dies die erste Arbeitsmethode, bei der ich ganz bewusst mental-rationale Kontrolle, sämtliche Anstrengung und alles krampfhafte Wollen einfach loslassen konnte. Stattdessen überlässt man sich hier auf spielerisch leichte Weise ganz den Impulsen der eigenen Intuition, des Unterbewusstseins und der Bilderwelt der rechten Gehirnhälfte. Ich weiß noch, wie ich damals spontan gedacht habe: „Warum hat mir DAS nicht schon früher jemand beigebracht?! Hätte ich diese Methode bloß schon als Studentin gekannt. Das hätte mir vieles im Studium erleichtert."

Wie bei den meisten Erfolgstechniken, besteht auch beim Kreativen Schreiben der **erste Schritt** aus der entschlossenen Formulierung einer Absicht. Machen Sie sich klar: „Worüber möchte ich schreiben? Was genau ist mein Thema bei diesem Kreativen Schreiben? Was ist das Ziel meines Textes?" Das reicht dann aber auch schon: Sie geben lediglich die Richtung der ‚Reise' vor, der Rest fügt sich dann ganz von alleine. Es ist einfach phantastisch!

Der **zweite Schritt** ist dann eine kurze Entspannungsphase: Lassen Sie dabei allen Leistungsstress los, alles krampfhafte Ringen um passende Argumente zum Thema oder eine entsprechend elegante Formulierung. All das lassen Sie zunächst einmal vollständig los.

Wie das denn gehen soll, fragen Sie sich jetzt vielleicht. Es gibt dafür verschiedene Möglichkeiten. Ich kann Sie nur ermutigen, hier ein bisschen zu experimentieren, damit Sie die für sich leichteste Methode entdecken. Eine Möglichkeit wäre, sich für einige Minuten zu Ihrer Lieblingsmusik zu bewegen. Ein kurzer Spaziergang im Grünen tut es auch. Während ich dies gerade schreibe, blüht draußen vor dem Fenster im Garten der Flieder und bis zum Horizont erstreckt sich ein leuchtend gelbes Rapsfeld. Ja, an solchen Tagen wie heute ist schon ein versonnener Blick aus dem Fenster eine gute Möglichkeit, innerlich ab- und umzuschalten. Kurz Duschen oder auch Baden kann helfen abzuschalten, um danach kreativ schreibend die richtigen Worte zu finden. Die Betonung liegt dabei auf dem „finden". Es geht hier nicht länger um krampfhaftes Suchen oder mental-angestrengtes Überlegen! Aus meiner Sicht liegt eines der Geheimnisse des Kreativen Schreibens in der klaren Absicht, die Sie zu Beginn für Ihren Text vorgeben und festlegen.

Kurz: Der zweite Schritt besteht in einer einstimmenden Entspannungsphase, in der Sie – immer noch Ihre Schreibabsicht im Hinterkopf haltend – umschalten auf Empfang. Beobachten Sie schon hierbei, welche Ideen oder Impulse sich von alleine auftun. Hören Sie innerlich zu, schauen Sie hin oder erspüren Sie, welche Infos, Bilder oder Ideen sich ganz von alleine bei Ihnen melden. Sie ‚lassen' nun für sich arbeiten. Sie werden schnell bemerken, dass Ihre Intuition, oder vielleicht ist es auch Ihr inneres Kind, nur darauf gewartet haben, Sie mit Informationen, Bildern und Worten zu versorgen. Manchmal werden sich vor Ihrem inneren Auge komplette kleine Filme abspulen, die Sie später nur noch aufschreiben – quasi abschreiben – müssen. Zuweilen werden Sie auch innerlich Worte oder ganze Sätze hören können. Oder ein bestimmtes Gefühl meldet sich bei Ihnen, dem Sie dann später schreibend weiter nachgehen können.

Ich will Ihnen an dieser Stelle nicht verheimlichen, dass es manchmal – sehr selten allerdings – auch andere Tage gibt. Dann hilft alles Baden, Spazierengehen oder Musikhören nichts, es tut sich einfach nichts: Keine Idee taucht auf, kein einziger konstruktiver Gedanke, kein einziges Bild. Und auch das ist dann völlig okay so! Denn selbst dann können Sie vertrauensvoll und erfolgreich (!) zum nächsten Schritt, dem eigentlichen Schreiben, übergehen und dort weitermachen. Es wird dennoch funktionieren!

Der **dritte Schritt** ist dann die eigentliche Schreibphase. Kreative Schreiber streiten darüber, ob es notwendig sei, mit der Hand zu schreiben. Viele lehnen in dieser Phase die Arbeit am Computer völlig ab. Ich selbst habe mittlerweile, nachdem ich viele Jahre Kreatives Schreiben nur mit Papier und Stift praktiziert hatte, genauso gute Resultate am PC. Probieren Sie es einfach selbst für sich aus. Im Zweifelsfall würde ich Ihnen jedoch gerade zu Beginn die Hand-und-Papier-Variante empfehlen. Klassischerweise wird hier großes Papier (mind. DIN-A3) ohne Linien benutzt, denn Freiraum ohne Regeln und Begrenzungen ist ja gerade das Hauptkennzeichen dieser Schreibmethode. Und ja, es spielt auch eine Rolle, welche Art von Stift Sie benutzen. Es gibt Stifte, die kratzen über das Papier, „sträuben" sich irgendwie oder sie klecksen. Vielleicht probieren Sie einmal in einem Schreibwarengeschäft verschiedene Stifte aus. Kaufen Sie sich einen Stift, der möglichst leicht und damit auch schnell und flüssig über das Papier gleitet. Er sollte angenehm in Ihrer Hand liegen. Ich persönlich – oder ist es mein inneres Kind? – schreibe viel lieber in Türkis oder Lila, als im herkömmlichen Tintenblau! Seien Sie auch hier kreativ, experimentieren Sie. Verwöhnen Sie sich mit einem Stift, der Ihnen richtig gut gefällt! Er muss gar nicht teuer sein.

Beim Kreativen Schreiben kann Musik im Hintergrund eine wunderbare Unterstützung sein. Instrumentale[8], sanft entspannende Melodien nehmen Sie mit in andere, virtuelle Welten, wo Worte, Texte, Sätze und kreative Lösungen nur so in der Luft hängen, sich regelrecht von alleine aufdrängen.

Nun geht es schreibend los: Kurz notieren Sie Ihr Thema, die Absicht Ihres Schreibens oben auf dem Blatt. Legen Sie sich auf eine bestimmte, aber relativ kurze Schreibdauer fest. Vielleicht benutzen Sie hierfür einen Timer, zum Beispiel eine Eieruhr. Zu Beginn reichen zehn bis fünfzehn Minuten aus. Später, wenn Sie etwas geübter sind, kann es

---

[8]Musik mit Gesang bzw. Text ist nicht so gut geeignet: Auch wenn Sie gar nicht bewusst hinhören, verarbeitet Ihr Unterbewusstes dennoch die „Aussage" des Songs, während Sie schreiben. Ist Ihnen übrigens schon aufgefallen, dass viele der populären Songs von Herzschmerz bzw. Lebenskrisen handeln?

auch eine halbe Stunde sein oder auch eine ganze. Dennoch bleibt auch dann der Zeitrahmen immer überschaubar. Bei mir ist es heute in der Regel eine Musik-CD-Länge.
Das ist das Tolle am Kreativen Schreiben: Es wird eben nicht stundenlang geackert und
das Thema bebrütet. Stattdessen folgen Sie – nur eine Viertelstunde lang – vertrauensvoll
dem kreativen Fluss, egal, wohin er sie führen mag. Sie werden anschließend staunen,
was Sie da alles in der kurzen Zeit aufs Papier gebracht haben. Diese Erfahrung habe ich
selbst im Laufe der Jahre immer wieder gemacht. Auch meine Studierenden – selbst solche, die sich vorher mit dem Schreiben schwertaten – haben mir das bestätigt.

Im dritten Schritt schreiben Sie also los, ohne lange vorher darüber nachzudenken,
was Sie im Detail aufs Papier bringen wollen. Schreiben Sie unbedingt so schnell wie
möglich! Lassen Sie Ihren Stift quasi übers Papier fliegen. Dabei hilft manchmal die Vorstellung, dass der Stift wie von alleine schreibt. Am PC tippen Ihre Finger ebenfalls wie
von alleine. So fügt sich dann Wort an Wort, ohne dass Sie währenddessen kontrollie-
ren, welcher Satz, welche Argumentation, welches Bild, welche Idee als nächstes kommt.
Sollte der Schreibfluss einmal stocken – das kann zwischendurch manchmal vorkommen,
das ist völlig normal und okay – dann schreiben Sie eben das auf: „Jetzt stockt es. Ich
weiß nichts mehr, so eine blöde Übung. Was hat sich die Klenke bloß dabei gedacht?
Das wird doch nie was!" usw. Schreiben Sie einfach immer weiter, egal, was Ihnen in
den Sinn kommt. Unterbrechen Sie Ihre Handbewegung und den Schreibfluss nie, egal,
was Ihren durch den Kopf geht. Ihre Aufgabe besteht für den Moment lediglich darin,
zehn Minuten lang ununterbrochen einfach irgendwie irgendetwas herunter zu schreiben.
Bleiben Sie dabei möglichst gelassen und schreiben Sie stur einfach immer weiter. Eventuell zwischenzeitlich auftretende „Blockade-Holperphasen" lösen sich erstaunlich leicht
und schnell wieder auf, wenn Sie auch Ihren kritischen Gedanken Raum auf dem Papier
geben. Danach geht es dann wieder weiter im Text – im wahrsten Sinne des Wortes.

Ganz wichtig ist, dass Sie, solange Sie schreiben, niemals zwischendurch anfangen,
das Geschriebene zu lesen oder gar zu korrigieren. Korrigieren Sie im ganzen Verlauf dieser Schreibübung (noch) nichts! Rechtschreibfehler sind hier normal und erlaubt. Gram-
matikalische Fehler sind erlaubt, Verschreiben auch. Ebenso Worte, die das, was Sie
beschreiben wollen, (noch) nicht so ganz richtig treffen. Nehmen Sie einfach das beste
Wort, das Ihnen in dem Moment in den Sinn kommt. Und schreiben Sie dann sofort weiter. Fehler korrigieren und am Text feilen können Sie später. Puren Blödsinn zu schreiben,
ist erlaubt. Zweifeln auch. Auch zu träumen und zu spinnen oder wirklich groß zu denken, ist in Ordnung. Gerade letzteres ist etwas, was ich Ihnen nicht verheimlichen will:
Die Gedanken, die Konzepte, die kreativ schreibend entstehen, sind oftmals etwas, größer' als normal. Manchmal auch ein bisschen ver-rückt, so dass der rationale Verstand das
eventuell sofort alarmiert bekrittelt: „Also DAS kannst du doch jetzt nicht so schreiben.
Was sollen denn die anderen denken." Auch das bringen Sie dann eben kurz zu Papier.

Genau dann besteht die Kunst bzw. der Trick dieser Übung darin, TROTZ-
DEM immer weiter zu schreiben, und all das zuzulassen und zu Papier zu bringen.
Zusammenstreichen können Sie es später immer noch. Aber erst später! Im Moment

schreiben Sie einfach immer weiter, schnell und schneller, immer weiter. Darin besteht das zweite Geheimnis des Kreativen Schreibens: Sie verpflichten sich selbst innerlich fest dazu, zehn bis fünfzehn Minuten lang Ihren Stift schnell schreibend immer weiter zu bewegen. Mehr müssen Sie jedoch gar nicht tun! Und wenn Sie das genau so machen – probieren Sie es unbedingt selbst aus! – werden Sie feststellen: Es ist wirklich ganz einfach.

Später dann, aber erst wenn die vereinbarte Zeit vergangen ist und Ihr erster Textentwurf steht, können Sie das Geschriebene lesen und korrigieren. Dann können Sie natürlich auch im Nachhinein „zensieren", können Passagen streichen, umschreiben oder abmildern, sowie den Text und die Argumentation weiter ausbauen. Jedoch werden Sie vermutlich feststellen, dass vielfach die so entstandenen Texte schon in der ersten Originalversion recht gelungen sind. Und gar nicht so blöd, wie Sie es, noch während Sie geschrieben haben, vielleicht vermutet hatten.

Hierzu noch ein Wort der Warnung – und auch das sage ich Ihnen auf Basis meiner eigener Erfahrungen! Es macht durchaus Sinn, Texte, die kreativ-schreibend entstanden sind, erst einmal eine Weile, am besten einige Tage oder (sofern dies zeitlich möglich ist) sogar Wochen liegen zu lassen. Sie sollten sie sich erst mit etwas Abstand wieder anschauen und zum Überarbeiten vornehmen. Sie werden dann eventuell staunen, was damals aus Ihrer Feder geflossen ist! Selbst ich bin heute noch oft erstaunt über die Ergebnisse dieser Technik, und beeindruckt von der erstaunlich klaren Struktur und inneren Logik dieser Texte. Ich staune auch nicht selten über den Inhalt dessen, was ich da aufgeschrieben habe. Hätten Sie mich wenige Minuten vor dem Schreibprozess danach gefragt, hätte ich es selbst niemals erraten können, dass genau diese Worte, diese Argumentation, diese Bilder wie von alleine (und in der Regel sehr stimmig und passend) aufs Papier fließen würden.

Ich möchte Sie davor warnen, zu schnell nach dem Schreibprozess in die Kritik- und Überarbeitungsphase zu gehen. Meine innere Kritikerin hat mehr als einmal einen Text, den ich direkt nach dem Schreiben gelesen habe, sofort beherzt als „völlig überflüssig" fortgeworfen! Einige Tage später ist mir dann im Nachhinein – eben mit etwas Abstand – klar geworden, dass einige der Argumente wichtig und überzeugend gewesen waren. Leider konnte ich mich dann aber nicht mehr im Detail an den Text bzw. meine Argumentationskette erinnern. Es hat mich dann unnötig Mühe und Zeit gekostet, eine ähnliche Kette noch einmal zu rekonstruieren.

Dem rational-analytisch denkenden Verstand ist diese Art zu schreiben und arbeiten suspekt. Deshalb versucht er durchaus auch im Nachhinein zu zensieren. Werfen Sie deshalb bitte Ihre Texte, die kreativ-schreibend entstanden sind (zumindest für ein ganze Weile), nicht fort. Überarbeiten und zensieren Sie den Text, Ihre Worte und Argumentation immer nur in Form eines zweiten, neuen Textes, den Sie dann gleichzeitig im Computer erfassen können.

2.3.1   Kreatives Schreiben in Kürze

1. Machen Sie sich kurz bewusst, zu welchem Thema Sie schreiben möchten. Setzen Sie sich bewusst ein inhaltliches Ziel für Ihre Schreibübung.
2. Entspannen Sie sich und lassen Sie dabei innerlich alle Ansprüche los.
3. Stellen Sie sich einen Timer (z. B. eine Eieruhr) auf zehn Minuten. Danach schreiben Sie sofort beherzt los. Bewegen Sie den Stift, ohne ihn abzusetzen, zehn Minuten lang über das Papier. Grübeln Sie nicht darüber nach, was Sie schreiben möchten. Bewerten Sie nichts – wundern Sie sich nicht – kritisieren Sie nichts – korrigieren Sie vor allem nichts. Die Schreibbewegung geht hier immer nach vorne. Immer weiter schreibend. Lassen Sie zu, dass die Worte wie von alleine aufs Papier fließen. Über den Sinn des Textes, seine Logik oder korrekte Grammatik werden Sie sich (bei Bedarf) erst später Gedanken machen, nachdem die festgesetzte Zeit um ist. Jetzt experimentieren Sie spielerisch. Sie schreiben zehn Minuten lang ganz konsequent einfach immer weiter. Was immer dabei herauskommen mag, alles ist willkommen.

Nach zehn Minuten, auf keinen Fall früher (länger ist natürlich, wenn Sie gerade gut in Fahrt sind, immer erlaubt), beenden Sie die Übung. Höchstwahrscheinlich werden Sie überrascht sein, wie schnell die Zeit vergangen ist. Und auch über das Ergebnis. Einige meiner Seminarteilnehmer bewerteten gerade diese Technik, diesen Geheimtrick für das Studium als eines der kostbarsten Instrumente dieses Erfolgscoachings.

2.3.2   Probieren geht über Studieren: Nun sind Sie dran!

Probieren Sie es selbst aus, ganz konkret. Suchen Sie sich dazu einen der beiden nachfolgenden Themenvorschläge aus. Dann folgen Sie einfach der obigen Kurzbeschreibung.

Themenvorschlag 1
Stellen Sie sich vor, eine gute Fee böte Ihnen an, aus Ihrer Hochschule oder Ihrem Studiengang die für Sie optimale Lernumgebung zu zaubern! Woran würden Sie erkennen, dass der Zauber gewirkt hat?

Themenvorschlag 2
Suchen Sie sich jemanden aus, der dafür geeignet wäre, Ihr „virtueller Studienberater" zu sein. Das könnte Ihr Lieblingsprofessor genauso sein, wie Ihre Großmutter oder ein bestimmter Leistungssportler, ebenso der Dalai Lama. Auch eine fiktive Figur ist denkbar, wie der Held Neo aus dem Film ‚Matrix', Superman, Pippi Langstrumpf oder Indiana Jones. Vielleicht wäre auch Ihre Katze geeignet? Eine Katze würde sich niemals zu etwas zwingen lassen und wann immer möglich, entspannt sie sich. Führen Sie ein Gespräch mit diesem Berater und lassen sich dabei von ihm oder ihr mit praktischen Ratschlägen für Ihr Studium unterstützen.

„Let's write a swimming pool": Gut schreiben zu können, ist extrem hilfreich für beruflichen Erfolg Paul McCartney von den Beatles soll einmal zu John Lennon gesagt haben[9]: „Lass uns heute einen Swimmingpool schreiben!" Was er damit scherzhaft meinte war, dass die beiden als talentierte Songschreiber tatsächlich mit einem einzigen guten Text bzw. Song genug Geld machen konnten, um sich davon einen Pool oder ein Traumauto kaufen zu können.

2.3.3 Kreatives Schreiben ist ein probates Mittel gegen Mathe-Angst

Zwei amerikanische Wissenschaftler haben mit standardisierten Versuchen nachgewiesen, dass Studierende, die vor einer Mathematik-Klausur für nur zehn Minuten ihre Ängste oder Befürchtungen „kreativ schreibend" zu Papier bringen, signifikant bessere Noten erreichen, als Studenten, die dieselbe Prüfung ganz normal, ohne eine solche vorherige Schreibübung ablegen.

Wie oft haben Sie schon fünf bis zehn Minuten vor einer Klausur auf Ihrem Platz gesessen und gewartet, dass alle anderen Kommilitonen ebenfalls zum Sitzen kommen und die Prüfung endlich beginnt? Diesen kurzen Zeitraum, der viele Studenten zusätzlich emotional belastet, könnten Sie ohne Probleme für eine solche kleine Schreibübung nutzen. Egal, um welches Fach es sich handelt, dies ist eine Methode, die nachgewiesenermaßen Prüfungsängste erfolgreich abbaut. Innerhalb weniger Minuten! Die Studie in Chicago hatte sich nur deshalb schwerpunktmäßig auf die Mathematik konzentriert, weil dieses Fach besonders oft Prüfungsängste hervorruft. Auch für Biologie-Prüfungen wurde der positive Effekt dieser Schreibübung wissenschaftlich nachgewiesen.

In einem Interview sagt Psychologie-Professorin Beilock[10], die für diese Untersuchung Hauptverantwortliche: „We show that having students write about their thoughts and feelings about an upcoming exam can really help boost exam scores, and especially help those students who are habitually anxious about taking tests, perform up to their full potential. (…) when students don't write about their feelings about the test or even write about a mundane event – say, what they did the day before – we show that they (…) perform worse by maybe 10 to 15 %, so it's a pretty substantial drop."

Es ging bei dieser Schreibübung nicht in erster Linie darum, dass die Studenten sich selbst mental positiv aufbauen. Die Aufgabe bestand lediglich darin, zehn Minuten lang alle Befürchtungen, alles Unbehagen in Bezug auf die Prüfung spontan und unsortiert zu Papier zu bringen. Die Studenten waren weder erfahren im Kreativen Schreiben, noch

---

[9]S. http://www.awaionline.com/2012/02/lets-write-a-swimming-pool/ (letzter Abruf: 1.2.17).

[10]Science Magazine Podcast – Transcript, 14 January 2011, Interview mit Sian Beilock zur Studie auf S. 5–9, www.sciencemag.org/content/suppl/2011/01/13/331.6014.231-b.DC1/SciencePodcast_110114.pdf (letzter Abruf: 1.2.17).

war ihnen bekannt, welche Wirkung dieser Art des Schreibens zugeschrieben wird. Auch den die Prüfung durchführenden Fachdozenten war nicht bekannt, worum es in diesem Experiment ging.

Interessant war dabei, dass die meisten Studenten nur in den allerersten Minuten ihre Befürchtungen und das Unbehagen zu Papier gebracht haben. Anschließend haben sie sich dann, ganz von alleine, weiter schreibend auch an alle ihre Ressourcen erinnert, an all das, was ja de facto eher für ein Bestehen ihrer Prüfung sprach. Beilock weist darauf hin, dass man so schreibend bereits nach wenigen Minuten die negativen Gefühle, die sich andernfalls eventuell erst später im Laufe einer Prüfung gemeldet und dann den Gedankenfluss behindert hätten, schon vor Beginn einer Prüfung verbalisieren und damit loswerden kann.

Sechs Wochen vor diesem Klausur-Schreib-Experiment wurde anhand eines Fragebogens bei jedem Teilnehmer der Grad der Ängstlichkeit generell und auch auf Prüfungen bezogen gemessen. Es konnte statistisch ganz klar ein Zusammenhang zwischen dem Angstniveau eines Studenten und dem Niveau seiner (vor diesem Versuch, früher im Studium) erreichten Noten nachgewiesen werden. Je ängstlicher jemand generell war und je mehr Prüfungsangst er oder sie hatte, umso schlechter waren tendenziell auch seine oder ihre Noten. Soweit ist das Ergebnis der Studie noch nicht erstaunlich. Erstaunlich ist, dass sich dann mithilfe dieser kleinen Schreibübung der Zusammenhang zwischen Angstniveau und Notenniveau völlig aufgelöst hat. Nachdem die Studenten nur einige Minuten lang ihre Gedanken und Ängste vor der Prüfung zu Papier gebracht hatten, waren auch besonders Ängstliche genauso gut in Mathe, wie ihre weniger ängstlichen Kommilitonen.

Professor Beilock berichtete in einem Interview übrigens auch davon, dass Schüler, die zu Beginn eines Schuljahres ihre Werte schriftlich für sich herausgearbeitet und notiert hatten, am Ende des Schuljahres ihre Noten verbessert hatten.

2.3.4 Grundprinzip und Geheimnis des Kreativen Schreibens lassen sich auf andere Bereiche des Studiums übertragen

Das Kreative Schreiben ist eine erstaunlich effektive Arbeitsmethode. In sehr kurzer Zeit lässt sich damit bemerkenswert viel erarbeiten. Der Grund dafür liegt meines Erachtens in den beiden Grundprinzipien des Kreativen Schreibens:

a. Bevor man anfängt, macht man sich seine Absicht bzw. das Arbeitsziel (kurz) bewusst.

b. Man verpflichtet sich vorher innerlich dazu, für einen überschaubaren und gut erträglichen Zeitraum, möglichst zügig und unablässig und ohne dabei dem inneren Kritiker nachzugeben, immer weiter zu arbeiten.

Wenn kritische Gedanken auftreten sollten, bekommen diese zwar ihren Raum, werden bewusst wahrgenommen und kurz schriftlich festgehalten, aber sie bekommen keine Gelegenheit, den Schreibfluss zum Stocken zu bringen.

Bei der herkömmlichen Art zu schreiben, bleibt der inhaltlich-kreative Fluss rasch auf der Strecke, sobald der Fokus bei der Formulierung einzelner Begriffe oder Textpassagen hängenbleibt. Sie verlieren sich dann darin, kleine formale Details, Ihre Wortwahl oder die Grammatik zu verbessern. Oder aber Sie berücksichtigen schon schreibend, noch bevor sich das gedankliche Gesamtkonzept ganz herauskristallisiert hat, bereits potenzielle Gegenargumente von, außen'.

Das Kreative Schreiben trennt diese beiden – sehr schlecht **gleichzeitig** miteinander zu vereinenden – Arbeitsschritte: Das vielfältig-kreative Produzieren inhaltlicher Ideen und Argumentationsstränge einerseits, und das formal korrekte, auch nach außen gut vertretbare Überarbeiten und Fertigstellen des Textes andererseits.

Eine sehr ähnliche Methode hat übrigens auch einer der kreativsten Köpfe unseres Jahrhunderts für seine Arbeit genutzt: Walt Disney. Er hat in seiner Arbeit stets die Phase des kreativ-verrückten Brainstormings zeitlich und räumlich (!) von der kritisch-intellektuellen Überarbeitungsphase und auch von der dann folgenden praktischen, business-orientierten Umsetzungsphase getrennt. Es wird sogar behauptet, er habe zu diesem Zweck drei getrennte und auch sehr unterschiedlich eingerichtete Büros gehabt. Seine Arbeitsstrategie gehört heute unter dem Namen „Walt-Disney-Strategie" zu den Standardmethoden im Coaching.

2.3.5   So könnten Sie sich das Studieren weiter erleichtern

Sie können dieses Grundprinzip bzw. Erfolgsgeheimnis des Kreativen Schreibens auf andere Lerntätigkeiten in Ihrem Studienfach sinngemäß übertragen, um sich das Studieren weiter zu vereinfachen. Zum Beispiel lassen sich auf eine vergleichbare Art und Weise auch Lehrbücher oder Fachartikel sehr viel schneller lesend erarbeiten. Dazu setzen Sie sich vor dem Lesen kurz schriftlich (!) ein klares Leseziel. Sie können dazu zum Beispiel mehrere Fragen formulieren, die Ihnen dieser Text beantworten soll. Dann lesen Sie den Artikel oder das Buch relativ schnell quer. Dabei orientieren Sie sich an Kapitelüberschriften, Schlagworten, Abbildungen und Ähnlichem. Zeigen Sie Mut zur Lücke, indem Sie für Ihr Thema weniger relevante Textteile einfach überspringen. Bleiben Sie unterwegs nicht an schwierigen Details hängen! Verbeißen Sie sich (beim ersten Durchgang) keinesfalls in Fachbegriffe, Formeln oder Textpassagen, die Sie auf Anhieb nicht verstehen. Sie lesen für einen vorher festgelegten, überschaubaren Zeitraum von zum Beispiel fünfzehn Minuten einfach schnell und zügig immer weiter. Anschließend reflektieren Sie, inwieweit dieser Text oder dieses Lehrbuch Ihnen hilft, Ihre Fragen zu beantworten bzw. das vorher festgelegte Leseziel zu erreichen. Sie werden vermutlich staunen, wie viele Details Sie doch schon in dieser relativ kurzen Zeit erfasst haben. Auch hier wird es – genau wie beim Schreiben – in der Regel später noch einmal eine zweite (oder auch dritte) Lesephase geben, in der Sie sich dann genauer um einzelne komplexere Details kümmern werden.

Mit dieser Strategie verhindern Sie, dass Sie sich stunden- oder gar tagelang mit einem bestimmten Buch oder Text abquälen, nur um danach festzustellen, dass Ihnen all diese Mühe doch so gut wie nichts gebracht hat.

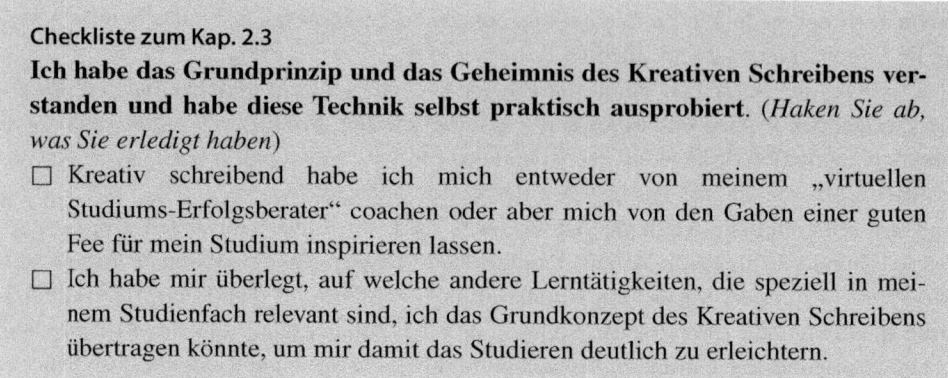

Checkliste zum Kap. 2.3
Ich habe das Grundprinzip und das Geheimnis des Kreativen Schreibens verstanden und habe diese Technik selbst praktisch ausprobiert. (*Haken Sie ab, was Sie erledigt haben*)

☐ Kreativ schreibend habe ich mich entweder von meinem „virtuellen Studiums-Erfolgsberater" coachen oder aber mich von den Gaben einer guten Fee für mein Studium inspirieren lassen.

☐ Ich habe mir überlegt, auf welche andere Lerntätigkeiten, die speziell in meinem Studienfach relevant sind, ich das Grundkonzept des Kreativen Schreibens übertragen könnte, um mir damit das Studieren deutlich zu erleichtern.

2.4 Kontextebenen im Studium: Ein starkes Werkzeug für den Erfolg

Lernziele: Worum geht's in diesem Kapitel?
☑ Welche unterschiedlichen Kontextebenen gibt es im Studium?
☑ Wie kann Ihnen dieses Wissen in Problemsituationen helfen, schneller eine gute Lösung zu finden?

Wann immer Sie vor einer Herausforderung im Studium stehen, kann Ihnen das Konzept der Kontextebenen helfen, schnell und effektiv einen geeigneten Ansatzpunkt für die Lösung Ihres Problems zu finden. Mithilfe dieses Coaching-Werkzeuges können Sie sich in jeder Problemsituation schnell(er) neu orientieren und Auswege finden, um wieder kraft- und wirkungsvoll agieren zu können. Dabei geht es sowohl um die kurzfristige Entschärfung einer Situation, die sich oft auf den unteren Kontextebenen finden lässt, als auch um die längerfristige und nachhaltige Veränderung Ihrer Situation im Studium, die sich in der Regel auf den oberen Kontextebenen ergibt.

Die hier vorgestellten ,Kontextebenen im Studium' (Abb. 2.4) sind eine Modifikation der sogenannten logischen Ebenen, die in den 80er Jahren von Robert Dilts vorgestellt wurden, einem der Entwickler des Neuro-Linguistischen Programmierens. Das Neuro-Linguistische Programmieren, kurz NLP, beschäftigt sich damit, welche Faktoren unser Erleben und unser Verhalten steuern und wie wir unsere Denk- und Verhaltensmuster schnell und effektiv verändern können. Die logischen Ebenen nach Dilts gehören

Abb. 2.4   Die Kontextebenen im Studium

zu den Standardinstrumenten im Coaching. Die Art und Weise der Konzeptnutzung, die hier empfohlen wird, ist ein bisschen anders, als sonst üblich. Das Werkzeug wurde hier so modifiziert, dass Sie es schnell und effektiv, ohne Hilfe eines externen Coachs für sich selbst im Studium nutzen können.

Wir betrachten nun diese sechs Kontextebenen und ihre Bedeutung im Studium im Detail.

2.4.1   1. Umfeld und Verhalten

Wenn Sie ein Problem im Studium haben, geht es zunächst darum, zu bestimmen, wann oder wo dieses Problem auftritt oder aufgetreten ist. Es geht weiter darum, wie Sie sich in der Situation verhalten oder verhalten haben. Diese erste Kontextebene ist von außen auch für andere sichtbar. Sie ist in der Regel relativ schnell und leicht veränderbar: Sie können sich einen anderen Platz im Hörsaal suchen, Ihren Schreibtisch aufräumen, den Fernseher aus dem Arbeitszimmer verbannen, mehr Pausen machen, sich im Unterricht melden, wenn Sie eine Frage haben, etc.

Hier ist am wichtigsten, sich zu merken, dass oft schon kleine äußere Veränderungen Ihnen rasch Erleichterung verschaffen können. Sogar lediglich eine veränderte Körperhaltung kann beim Lernen, in der Vorlesung oder in einem schwierigen Gespräch eine

Veränderung der Aufmerksamkeit oder sogar des Selbstbewusstseins mit sich bringen! Probieren Sie es aus: Wenn Sie aus einer zusammengesunkenen, desinteressierten oder frustrierten Null-Bock-Haltung in eine aufgerichtet-wache, selbstbewusste Körperhaltung wechseln, bewirkt das sofort auch eine Veränderung Ihrer Aufnahmebereitschaft und Ihrer Präsenz. Achten Sie auf Ihre Atmung, wenn Sie gestresst sind. Meistens atmet man dann flach und relativ schnell. Bewusst tiefes, ruhiges Atmen beruhigt auch den Geist sofort wieder.

Wann oder wo gibt es eine Situation in Ihrem Studium, wo Sie die Wirkung einer kleinen „äußeren" Veränderung testen könnten? Es kostet Sie keine Extra-Zeit. Im Gegenteil: Sie gewinnen dabei neue Kraft und Energie. Planen Sie das kleine Experiment fest im Kalender ein. Halten Sie anschließend kurz Ihre Ergebnisse und Erkenntnisse im Erfolgsjournal fest. Reflektieren Sie dabei auch, welche Konsequenzen Sie für sich aus dieser Erfahrung ziehen. Oder aber, was Sie beim nächsten Mal vielleicht noch ein bisschen anders machen möchten.

> Wenn Du stets tust, was Du schon immer getan hast, wirst Du das erreichen, was Du schon immer erreicht hast. (Abraham Lincoln)

2.4.2 2. Fähigkeiten und Kenntnisse

Dies ist die Kontextebene, auf die sich die Lehrveranstaltungen, das Curriculum und die Prüfungen Ihres Studiums konzentrieren. Auf den ersten Blick scheint diese Ebene die wesentliche Kontextebene eines Studiums zu sein. Ja natürlich, Sie studieren, weil Sie neue Fähigkeiten und Kenntnisse erwerben möchten.

Jede Ihrer Prüfungen ist zu schaffen!
Die Tatsache, dass Sie in Ihrem Leben bis hierher gekommen sind, d. h. dass Sie heute an einer Hochschule immatrikuliert sind, belegt hinreichend, dass Sie definitiv intelligent und ausdauernd genug sind, um jedes Fach in Ihrem Curriculum mit Erfolg zu erlernen. Auch Statistik oder Programmieren oder was immer für Sie persönlich eine Herausforderung sein mag. Hier ist wichtig zu wissen, dass – gerade in Situationen, wo es nicht so läuft, wie Sie es sich wünschen – diese rein fachliche Wissens- und Lernebene immer auch mit all den anderen Kontextebenen eng verwoben ist. Probleme beim Wissenserwerb und Lernen können manchmal besser auf einer anderen, als der reinen Fachebene angegangen und gelöst werden.

Darüber hinaus sollten Sie, sobald Sie auf Probleme im Studium stoßen, auch überlegen, welche weiteren Fähigkeiten und Kenntnisse Sie neben dem, was Ihnen Ihr Studium regulär im Curriculum anbietet, für das erfolgreiche und effektive Lernen brauchen. Das könnten Kenntnisse sein wie die, die Sie in diesem Buch erwerben. Es könnten aber auch, je nachdem, was Sie studieren, vertiefte Sprach- oder Kommunikationskenntnisse sein, ein bestimmtes technisches Know-How etc. Viele

Hochschulen bieten solche Kurse zentral, zusätzlich zu den speziellen Fachcurricula an. Auch Kurse an der Volkshochschule oder die Lektüre entsprechender Bücher sollten Sie hier erwägen. Suchen Sie sich dabei aber immer eine Lernumgebung, die Sie stärkt, aufbaut und vor allem motiviert.

2.4.3   3. Glaubenssätze

Glaubenssätze sind Ideen und Konzepte, die wir im Laufe unseres Lebens verinnerlicht haben. Beispielsweise darüber, wie gut oder wie schnell wir lernen können. Darüber, warum wir in ganz bestimmten Fächern mit dem Lernen Probleme haben oder warum uns bestimmte Fächer leichter (oder schwerer) fallen, als andere. Die Glaubenssätze über das Lernen wurden vielfach – in der Regel unbewusst – in der Schulzeit erworben.

Sie haben als Kind vielleicht stolz und mit glühenden Wangen einen Aufsatz über Ihr schönstes Ferienerlebnis geschrieben. Das Feedback der Lehrerin dazu war jedoch, noch dazu vor der versammelten Klasse: „Na, Schreiben gehört sicher nicht zu Deinen besonderen Stärken." Der Aufsatz wurde auf Grund der vielen Grammatikfehler schlecht benotet. Über die bunte, lebendige Kreativität der Geschichte wurde kein Wort verloren. Dem Kind war spätestens jetzt klar, dass Aufsätze schreiben keinen Spaß macht und dass Formalien beim Texten immer das Wichtigste sind.

Kinder lernen durch das Vorbild der Erwachsenen, insbesondere durch das der Autoritäten um sie herum. Nicht alles, was wir uns dabei als Kinder angeeignet haben, ist heute noch wirklich angemessen und nützlich. Manches Mal haben wir vielleicht sogar die Situation falsch interpretiert. Die Lehrerin wollte den Kindern die korrekte Grammatik vermitteln. Textinhalte waren in dem speziellen Schuljahr gar nicht Gegenstand des Unterrichts oder der Benotung.

Die Lehrerin ahnte eventuell nicht einmal, dass sie diesem Kind damit einen möglicherweise lebenslang behindernden Glaubenssatz über das Schreiben verpasst hatte. Das ist dann so, als habe man schon seit Jahren eine Sonnenbrille auf der Nase. Relativ schnell haben sich die Augen angepasst, und schon bald erscheint das abgedunkelte Bild wieder normal hell. Rasch war deshalb auch schon wieder vergessen, dass man eine solche Brille aufgesetzt hatte und dass man die ganze Welt – und später auch das Studium – stets wie durch gefärbte Gläser „gefiltert" wahrnimmt. Erst wenn jemand sagt: „Nimm doch mal diese Sonnenbrille von der Nase!", stellen Sie völlig überwältigt fest, wie hell die Welt um Sie herum plötzlich ist.

Die Arbeit mit Glaubenssätzen ist einer der Dreh- und Angelpunkte für den Erfolg im Studium und auch im Beruf. Mit falschen Glaubenssätzen im Gepäck können Sie sich noch so anstrengen und büffeln bis zum Umfallen. Vielleicht bestehen Sie Ihre XYZ-Klausur dann sogar. Aber die Faszination des Faches oder auch die kreative Vielfalt von XYZ werden Sie niemals erkennen können. An den Punkt, wo Sie schließlich erkennen: „Mensch, das ist ja spannend!" oder: „Das Fach kann sogar richtig Spaß machen!", kommen Sie niemals, solange Sie die falsche mentale „Brille" aufgesetzt haben. Ein Schwerpunkt dieses

Buches ist es deshalb, Ihnen zu helfen, Ihre alten „Sonnenbrillen", d. h. Sie behindernde Glaubenssätze zu entlarven. Sobald Sie dann anfangen, wieder fest an Ihren eigenen Lernerfolg zu glauben, wird Erfolg im Studium wirklich einfach.

2.4.4   4. Werte

Mit der Bedeutung der Werte generell und im Studium im speziellen, sowie Ihren ganz persönlichen Wertevorstellungen haben Sie sich ja bereits im Kapitel „Und wer sind Sie?" beschäftigt.

2.4.5   5. Selbstbild

> You won't be able to change the way you behave until you change the way you see yourself. (…) Your self-image is the blueprint that determines exactly how you act. Everything you think and do stems from how you see yourself. Because you believe this image to be the truth, you live completely within its boundaries. (Jane Savoie, Dressur-Reiterin, Olympia-Gewinnerin).

Wie sehen Sie sich selbst als Person? Wie in einer Situation, wo Ihnen etwas nicht so gut gelingt?

Bitte beurteilen oder verurteilen Sie sich selbst (und auch andere) niemals auf dieser Ebene, die manchmal auch als Identitätsebene bezeichnet wird. Denn damit schwächen Sie sich sofort auch auf allen darunter liegenden Kontextebenen. Beispielsweise haben Sie wenig Chancen, eine neue Sprache schnell und leicht zu erlernen, wenn sie generell davon ausgehen, dass Sie ein Dummkopf sind. Statt zum Beispiel zu denken: „Ich bin ein Hektiker/Versager/Looser/Angsthase/…", was de facto niemals so generell stimmt, denken Sie bitte lieber präziser: „Diese spezielle Situation macht mich nervös/unsicher/ängstlich/…", was ja auch mehr der Realität entspricht. Damit bewegen Sie sich dann auf den beiden untersten Kontextebenen und haben auch die Möglichkeit, dies (mithilfe der Techniken aus diesem Buch zum Beispiel) zu verändern.

Gibt es im Moment eine Situation in Ihrem Studium, in der Sie sich mit diesem Tipp das Studieren erleichtern könnten? Notieren Sie in Ihrem Erfolgsjournal, wie Sie in Zukunft anders über sich und diese Situation denken wollen.

> Sei einfach du selbst. Das reicht. (Klara Schmitz)

2.4.6   6. Zugehörigkeit

Vertraute Zugehörigkeit, wie zum Beispiel in der Familie, im Freundeskreis, in einer schon länger bestehenden Lerngruppe, einer Selbsthilfegruppe oder manchmal auch einer spirituellen oder religiösen Gemeinschaft kann gerade in stressigen Zeiten wichtigen Rückhalt geben. Pflegen Sie solche Beziehungen und Freundschaften, auch in Zeiten, wenn ein Berg dringlicher Pflichten Sie ruft. Bauen Sie sich gezielt solche Netzwerke auf. Gerade die Vernetzung mit anderen Kommilitonen im Studium ist oft die Basis für Verbindungen, die Ihnen noch Jahre oder Jahrzehnte später im Berufsleben weiterhelfen können.

Checkliste zum Kap. 2.4
Ich habe das Prinzip der Kontextebenen im Studium verstanden. Ich habe das Konzept konkret auf meine Situation im Studium übertragen. (*Haken Sie ab, was Sie erledigt haben*)

- ☐ Ich habe mir für eine schwierige Situation in meinem Studium angeschaut, wie da konkret die einzelnen Kontextebenen aussehen.
- ☐ Ich habe in meinem Erfolgsjournal die mich in dieser Situation behindernden Glaubenssätze notiert. Ich werde diese demnächst mit (den später in dem speziellen Kapitel über Glaubenssätze vermittelten) Coaching-Techniken bearbeiten.
- ☐ Ich habe praktisch ausprobiert, wie ich mir bereits auf der ersten Kontextebene „Umfeld und Verhalten" schnell Erleichterung verschaffen kann.
- ☐ Ich habe mir überlegt, ob es in meinem Studium eine Situation gibt, wo ich mich ungeschickter Weise selbst auf der Identitätsebene be- und verurteile. Ich habe diese Situation in meinem Erfolgsjournal reflektiert und mir notiert, wie und was ich in Zukunft über mich und diese Situation alternativ denken werde.

Ziele setzen: Gut gezielt ist halb gewonnen

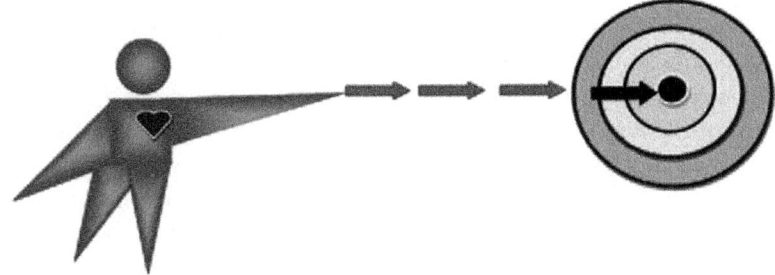

Der Langsamste, der sein Ziel nicht aus den Augen verliert, geht immer noch schneller, als der, der ohne Ziel herumirrt. (Gotthold Ephraim Lessing)

Sobald der Geist auf ein Ziel ausgerichtet ist, kommt ihm vieles entgegen. (Johann Wolfgang von Goethe)

Alle Träume können wahr werden, wenn wir den Mut haben, ihnen zu folgen. (Walt Disney)

Lernziele: Worum geht's in diesem Kapitel?
- ☑ Wie findet man seine Ziele?
- ☑ Warum ist es wichtig, Ziele immer schriftlich zu erarbeiten?
- ☑ Welche Kriterien sollte man unbedingt beim Setzen von Zielen beachten? Und warum?
- ☑ Welche Rolle spielen dabei die Werte?
- ☑ Was haben die Kontexteben im Studium mit Zielen zu tun?
- ☑ Welche Tricks und Tipps helfen ganz konkret bei der Umsetzung von Zielen?

© Springer Fachmedien Wiesbaden GmbH, ein Teil von Springer Nature 2018
K. Klenke, *Studieren kann man lernen,* https://doi.org/10.1007/978-3-658-23415-7_3

3.1   Ziele setzen will gelernt sein

Wäre es nicht schön, wenn das Wünschen und insbesondere auch das Realisieren von Wünschen so spielend leicht wäre, wie im Märchen? Obwohl …

Es war einmal vor einer Weile …
Im Büro an der Hochschule habe ich folgendes erlebt: An einem Dienstagabend nach der Statistik II-Vorlesung, die meisten Kollegen waren schon gegangen, machte es plötzlich „Buff!" hinter meinem Rücken. Während ich noch erschrocken rätselte, was das für ein Geräusch gewesen sein könnte, stand da doch tatsächlich hier bei mir mitten im Büro – ich traute meine Augen kaum – eine Fee. Ja, Sie haben richtig gelesen: Eine Fee! Sie hatte rosa, durchscheinende Flügel und hielt in der Hand einen glitzernden Zauberstab! Sie hat mich ein bisschen an die Elfe Glöckchen aus dem Peter-Pan-Film erinnert, den ich als Kind so geliebt habe, nur dass sie viel größer war. Diese Fee sagte nun, genau wie im Märchen: „Jetzt hast Du drei Wünsche[1] frei! Schnell! Entscheide Dich!" „Ach herrje!", entfuhr es mir spontan. Mir fiel ein, dass solches Wünschen in manchen der Grimm'schen Märchen heftig in die Hose gegangen ist, weil … „Was ist jetzt?!", unterbrach an dieser Stelle die Fee resolut meine Grübelei. „Willst du nun, dass ich hier und jetzt etwas für Dich herbeizaubere? Oder willst du es nicht? Bitte entscheide Dich! Und zwar jetzt!" „Ja klar, will ich das! Aber …" „O je," seufzte die Fee. „Es ist doch immer dasselbe mit Euch Menschen. Dabei will ich nur helfen. Und manchmal gibt es dann tatsächlich hinterher auch noch Beschwerden!" Aber ja doch! Natürlich wollte ich mir etwas wünschen! Meine Träume sollten doch wahr werden, da war ich mir ganz sicher. Nur jetzt fühlte ich mich gerade etwas überrumpelt und war außerdem auf die Schnelle viel zu aufgeregt, um einen klaren Gedanken fassen zu können. „So eine Gelegenheit kommt vielleicht nie wieder!", dachte ich: „Da muss doch jeder meiner drei Wünsche wirklich gut durchdacht sein und …" Die Fee wurde allmählich ungehalten: „Du hast jetzt noch genau 30 Sekunden Zeit!" Wie alle Feen war sie schließlich schwer beschäftigt. Sie arbeitet rund um die Uhr und hat ein enges Zeitkorsett. Zu meinem Glück handelte es sich hier offensichtlich um eine erfahrene und den Menschen wohlgesonnene Fee. Also sagte sie seufzend: „Damit wir endlich zur Sache kommen können, schlage ich vor, ich verzaubere jetzt Dein Leben folgendermaßen:

- Wo immer es Konflikte im Deinem Leben gibt, schenke ich dir Besonnenheit und Verständnis für den anderen.
- Wann immer Du im Dunkeln tappst, schicke ich dir einen Lichtfunken der Inspiration.
- Und wann immer du Angst hast, schicke ich Dir eine gehörige Portion Zuversicht, ausreichend Mut und die Gewissheit, dass auch dies vorüber geht!"

---

[1]Ausgeschlossen ist traditionell der Wunsch, sich weitere Wünsche zu wünschen.

„Buff!" Genauso schnell, wie die Fee aufgetaucht war, hatte sie sich auch schon wieder in Luft aufgelöst. Bevor ich auch nur ansatzweise die Chance gehabt hatte, meine eigenen Herzenswünsche zu formulieren.

3.1.1 Realisieren von Zielen ist nur die eine Seite der Medaille

Das Realisieren unserer Wünsche ist nur die eine Seite der Medaille. Das stellen wir uns häufig viel zu schwierig oder gar unmöglich vor. Dabei ist das erst der zweite Schritt und übrigens oftmals viel leichter, als wir es vermuten. Den ersten Schritt unterschätzen wir dagegen vielfach: Das bewusste Setzen von Zielen. Bevor wir uns konkret daran machen können, etwas zu erreichen, steht an erster Stelle erst einmal die gut durchdachte Zielformulierung. Und DAS ist für viele Menschen eine Herausforderung. Ziele setzen will gelernt und muss auch geübt werden.

Wer selbst kein Ziel hat, arbeitet automatisch für die Ziele anderer! (Unbekannt)

Ich selbst habe das Arbeiten mit Zielen leider weder in meiner Familie, noch in der Schule, noch im Studium gelernt. Ich bin erst damit in Kontakt gekommen, nachdem ich mein Studium schon beendet hatte. Bis dahin war ich meist darauf fokussiert zu vermeiden, was ich NICHT wollte. Das ist jedoch, wie Sie weiter unten in diesem Kapitel sehen werden, keine sehr gute Erfolgsstrategie. Im Gegenteil: Damit bleibt der mentale Fokus auf dem, was man eben gerade nicht haben möchte. Und was das dann impliziert, haben Sie ja schon im Abschnitt „Gorillas unter uns" gelesen.

Für ein Schiff, das seinen Hafen nicht kennt, ist kein Wind günstig. (Seneca)

Selbstverständlich hatte ich als Kind und Studentin auch immer schon Wünsche. Leider reicht jedoch ein vager Wunsch bei weitem nicht aus. Ziele zu setzen und sie dann auch konsequent zu verfolgen und zu realisieren, ist eine Fertigkeit, die erlernt und geübt werden will. Es gibt Regeln, die man beim Setzen von Zielen unbedingt beachten sollte, damit dann der zweite Schritt – die konsequente Realisierung des Ziels – fast automatisch erfolgt.

Echter Erfolg im Beruf und auch im Privatleben, und die damit automatisch einhergehende Freude und Zufriedenheit, haben sich bei mir persönlich erst eingestellt – dann aber verblüffend schnell und erstaunlich einfach! – nachdem ich gelernt hatte, wie man sich selbst stimmige und kraftvolle Ziele setzt. Seitdem nehme ich mir mindestens zweimal im Jahr (meist über den Jahreswechsel und in den Sommerferien) explizit die Zeit, meine aktuellen Ziele zu erarbeiten und sie so zu formulieren, wie Sie es hier in diesem Kapitel lernen werden.

Eins Ihrer Ziele könnte beispielsweise sein, endlich die Prüfung in einem ganz bestimmten Fach zu bestehen, das Ihnen (bis jetzt noch!) Angst macht. Oder Ihr Ziel könnte sein, motiviert(er) zu studieren, was ganz konkret zur Folge haben könnte, dass Sie sich schon morgens beim Frühstück auf den Tag an der Hochschule freuen. Ein Ziel könnte auch sein, sich ab sofort regelmäßig aktiv am Unterricht zu beteiligen. Oder aber dass Sie sich bei den Programmierübungen nicht länger wie der letzte Depp fühlen (und benehmen). Oder dass Sie einen tollen Praktikumsplatz im Ausland finden werden. Oder Ihr Studium innerhalb eines fest definierten Zeitraums erfolgreich abzuschließen. Oder wie wäre es mit einem Hiwi-Job, mit dem Sie nicht nur parallel zum Studium gutes Geld verdienen, sondern gleichzeitig auch schon Praxiserfahrung in Ihrem Fach sammeln, was später Ihre Chancen am Arbeitsmarkt erhöhen wird?

Denken Sie beim Zielesetzen nicht nur an bessere Noten, sondern auch an Dinge, wie die Optimierung Ihrer Lern- und Arbeitsstrategien, an leichteres und effektiveres Lernen und Studieren, an Ihre persönliche Weiterentwicklung und unbedingt immer auch an eine Verbesserung Ihres Wohlbefindens! Sie könnten sich beispielsweise mehr Selbstvertrauen wünschen oder mehr Geduld oder einen Weg, sich besser zu motivieren.

Misserfolge im Studium, die jeder und jede zwischendurch manchmal erlebt, sollten Sie ab sofort nicht länger einer langweiligen Vorlesung, einem unverständlichen Lehrbuch oder einem wenig motivierenden Dozenten zuschreiben. Machen Sie sich klar, dass Ihr Erfolg im Studium zum größten Teil von Ihnen selbst abhängt. Insbesondere von Ihrer mentalen Einstellung zu Studium. Ganz egal, worin im Moment Ihre Herausforderung oder Ihr konkretes Problem im Studium besteht, es gibt immer Möglichkeiten, Ihre Situation zu verbessern und Ihre Handlungsspielräume zu erweitern.

> When we feel like passengers, with no apparent choice in where we're going in life, self-esteem shrivels. When we feel like the pilots of our lives, with the power to choose wisely and reach our destinations, self-esteem grows. (Skip Downing)

3.1.2   Und wenn die Fee zu Ihnen käme…

Stellen Sie sich vor, die gute, alle Wünsche erfüllende Fee stünde plötzlich vor Ihnen. Was würden Sie sich dann im Detail wünschen, um Ihr Studium angenehmer oder erfolgreicher zu machen? Nehmen Sie sich bitte einen Moment Zeit, darüber nachzudenken. Halten Sie Ihre Ideen dazu unbedingt schriftlich fest! Lesen Sie erst weiter, wenn Sie das getan haben.

3.2   Vom Problem zum Hebelpunkt: Finden Sie den für Sie optimalen Ansatz

> Ein Problem lösen heißt, sich vom Problem lösen. (Johann Wolfgang von Goethe)

Wenn Sie mit dem Auto in Urlaub fahren wollen, geben Sie vorher ins Navi die gewünschte Zieladresse ein. Beispielsweise: London, England. Um Sie richtig dahin leiten zu können, braucht das Navi neben Ihrer Ziel- auch Ihre exakte Startadresse. Es checkt deshalb als erstes, wo Sie sich im Moment befinden. Wenn Ihr Navi fälschlicherweise annimmt, Sie befänden sich gerade am Viktualienmarkt in München, Sie stehen aber in Wirklichkeit am Hauptbahnhof in Stuttgart, dann haben Sie ein Problem! Dann nutzt Ihnen die tollste Routenplanungs-Software nichts.

www.freeimages.com, kristian stokholm

Genau so müssen Sie sich auch beim Zielsetzen zu Beginn als erstes Gedanken darüber machen, wo Sie derzeit stehen. Wo hakt es im Studium? Was genau missfällt Ihnen? Welches Fach oder welches Thema ist schwierig für Sie? Um welche Kenntnisse oder Fertigkeiten geht es dabei?

Von Ihrem momentanen Standort hängt auch ab, wie kurz oder wie lang bzw. aufwendig die Reise zum Ziel werden wird. Wenn Sie beispielsweise am ersten Urlaubstag höchstens sechs Stunden fahren möchten – schließlich soll es doch erholsam bleiben oder? – kann eventuell London als direktes Ziel eine Nummer zu groß sein. Viel zu anstrengend, je nachdem, von wo aus Sie starten. Klar, natürlich geht es Richtung London, aber am ersten Tag fahren Sie dann vielleicht zunächst nur bis Calais. Am zweiten Tag geht es dann, nach einem schmackhaften französischen Abendessen und einer Übernachtung, frisch ausgeschlafen weiter.

3.2.1   Wo stehen Sie jetzt gerade?

Deshalb werden Sie nun auch zuerst einmal, bevor es an die konkrete Zieldefinition geht, für Ihr Studium eine persönliche Standortbestimmung machen. Finden Sie heraus, wo genau und wie Sie den ‚Hebel ansetzen' möchten, um effektiver und leichter, motivierter und vor allem erfolgreicher zu lernen und zu studieren. Charakterisieren Sie dafür Ihre derzeitige Situation im Studium mit wenigen Sätzen. Oder wenn Ihnen das lieber ist, malen Sie stellvertretend ein Bild oder auch ein Symbol, das verdeutlicht, wie Sie sich derzeit im Studium fühlen. Dann fragen Sie sich: Was ist die Kernaussage des Bildes oder meiner kurzen Textbeschreibung?

Grundsätzlich gibt es zwei verschiedene Ansatzpunkte, um ein geeignetes Ziel zu finden:

a. Sie überlegen, was Ihnen gut gefällt, was Ihnen Freude macht im Studium, was Ihnen leicht fällt oder womit man Sie motivieren kann. Kurz: Sie halten Ausschau nach allem, wovon Sie gerne mehr in Ihrem Studium erleben möchten. Wenn Ihnen hierzu spontan einiges einfällt, herzlichen Glückwunsch, Sie sind schon jetzt auf dem richtigen Weg! Halten Sie bitte alles, was Ihnen dazu einfällt, kurz in schriftlichen Stichworten fest, damit Sie später bei der Formulierung Ihres Studiums-Erfolgsziels darauf zurückgreifen können.

b. Die zweite Sichtweise – die leider den meisten von uns vertrauter ist – besteht darin, dass Sie den Fokus auf das richten, was Ihnen nicht so gut gefällt. Was stört Sie an Ihrem Studium, was macht es unbefriedigend für Sie? Was belastet Sie? Was fällt Ihnen schwer? In welchen Situationen verlässt Sie regelmäßig der Mut oder die Motivation? Wann wird es zäh, wann genau wird es anstrengend für Sie? Was vermissen Sie in Ihrem Studium? Auch hier halten Sie bitte alle Informationen kurz schriftlich fest. Notieren Sie auch alles, was Sie im Moment daran hindert, erfolgreich(er), kraftvoll(er) und motiviert(er) zu lernen.

Nun reicht es aber nicht, dass man ins Auto zu steigt und dem Navigationssystem mitteilt: „Ich will weg hier! Nur weg!" Damit kann auch das tollste Navi leider wenig anfangen. Genauer gesagt, damit kommen Sie keinen Millimeter von der Stelle. Deshalb geht es nun als nächstes darum, ein ganz konkretes, für Sie persönlich stimmiges Zielbild zu entwickeln.

3.2.2   Vom Problem zum Ziel

> Probleme sind Ziele, die auf dem Kopf stehen. (O'Connor & Seymour)

Veränderungsprozesse müssen im Coaching nicht zwangsläufig mit großen Anstrengungen verbunden sein. Vielmehr geht es dabei darum – genau wie in der Physik – einen guten Ansatz- oder Hebelpunkt zu finden. Das ist ein Punkt, an dem man mit minimaler Anstrengung maximale Veränderungen erreichen kann.

Was müssten Sie tun, um Ihr Problem zu vergrößern?
Für den Fall, dass Sie sich vielleicht etwas schwer damit tun, ein geeignetes Ziel zu finden, gibt es einen altbewährten Coaching-Trick. Überlegen Sie: „Was müsste ich tun, um mein Problem noch zu verstärken?" Das Gegenteil davon ist dann Ihr Ziel. Vielleicht finden Sie hierfür auch eine Anregung in der folgenden Liste.

Bewährte Regeln für den Misserfolg im Studium
- Denken Sie oft an frühere Fehler oder auch daran, wie verdammt lange Sie gebraucht haben und wie schwer es Ihnen gefallen ist, ein bestimmtes EDV-Programm oder die

letzte Hausarbeit zu schreiben. Erinnern Sie sich im Detail, wie peinlich Ihr letztes Referat war, weil Ihre schwache Stimme vor Nervosität gezittert hat.

- Schreiben Sie so wenig wie möglich oder am besten gar nicht in Lehrveranstaltungen mit. Und wenn doch, schauen Sie sich die Mitschriften unbedingt erst eine Woche vor der Prüfung wieder an. Oder aber am besten gar nicht.
- Setzen Sie sich bei den Lehrveranstaltungen immer in die letzte Reihe: Dort können Sie sich wenigstens ungestört mit Ihren Sitznachbarn unterhalten. So schlagen Sie etliche Fliegen mit einer Klappe: Sie erfahren den neuesten Tratsch, können sich sicher sein, dass Sie den Anschluss im Lehrstoff verpassen und machen gleichzeitig Sie auch noch nachhaltig einen schlechten Eindruck auf den Prof.
- Grüßen Sie keinesfalls Ihre Lehrenden, wenn sie Ihnen auf dem Campus begegnen. Gehen Sie davon aus, dass diese Sie ohnehin nicht wiedererkennen werden. Am besten schauen Sie mit eiserner Miene sofort zur Seite. Vermeiden Sie überhaupt jeglichen Kontakt mit Ihren Profs. Damit diese Sie nicht blöd im Fahrstuhl anquatschen, vermeiden Sie am besten auch da jeden Blickkontakt.
- Meiden Sie unbedingt auch die Sprechstunden der Profs! Generell ist Fragen stellen total uncool! Besprechen Sie auch niemals mit Kommilitonen Ihre Probleme, die Sie mit einer Vorlesung oder einer Aufgabe haben.
- Vertrödeln Sie Ihre Zeit bloß nicht in irgendwelchen Lerngruppen. Um das zu verhindern, vermeiden Sie am besten auch jeglichen privaten Kontakt mit Kommilitonen.
- Scheren Sie sich einen Dreck um wöchentliche Hausaufgaben oder Leseempfehlungen. Dann haben Sie viel mehr Freizeit und können Ihr Studentenleben viel besser genießen.
- Quälen Sie sich unbedingt durch das EINE Buch oder Skript, was der Prof empfohlen hat. Auch wenn Sie überhaupt nichts verstehen, da müssen Sie durch.
- Bleiben Sie einfach öfter mal morgens länger im Bett liegen. Ignorieren Sie das Klingeln Ihres Weckers. Ein herrliches Gefühl, sich dann genüsslich noch einmal rumzudrehen und weiterzuschlafen. Sparen Sie sich einfach morgens die erste Vorlesung.
- Verlieren Sie niemals aus den Augen, was Sie verärgert hat oder was Ihnen schwer fällt und denken Sie möglichst oft an Ihre Schwächen.
- Tun Sie sich dazu am besten mit Gleichgesinnten zusammen, die auch keinen Bock auf dieses blöde Studium haben.
- Erinnern Sie sich immer wieder daran, dass Ihnen Mathe oder Französisch oder … schon als Schulkind eine Qual war.
- Lernen Sie stets erst kurz vor den Prüfungen, dann aber Tag und Nacht. Verzichten Sie dabei einfach auf Schlaf, trinken Sie stattdessen möglichst viel Kaffee. Sparen Sie sich auch die Zeit zum Einkaufen und Kochen. Leben Sie vor allem in den Stressphasen nur von Cola, Bier, Tiefkühlpizza und Kartoffelchips, das spart Ihnen Zeit und Haushaltsarbeit. Trinken Sie möglichst wenig frisches Wasser, lieber abends ein Bier mehr, das entspannt. Denken Sie daran, auch sportliche Betätigung ist im Grunde nur ein Zeitfresser in Prüfungszeiten.
- Nehmen Sie auf keinen Fall irgendein Lob an. Nachher merkt der andere noch, dass Sie nur Glück gehabt haben in der letzten Klausur.

- Vergleichen Sie sich ständig mit anderen.
- Wenn Ihr innerer Schweinehund, Ihre Bequemlichkeit wieder zuschlägt, schimpfen Sie heftig und viel mit sich. Erinnern Sie sich ständig selbst daran, wie faul, träge und dumm Sie sind.

Analysieren Sie Ihr Problem

Damit Sie Ihr Problem oder Ihre Herausforderung in ein positives Ziel umformulieren können, sollte Ihnen vorher das Problem ganz klar sein. Schauen wir uns dazu ein Beispiel an. Angenommen, eine Studentin versteht in einer bestimmten Vorlesung so gut wie gar nichts. Dann sollte sie als erstes versuchen, die Ursache dafür einzukreisen:

- Es könnte sein, dass ihr dieses (Studien-)Fach wirklich überhaupt nicht liegt. Aber hier Vorsicht: Dies trifft nur in sehr seltenen Fällen zu!
- Es kann aber auch möglich sein, dass ihr lediglich der Vortragsstil des entsprechenden Professors nicht liegt. Das könnte wiederum daran liegen, dass dieser Dozent nicht auf dem Lernkanal sendet, den die Studentin favorisiert. Welche Lösungsansätze es dann gibt, haben Sie schon früher bei „Auf welchem Kanal gehen Sie auf Empfang?" kennengelernt.
- Es könnte aber auch sein, dass diese Studentin sich selbst nicht aktiv um den Stoff kümmert. Vielleicht bereitet sie die Lehrveranstaltung niemals nach. Und sie ignoriert auch die regelmäßig ausgegebenen Hausaufgaben.
- Es kann sein, dass in der Vorlesung die Kommilitonen um sie herum zu unruhig sind und sie ständig ablenken. Vielleicht sitzt sie in der Vorlesung immer mitten in einer Gruppe von Studierenden, die ebenfalls wenig Bock auf den Stoff oder den Prof haben, die alle unkonzentriert bzw. unmotiviert sind und die ganze Zeit quatschen.
- Sobald die Vorlesung zu Ende ist, ist alles, was sie gerade gehört hat, wie weggewischt. Sie liest dann auch lieber in dem spannenden Roman weiter, der sie gerade so fasziniert.
- Vielleicht gibt es private Probleme, die ihre ganze Aufmerksamkeit und Kraft binden.
- Oder …

Je nachdem, was sich hier als der konkrete Grund (oder manchmal gibt es auch mehrere Gründe) für die Schwierigkeiten entpuppt, sehen die Lösungsstrategien und damit ihre Zielformulierung natürlich anders aus.

Beispiele dafür könnten sein:

- „Ich setze mich bewusst in der Vorlesung dahin, wo ich gut zuhören, alles sehen und mich konzentrieren kann. Ich wähle dabei bewusst einen Platz, wo ich mich wohl-(er) fühle, z.B. am Fenster. Ich setze mich zu anderen motivierten Studierenden. Ich nehme mir immer eine Flasche Wasser zum Trinken mit und eine Banane. Das hilft mir, wach bei der Sache zu bleiben."
- „Nach der Vorlesung (in der Mittagspause oder auf der Heimfahrt in der Straßenbahn) nehme ich mir zehn bis 15 Minuten Zeit, meine Mitschriften noch einmal durchzulesen.

Ich ergänze dann sofort den Text, wenn mir noch etwas einfällt. Ich markiere bunt die Stellen, zu denen ich noch einmal etwas nachlesen oder erfragen muss. Ich fasse kurz zusammen, worum es in dieser Stunde ging. Diese Zusammenfassung lese ich vor der nächsten Vorlesung noch einmal kurz durch. So komme ich das nächste Mal von vorneherein besser mit. Zu dem, was mir unklar geblieben ist, bereite ich eine Frage vor, die ich dann in der nächsten Stunde stellen kann."

Gibt es eine Dringlichkeits-Reihenfolge unter Ihren Problemen? Welches ist das dringendste, drängendste Problem? Welches Problem möchten Sie als erstes angehen? Größere Probleme lassen sich in der Regel zerlegen. Oft setzen sich große Probleme aus mehreren kleineren Teilproblemen zusammen. Sobald Sie diese identifiziert haben, können Sie dann daraus eine Reihe von Teilzielen entwickeln. Welche Teilaspekte hat Ihr Problem bzw. Ihr Thema? Hinter einem Problem wie: „Die Vorlesung im Fach xyz ist für mich ein Graus", könnten sich folgende Teilaspekte verbergen:

- Ich verstehe einfach nichts, wenn dieser Prof etwas erklärt.
- Ich habe den roten Faden schon länger verloren.
- Mir fehlt Grundlagenwissen für das Fach.
- Ich bin ein Morgenmuffel und vor 9 Uhr nie richtig wach. Und die Vorlesung beginnt immer um 8 Uhr
- Ich sehe gar nicht, wie ich die wöchentlich gestellten Aufgaben angehen sollte.

Welche Art von Veränderung wünschen Sie sich? Eine nützliche Frage, die gut dabei hilft, aus einem Problemzustand heraus eine erste Zielformulierung zu entwickeln, ist die Frage: „Was will ich statt dessen?" Oder: „Was genau müsste passieren, damit…? Was genau müsste sich wie verändern, damit…." Lesen Sie bitte erst weiter, wenn Sie eine erste konkrete Zielidee gefunden haben.

> Hindernisse sind diese furchterregenden Sachen, die du dann siehst, wenn du dein Ziel aus den Augen verlierst. (Henry Ford)

3.3   Von der ersten Idee zur professionellen Zielformulierung

3.3.1   Schreiben Sie Ziele stets auf

Die amerikanische Psychologie-Professorin Dr. Gail Matthews hat eine Studie[2] durchgeführt, bei der es um das Erreichen von sogenannten Kurzzeit-Zielen mit einem Zeitrahmen von einem Monat ging. Die Teilnehmer der Studie waren dazu in fünf Gruppen aufgeteilt worden:

---

[2]Siehe http://www.dominican.edu/dominicannews/study-highlights-strategies-for-achieving-goals (letzter Abruf: 1.2.17).

- In Gruppe 1 haben die Teilnehmer nur über ihre Ziele nachgedacht.
- In Gruppe 2 haben die Teilnehmer ihre Ziele aufgeschrieben.
- In Gruppe 3 haben die Teilnehmer, die ihre Ziele aufgeschrieben haben, dazu auch eine Liste mit entsprechenden Aktionsschritten entwickelt.
- In Gruppe 4 haben die Teilnehmer ihre Ziele aufgeschrieben, dazu eine Liste von konkreten Aktionsschritten entwickelt und sie haben dann beides einem guten Freund geschickt, der sich vorher bereit erklärt hatte, sie zu unterstützen.
- In Gruppe 5 haben die Teilnehmer so agiert, wie in Gruppe 4. Zusätzlich haben sie dann jedoch diesem Freund auch jede Woche berichtet, wie weit Sie vorangekommen sind.

Ergebnisse dieser Studie waren:

- Das **Aufschreiben von Zielen ist wichtig**: Diejenigen, die ihre Ziele schriftlich fixiert hatten, haben deutlich mehr erreicht, als diejenigen, die über ihre Ziele nur nachgedacht hatten.
- Es ist **förderlich, sich dem eigenen Ziel „öffentlich" zu verpflichten**: Diejenigen, die ihr Ziel schriftlich an einen wohlgesonnenen Freund geschickt hatten, haben deutlich mehr erreicht, als diejenigen, die ihr Ziel nicht aufgeschrieben hatten und auch mehr, als die Teilnehmer, die Ihr Ziel und die Aktionsschritte aufgeschrieben hatten.
- Am erfolgreichsten in dieser Studie war die Gruppe 5. Deren Teilnehmer hatten nicht nur ihre Ziele und eine Liste von konkreten Aktionsschritten aufgeschrieben und dann beides einem guten Freund geschickt, sondern sie haben darüber hinaus diesem **Freund wöchentlich über ihre Fortschritte berichtet**.

3.3.2   So formulieren Sie Ihr Ziel

Eine Zielformulierung wie zum Beispiel „Dieses Semester will ich mehr lernen!" ist viel zu schwammig. Es bleibt unklar, was hier „mehr lernen" konkret bedeutet. Es ist hier unmöglich festzumachen, wann dieses Ziel erreicht wird. Finden Sie so eine Zielformulierung attraktiv? Zöge Sie dieser Satz, sobald Sie ihn lesen automatisch mit Begeisterung und frischem Elan aus Ihrem Fernsehsessel? Wohl eher nicht.

Aus der vorläufigen, ersten Version Ihres Ziels, das Sie in den nächsten Wochen endlich konkret angehen wollen, werden Sie nun Schritt für Schritt unter Berücksichtigung bestimmter Kriterien und Regeln ein professionell formuliertes und gut funktionierendes Ziel entwickeln. Ich empfehle Ihnen, Ihr konkretes Thema bzw. Ihren Hebelpunkt parallel zum Lesen der folgenden Seiten schrittweise umzuschreiben. Auf diese Weise werden Sie stückweise Ihr eigenes, kraftvolles und Sie motivierendes Ziel entdecken. Lassen Sie sich Zeit dabei und setzen Sie jede der im Folgenden erläuterten Zielregeln praktisch für Ihr persönliches Thema im Studium um. Am Ende dieses Kapitels haben Sie dann – quasi nebenbei – Ihre optimale und zugleich effektive Zielformulierung gefunden.

Auch hier im Text werden parallel zu den theoretischen Erläuterungen typische Beispiel-Problemstellungen – es sind echte Themen von Teilnehmern studentischer Erfolgsworkshops – Stück für Stück analysiert und allmählich zu einer professionellen und kraftvollen Zielsetzung umgebaut.

Seien Sie SMART – Grundregeln geschickter Zielformulierung
In der Literatur findet man verschiedene Theorien und Modelle für das Setzen von professionellen und vor allem effektiven Zielen. Weit verbreitet ist das sogenannte SMART-Prinzip. Mit dieser Art der Zielformulierung erhöhen Sie Ihre Erfolgschancen um ein Vielfaches. Das englische Wort „smart" bedeutet auf Deutsch so viel wie schlau, gewieft oder pfiffig. Jeder Buchstabe des Akronyms SMART steht für eines der Kriterien, die ein gutes Ziel bzw. eine effektive Zielformulierung aufweisen sollte. Diese Zielkriterien können Sie immer wieder für sich als Leitfaden benutzen, um erfolgversprechende und effektive Ziele zu formulieren.
    Eine SMARTe Zielformulierung ist:

1. spezifisch
2. messbar
3. anziehend und attraktiv
4. realistisch
5. terminiert

Jedes dieser fünf Kriterien werden wir nun im Folgenden im Detail betrachten.

1. „S" wie spezifisch
Ein Ziel muss unmissverständlich und ganz konkret formuliert werden, so präzise wie möglich. Hierzu ist es ratsam, dass Sie sich mit Ihrem Thema auf eine ganz bestimmte Situation im Studium beschränken. Reduzieren Sie (vorläufig) Ihr Problem auf eine konkrete Lern- oder Prüfungssituation, auf eine bestimmte Person oder ein ganz bestimmtes Fach. Sie erleichtern sich damit nicht nur die Formulierung Ihres Ziels, sondern auch die damit verbundene, konkrete Herangehensweise zur Lösung Ihres Problems. Sobald Sie dann die Erfahrung gemacht haben werden, dass bzw. wie Sie in dieser einen konkreten Beispielsituation Ihre Ängste oder Schwachpunkte erfolgreich überwinden konnten, werden Sie Vergleichbares unmittelbar auch einem zweiten Fach oder im Dialog mit einer anderen Person umsetzen und erreichen können. In der Regel gelingt dies dann beim zweiten Mal deutlich schneller und souveräner. Dazu ist es jedoch zunächst erforderlich, dass Sie das Ziel, das Thema bzw. das Problem nicht nur klar umrissen, sondern unbedingt auch überschaubar klein halten! Bedenken Sie: Sie üben im Moment noch!
    Der nächste Schritt besteht nun darin, dass Sie sich fragen, wie eine Lösung dieses Problems aussehen könnte. Bleiben Sie hier bei dem, was Ihnen persönlich angemessen und zumutbar erscheint. Für etliche Studierende im Erfolgsworkshop war es zunächst gar

nicht so leicht, ihre Problemsituation nun plötzlich in eine Lösungsidee umzuformulie-
ren. Manchmal kann es dabei hilfreich sein, sich zu fragen: „Woran würde ich konkret
in der Zukunft erkennen, dass sich diese Herausforderung, dieses Problem aufgelöst hat?
Was genau hätte sich dann in welcher Weise verändert?" Das ist dann Ihre Zielformulierung! Oder aber, wenn auch dieser Sprung zunächst noch etwas zu groß für Sie ist, fragen
Sie sich zunächst umgekehrt: „Was genau müsste ich tun, was genau müsste geschehen,
damit sich diese Situation, das Problem noch deutlich zuspitzt und richtig verschärft?"
So wird meist recht schnell deutlich, mit welchem Verhaltens- oder Denkmuster Sie sich
selbst behindern. Die Umkehrung dieser Antwort bzw. dieser Verschlimmerungsstrategie
ist dann der Hinweis, der Sie zu Ihrem Ziel führt.

Betrachten wir ein Beispiel. Ein Student, der vorher meinen Erfolgsworkshop besucht
hatte, sagte zu mir: „Ich will wirklich nicht mehr so faul sein!" Ich fragte ihn daraufhin,
wie sich seine „Faulheit" denn ganz konkret im Studium zeigen würde, bzw. was genau er
in welchen Situationen vernachlässigen würde. Spontan sagte er, es mangele bei ihm an
der Vor- und Nachbereitung der Vorlesungsinhalte. Genauer ginge es darum, dass er seine
Vorlesungsmitschriften immer erst ganz kurz vor Beginn der Prüfungen wieder anschauen
würde. Fast ganz von selbst entwickelte er dann in unserem kurzen Gespräch sein neues Ziel:
„In diesem Semester überarbeite ich jede Woche mindestens einmal meine Notizen aus der
Informatik-Vorlesung. D.h. ich lese zuhause in Ruhe noch einmal durch, was ich mir in der
Lehrveranstaltung notiert habe. Ich strukturiere dabei die Inhalte direkt so, dass ich sie am
Ende des Semesters für die Prüfungsvorbereitung nutzen kann. Ich ergänze Fehlendes, mar-
kiere, was mir unklar ist und formuliere Fragen an den Dozenten für die nächste Stunde."

Später hat dieser Student mir gemailt, dass er jetzt – aufgrund der Vor- und Nachbereitung seiner Mitschriften – insgesamt viel besser in der Vorlesung mitkäme. Er verstehe
nun auch in der jeweils folgenden Stunde deutlich mehr und sei deshalb mittlerweile
auch insgesamt deutlich motivierter.

Achten Sie auf die ‚innere Logik' Ihrer Zielformulierung

Achten Sie bei der Zielformulierung unbedingt immer auch auf die ‚innere Logik' Ihrer
Sätze. Betrachten wir dazu noch einmal kurz das obige Beispiel: „Ich will wirklich
nicht mehr so faul sein!" Abgesehen davon, dass natürlich dieser Satz so in der ersten
Version noch nicht dem ersten Zielkriterium „spezifisch" genügte, beinhaltete er noch
eine fatale Falle. Mit der Formulierung „Ich will ...", oder auch „Ich wünsche mir, dass
..." ist ein solcher Zielsatz, wenn man ihn wörtlich nimmt (und das tut Ihr Unterbewusstsein!) schon jetzt vollständig erfüllt. Denn der Wille oder der Wunsch nach Veränderung ist ja jetzt schon in Ihnen vorhanden. Erinnern Sie sich an das Gorilla-Video
von Prof. Simons: Unser Unterbewusstsein folgt unseren Befehlen auf's Wort! Das
ist sehr förderlich bei der Arbeit mit Zielen. Dies kann aber auch, nämlich wenn Ihr
Ziel nicht ganz klar und eindeutig ausformuliert ist, und vor allem auch dann, wenn es
nicht logisch korrekt durchdacht ist, zum unüberwindbaren Hindernis werden. Bei jeder
„Ich-wünsche-mir-etwas"-Formulierung gibt es logisch gesehen gar nichts mehr zu tun.

Ihr innerer Schweinehund wird sich daraufhin konsequenterweise keinen Millimeter von der Stelle bewegen.

Ähnliches gilt auch für alle Zielformulierungen, die mit „Ich werde …" beginnen, wie z.B. in: „Ich werde fleißiger lernen". Dieser Satz hält Ihre Zielerreichung für alle Zeiten in der Zukunft. Denn auch ein Satz nach dem Motto „Irgendwann in der Zukunft werde ich dann einmal …", ist streng logisch betrachtet, heute schon wahr und damit jetzt bereits erreicht!

Verwenden Sie stets die Gegenwartsform und formulieren Sie so, als sei das Ziel jetzt bereits erreicht

Deshalb formulieren Sie Ihr Ziel stets in Gegenwartsform und zwar so, als sei es schon jetzt erfüllt: „In diesem Semester überarbeite ich jede Woche mindestens einmal meine Notizen aus der Informatik-Vorlesung. D.h. ich lese zuhause in Ruhe noch einmal durch, was ich mir in der Lehrveranstaltung notiert habe."

Mittlerweile sind Sie ausreichend sensibilisiert, um selbst zu erkennen, warum natürlich auch alle Formulierungen mit „Ich werde versuchen, zu …" oder „Ich werde mich bemühen, …" ebenfalls tabu sind. Damit sabotieren Sie Ihre Bestrebungen, erfolgreich(er) zu werden von der ersten Sekunde an. Entsprechendes gilt natürlich auch für alle Sätze, die „Ich möchte" oder „Ich sollte" enthalten oder irgendeine Konditionalform, wie beispielsweise „… dann könnte ich…."

Verwenden Sie niemals Verneinungen. Oder: Denken Sie nicht an ein kariertes Nilpferd!

Jeder Rennfahrer weiß, dass es gefährlich ist, wenn er – sollte er einmal von der Fahrbahn abkommen – den einzigen Baum auf der Wiese anschaut. Womöglich noch mit dem Gedanken im Kopf: „Bloß jetzt nicht auch noch gegen diesem Baum knallen!" Rennfahrer werden deshalb vorher darauf trainiert, dass sie in solchen Momenten stets dahin schauen, wo das Gelände frei ist. Denn die Lenkbewegung folgt immer dem Blick. Gewöhnen auch Sie sich an, Ihren Blick immer dorthin zu richten, wohin Sie gelangen wollen. Das hilft nicht nur beim Autofahren, sondern auch beim Verfolgen von Zielen.

Das impliziert insbesondere eine positive Formulierung Ihres Ziels. Verneinungen sollten Sie in Zielsätzen niemals verwenden! Wenn ich beispielsweise zu Ihnen sage: „Denken Sie jetzt bitte nicht an ein grün-gelb-kariertes Nilpferd!" Was passiert dann? Innerlich haben Sie sofort das Bild eines grün-gelb-karierten Nilpferds vor Augen. Denn das ist die einzige Möglichkeit, wie Sie sich diesen Gedanken mental vorstellen, ihn nachvollziehen und damit verstehen können. Zielsätze mit ungeschickten Verneinungen bringen den inneren Schweinehund erst so richtig auf dumme Gedanken. Formulieren Sie Vorsätze – wie zum Beispiel: „Morgen werde ich aber nicht wieder bis 10 Uhr im Bett liegen bleiben und die erste Vorlesung schwänzen!" – stattdessen präzise und positiv um. „Morgen werde ich spätestens um 7 Uhr gut ausgeschlafen aufstehen und um 8.15 Uhr pünktlich und motiviert zur ersten Vorlesung erscheinen!" Spüren Sie den Unterschied?

Folgen Sie auch Ihrem Bauchgefühl

Je länger Sie über ein Ziel nachsinnen, umso komplizierter wird dann manchmal die Formulierung. Unser rationaler Verstand hat gelegentlich die Tendenz, Dinge zu verkomplizieren. Wenn Ihnen das passieren sollte, folgen Sie bei der Formulierung Ihres Ziels neben dem klaren, rationalen Verstand immer auch Ihrem Bauchgefühl. Wenn Sie mehrere, alternative Zielformulierungen laut lesen, wie zum Beispiel die zwei Aufsteh-Vorsätze oben, können Sie jeweils auch eine andere Resonanz in Ihrem Körper spüren. Mit ein bisschen Übung werden Sie bald auch körperlich fühlen können, welcher der Formulierungen Sie eher noch gestresster macht, und welche Sie eher erleichtert, freier und ‚innerlich weiter' werden lässt.

Experimentieren Sie ein bisschen damit. Hier kommt noch ein kleines Übungsbeispiel. Entspannen Sie dazu bewusst Ihre Schultern, atmen Sie ein paarmal tief in den Bauch und erspüren Sie dann ganz in Ruhe nacheinander, welche unterschiedliche Wirkung die folgenden Sätze auf Ihr Körpergefühl haben: „Ich muss die Klausur bestehen!", „Ich will die Klausur bestehen!", „Ich bestehe die Klausur!"

In der amerikanischen Literatur findet man häufig auch die Formulierungsempfehlung, Zielsätze mit „I choose to …" zu beginnen. Dies bedeutet auf Deutsch sinngemäß: „Ich entscheide mich dafür, dass ich…." Wie beispielsweise in: „Ich entscheide mich dafür, in diesem Semester jede Woche zweimal für mindestens 20 Min Englischvokabeln zu lernen." Diese Formulierung macht eindeutig klar, dass Sie die Entscheidung getroffen haben, selbst die Verantwortung für eine neue Verhaltensweise oder Aufgabe zu übernehmen. Ebenso drückt dies aus, dass Sie selbst – und kein anderer! – bestimmen, wann, wo und wieviel Sie lernen. Es wird so deutlich(er), dass es Ihnen in Ihrem Studium frei steht, zu entscheiden und zu tun, was Sie selbst für richtig und wichtig halten.

2. „M" wie messbar

Schauen wir uns noch einmal den Satz an: „Ich will wirklich nicht mehr so faul sein!" Abgesehen davon, dass das „faul sein" nicht präzise genug definiert war, und abgesehen davon, dass dieser Satz eine Verneinung enthielt, war er auch nicht messbar. Begriffe wie ‚mehr', ‚höher', ‚weiter', ‚besser' etc. sind nicht konkret messbar. Das Erreichen eines so formulierten Ziels ist niemals wirklich überprüfbar. Was genau bedeutet denn: „nicht mehr so faul sein" – bzw. positiv formuliert – „mehr zu lernen" oder „besser zu lernen"? Sie könnten hier selbst nie genau festmachen, wann Sie das Ziel endlich erreicht haben. Damit bringen Sie sich nicht nur um das Erfolgserlebnis, wenn Sie wissen: „Ich habe es geschafft!". Sie sabotieren damit auch mit großer Wahrscheinlichkeit von vorneherein jeglichen Fortschritt, da der innere Schweinehund, die uns allen vertraute Trägheit, sich oft keinen Millimeter weiter bewegt, als unbedingt notwendig.

Wenn Sie zum Beispiel eine bestimmte Prüfung bestehen wollen, fragen Sie sich: „Reicht es, wenn ich diese Prüfung nur gerade irgendwie noch bestehe? Oder möchte ich dabei eine gute Note erzielen?" Die Messbarkeit kann sich sowohl auf das erreichte Ziel beziehen, als auch auf die geplanten Aktionen. Im letzten Zielsatz oben war dieses Kriterium erfüllt: „Ich lerne in diesem Semester zuhause jede Woche zweimal für mindestens 20 Min meine Englischvokabeln."

Die Größe Ihres Ziels

> If you can dream it you can do it. (Walt Disney)

Wenn Sie sich schon die Mühe machen, Ihr Ziel, so wie in diesem Kapitel besprochen, detailliert auszuarbeiten, dann können Sie auch direkt etwas „größer denken", als Sie es sonst vielleicht tun würden. „Think big!", sagen die Amerikaner. Große, schöne, leuchtend bunte Ziele üben in der Regel auch eine deutlich größere Anziehungskraft aus. Sie prägen sich auch besser ein. Wie ein Hochhaus erkennt man sie schon von Weitem am Horizont, selbst wenn das Gelände unterwegs einmal unübersichtlich und holprig wird.

> Die meisten Menschen sind so glücklich, wie Sie es sich selbst vorgenommen haben. (Abraham Lincoln)

Ist Ihr Ziel jedoch eine Nummer zu groß für Sie, macht es Ihnen zusätzlichen Leistungsstress. Höchstwahrscheinlich werden sich dann früher oder später Widerstände entwickeln, und es wird schwer für Sie sein, auf Dauer durchzuhalten. Ist aber umgekehrt Ihr Ziel eine Nummer zu klein und zu nah an dem Zustand, in dem Sie sich jetzt schon befinden, dann bringen Sie sich um die großartige Chance, jetzt wirklich grundlegend etwas zu verändern. Vielleicht bringen Sie sich damit um einen großen Erfolg, der Ihnen eigentlich schon lange zusteht. Das wäre sehr schade! Außerdem ist auch ein zu kleines, Sie eher unterforderndes Ziel selten attraktiv genug, um Sie für längere Zeit am Ball zu halten.

In der Psychologie wird der Zusammenhang zwischen Stress und Leistung (nach dem sogenannten Yerkes-Dodson-Gesetz von 1908) durch ein umgekehrtes U etwa so beschrieben wie in Abb. 3.1 dargestellt.

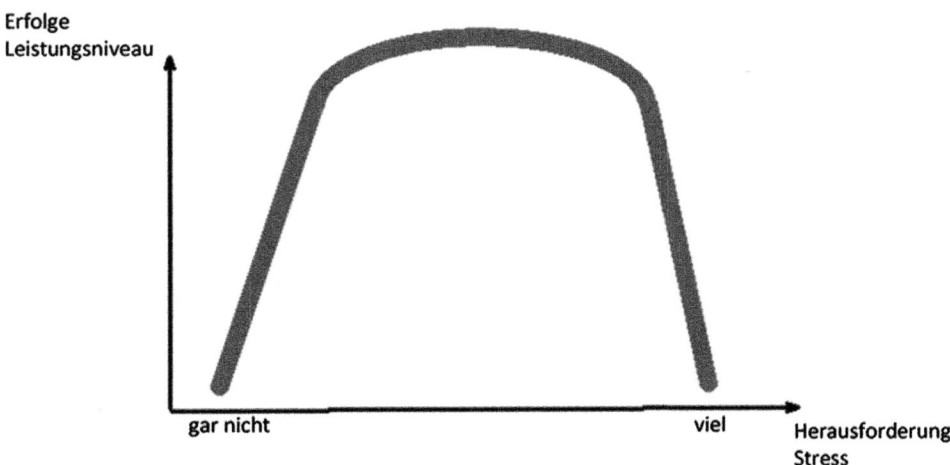

Abb. 3.1 Zusammenhang zwischen Stress und Leistung

Ein gut formuliertes Ziel wird Sie jedes Mal, wenn Sie es lesen oder nur daran denken, ganz automatisch motivieren. Es soll Ihnen schon zu Beginn der Reise Kraft und Mut geben. Auf diesen Punkt kommen wir im folgenden Abschnitt auch noch einmal zu sprechen. Wie so oft im Coaching geht es also auch beim Setzen von Zielen um die richtige Balance zwischen Anforderung und Bequemlichkeit. Was für Sie persönlich „zu groß" und damit zu stressig oder „zu klein" und damit zu langweilig ist, das müssen (und werden!) Sie selbst herausfinden. Spielen Sie auch diesbezüglich mit Ihrer Zielformulierung!

Vom amerikanischen Schauspieler Clint Eastwood stammt der Spruch: „Der Erfolg ist eine Lawine, es kommt auf den ersten Schneeball an!" Vermeiden Sie es, ein Ziel so zu formulieren, dass es Sie bereits dann stresst, wenn Sie nur daran denken. Unterteilen Sie Ihre großen Ziele in mehrere kleinere Teilziele, die Sie dann nacheinander abarbeiten.

> By taking steps so tiny that they seem trivial or even laughable, you'll sail calmly past obstacles that have defeated you before. Slowly – but painlessly! – you'll cultivate an appetite for continued success and lay down a permanent new route to change. (Robert Maurer)

3. „A" wie anziehend und attraktiv

Die praktische Realisierung eines Ziels gelingt dann am besten, wenn Sie sich Ihrem Ziel mit Überzeugung und Motivation verpflichten. Machen Sie sich deshalb von vornherein die positiven Auswirkungen klar, die sich aus dem Erreichen dieses Ziels für Sie ergeben werden. Bauen Sie diese mit ein in Ihre Zielformulierung. Auf diese Weise ist es relativ leicht, eine Zielformulierung positiv-emotional aufzuladen.

Schon alleine durch eine gute Zielformulierung lässt sich Stress und auch Problemdenken ein Stück weit abbauen. Formulieren Sie das Ziel so, dass es Ihnen unmittelbar neue Zuversicht und Motivationskraft gibt, wenn Sie daran denken. Damit Sie für Ihr Ziel Freude und Begeisterung genauso aufbringen, wie die erforderliche Disziplin und Ausdauer, ist es unerlässlich, dass Sie Ihr Ziel attraktiv formulieren. Hierbei hilft die Frage weiter: „Warum wähle ich gerade dieses Ziel?"

> Wer ein Warum hat, erträgt auch jedes Wie. (Friedrich Nietzsche)

Was bringt mir das?

Stellen Sie sich vor, Sie hätten Ihr Ziel schon erreicht. Was genau bringt Ihnen das? Welche Vorteile hätte das für Sie? Wie fühlen Sie sich dann? Zufrieden vielleicht oder selbstsicher, erleichtert oder stolz? Dies zu wissen, kann helfen, ein Ziel noch besser zu formulieren: Zielen Sie dann direkt auf eine Stärkung Ihres Selbstwertgefühls oder auf ein Mehr an Zufriedenheit. Im Grunde sind es die Konsequenzen, die sich aus einer bestimmten Zielerreichung ergeben, die uns wirklich (an)ziehen. Es sind nicht die spezifischen Details, die uns vom Hocker reißen. Es sind immer Qualitäten wie Zufriedenheit oder ein Mehr an Selbstwertgefühl, die Sie eigentlich erreichen wollen. Verwenden Sie auch diese deshalb unbedingt schon in der Formulierung Ihres Ziels.

Warum haben Sie sich genau dieses Ziel ausgesucht? Was erhoffen Sie sich davon? Das Ergebnis Ihres Ziels sollte Sie anmachen! Fördert dieses Ziel Ihre persönliche Entwicklung und Ihren Erfolg? Begeistert Sie das Ziel? Je größer die Anziehungskraft eines Zieles ist, umso leichter fällt Ihnen anschließend dessen praktische Realisierung.

Dafür braucht man lediglich einen attraktiven ‚Auswirkungs-Satz' entweder am Anfang oder auch am Ende der Zielformulierung einzufügen. Hier ein Beispiel dafür: „Ich lerne in diesem Semester jede Woche zuhause zweimal für mindestens 20 min für das Fach xyz. Ich bin sehr erleichtert, dass ich nun der Vorlesung xyz gut folgen kann." Oder: „Ich lerne dieses Semester jede Woche zuhause zweimal für mindestens 20 min für das Fach xyz. Ich freue mich, dass ich deshalb jetzt der Vorlesung xyz gut folgen kann." Oder: „Ich lerne in diesem Semester jede Woche zuhause zweimal für mindestens 20 min für das Fach xyz. Ich bin sehr beruhigt, weil ich jetzt der Vorlesung xyz gut folgen kann. Ich schaue deshalb auch der Prüfung im Fach xyz ganz gelassen entgegen." Oder Sie benutzen am Anfang einen einführenden Halbsatz wie: „Ich bin so dankbar, dass ich …, weil ich…." Seien Sie erfinderisch bei der Suche nach Ihrem Sie persönlich aufbauenden, stärkenden, beruhigenden oder motivierenden Ergänzungssatz, der in der Regel ein „ich bin …" enthält.

Es gibt immer viele Möglichkeiten, dasselbe auf verschiedene Arten auszudrücken. Durch eine geschickte Umformulierung derselben Tatsache kann auf einmal ein Zieltext deutlich attraktiver und motivierender wirken.

Beispiele motivierender Text-Modifikationen
Ersetzen Sie beispielsweise:

- „Ich bin gut in Mathe." durch: „Ich bin ein Mathecrack." Oder: „Mathe ist für mich ein Kinderspiel!"
- „Ich verstehe Statistik." durch: „Statistik gehört zu den Fächern, die mir leicht fallen." Oder: „Ich habe echt ein Talent für Statistik."
- „Ich bin eine gute Studentin." durch: „Ich freue mich riesig, zu den Besten meines Jahrgangs zu gehören."

Experimentieren und spielen Sie so lange mit Ihrer Zielformulierung, bis die Worte Sie wirklich anmachen. So lange, bis Sie sich sofort erleichtert, erfreut oder motiviert fühlen, sobald Sie Ihre Zielsätze lesen. Lassen Sie sich Zeit dabei, schlafen Sie darüber! Überprüfen Sie dann am nächsten Tag Ihre Wortwahl noch einmal anhand der folgenden Fragen:

- Stärkt mich diese Zielformulierung, wenn ich sie lese? Gibt sie mir Kraft?
- Spüre ich Erleichterung oder Hoffnung beim Lesen?
- Fange ich automatisch an zu lächeln, wenn ich die Worte lese?
- Oder denke ich tendenziell: „Oh je, das wird viel Arbeit und sicher anstrengend." Dann sollten Sie noch einmal umformulieren.

Last not least sollte Ihr Ziel wirklich immer Ihr eigenes Ziel sein. Etwas, das Sie selbst gerne für sich erreichen möchten. Es sollte sich dabei nicht nur um den Wunsch Ihrer Eltern oder eine Anforderung eines bestimmten Dozenten an Sie handeln. Ihr Ziel muss für Sie selbst von Gewicht und Bedeutung sein. Sie kommen niemals an Ihr volles Potential, wenn Sie ein bestimmtes Ziel nur jemand anderem zuliebe erreichen möchten. Setzen Sie sich Ziele, die Sie selbst zufriedener machen und die Ihre eigene Lebensqualität steigern.

Lesen Sie bitte nicht weiter, bevor Sie Ihr aktuelles Ziel kraftvoll und attraktiv umgeschrieben haben.

4. „R" wie realistisch

Halten Sie Ihr Ziel für realistisch? Glauben Sie, dass Sie es erreichen können? Zumindest theoretisch sollten Sie das für möglich halten, auch wenn es Ihnen im Moment vielleicht noch etwas schwierig erscheint. Wichtig ist jedoch, dass Sie es insgesamt für möglich halten, dieses Ziel zu erreichen. Unrealistisch wäre beispielsweise für die meisten Studierenden, ein auf sieben Semester ausgelegtes Bachelor-Studium in nur zwei Semestern absolvieren zu wollen. In diesem Zusammenhang ist eine wesentliche Frage, ob Sie selbst das, was für das Erreichen des Ziels notwendig ist, aus eigener Kraft bewältigen können.

Ist Ihr Ziel selbst erreichbar?

Schauen wir uns hier zunächst Beispiele für Zielformulierungen an, die nicht selbst erreichbar sind:

- Mein Freund liebt mich innig und schenkt mir jede Woche rote Rosen.
- Mein Informatik-Prof hält gut strukturierte, inhaltlich gut verständliche und interessante Vorlesungen.
- Frau Prof. Dr. X. gibt mir ein „sehr gut" für mein Referat.
- Meine Tochter hat sehr gute Noten in der Schule.

Es ist unmöglich ein Ziel selbst zu realisieren, dessen Erreichen vom Verhalten oder der Entscheidung eines anderen abhängt. Sie geben damit die Entscheidung über Ihr Wohlbefinden und die Chance auf Erfolg komplett in die Hände einer anderen Person. Damit machen Sie sich zum Opfer äußerer Umstände. Lernen Sie ganz bewusst, solche Gedanken zu entlarven, wann immer sie sich bei Ihnen einschleichen. Und haben Sie dabei etwas Geduld mit sich! Auch mir passiert dieser Fehler bis heute leider noch gelegentlich: „Das Ministerium hätte sich wirklich eine elegantere Lösung für die Situation des doppelten Abi-Jahrgangs und die gleichzeitige Abschaffung der Wehrpflicht in Niedersachsen überlegen können!" Wie oft ist mir das im letzten Jahr durch den Kopf geschossen. Dieser Gedanke hat jedoch bei mir außer einem Stressgefühl und einer (zum Glück nur kurz andauernden!) Arbeitsunlust wegen völlig überfüllter Hörsäle nichts weiter bewirkt.

Benutzen Sie immer das Wort „ich" in Ihrer Zielformulierung. Es geht um Ihre Wünsche und Ihre berufliche Zukunft. So lassen sich die obigen Gegenbeispiele umformulieren in:

- Ich liebe meinen Freund und ich zeige ihm, wie glücklich mich seine Geschenke machen.
- Ich besorge mir selbst Lehrmaterial (Bücher, DVDs etc.), die den Informatik-Stoff praktisch anschaulich, gut verständlich und interessant vermitteln.
- Ich finde heraus, was die Anforderungen an ein Referat bei Frau Prof. Dr. X. sind. Ich erarbeite mir die Referatsinhalte entspannt und auch diszipliniert. Ich beginne mit der Arbeit hinreichend lange vor dem Termin, sodass ich den Stoff wirklich gut durchdringe und ihn deshalb ganz souverän und kompetent vortrage.
- Ich habe eine gute Beziehung zu meiner Tochter. Wann immer sie beim Lernen Hilfe braucht, unterstütze ich sie darin, eine geeignete Lösung zu finden.
- Ich finde neue Unterrichtskonzepte, die größeren Lehr- bzw. Lerngruppen gerecht werden. Ich engagiere mich in der Arbeitsgruppe, die die Einführung professioneller eLearning-Technologien in unserer Fakultät vorantreibt.

5. „T" wie terminiert

Das Wort ‚terminieren' bedeutet sowohl zu Ende bringen, als auch zeitlich befristen. Es ist ratsam festzulegen, bis wann man das Ziel erreicht haben wird; oder aber festzulegen, wann genau man wie aktiv werden wird. Bis wann genau werden Sie was getan oder erledigt haben? Sobald Sie sich konkrete Termine setzen, die Sie auch schriftlich festhalten, wird nicht zuletzt Ihr Unterbewusstsein dafür sorgen, dass Sie diese auch einhalten werden.

Es hat sich bewährt, eine Zielformulierung nach einer Weile noch einmal zu überprüfen. Legen Sie auch dafür bitte schriftlich vorher den Zeitpunkt fest (z.B. 14 Tage nachdem Sie sich das Ziel gesetzt haben), an dem Sie Ihr Ziel noch einmal überprüfen werden und es dabei gegebenenfalls auch noch einmal den Realitäten anpassen. Sie können das Ziel dabei, entsprechend der Erfahrung in den ersten 14 Tagen, noch einmal ent- oder verschärfen. Auch zu dieser Nachjustierung sollten Sie sich schriftlich verpflichten, zum Beispiel in Ihrem Erfolgsjournal: „Heute in zwei Wochen, am _____, nehme ich mir Zeit, meine Zielformulierung noch einmal zu überprüfen und Sie gegebenenfalls anzupassen."

Smart formulierte Ziele bilden ein wichtiges Fundament in jedem Erfolgscoaching. Haben Sie Ihr persönliches SMART-Ziel parallel zum Lesen bearbeitet und schriftlich ausformuliert? Wenn ja: Herzlichen Glückwunsch! Damit haben Sie einen ganz wichtigen ersten Meilenstein auf dem Weg zum Erfolg bereits erreicht. Falls Sie das jedoch noch nicht vollständig abgeschlossen haben sollten, lesen Sie bitte erst weiter, wenn Sie Ihr Ziel smart ausformuliert und aufgeschrieben haben!

Ökologie-Check

Wenn Sie sich ein Ziel setzen, ist es ratsam, dabei zu Beginn alle Meinungen, Wünsche, Ideen und Vorstellungen anderer Menschen (wie die von Mutter, Vater, dem Prof oder der Freundin) völlig auszuklammern. Nun jedoch, nachdem Sie Ihr SMART-Ziel bereits gefunden und ausformuliert haben, machen Sie sich bitte im nächsten Schritt bewusst, wie sich durch das Erreichen Ihres Ziels Ihr Studium, Ihr Lernverhalten und Ihr Alltag verändern werden. Auf positive Art und Weise versteht sich! Schließen Sie bitte für einen kurzen Moment die Augen und stellen Sie sich innerlich vor, Sie hätten das Ziel bereits erreicht. Welche Konsequenzen wird diese gewünschte Veränderung für Sie und Ihr Studium mit sich bringen? Was werden Sie dann erleben? Was sehen, was hören, was fühlen Sie dann?

Überlegen Sie sich nun auch, wie sich all das auf die anderen Menschen um Sie herum auswirken kann. Wenn Ihr Ziel beispielsweise darin besteht, ein sechsmonatiges Praktikum in New York zu absolvieren, ist Ihr Partner davon auch betroffen. Wenn Ihnen Ihre Beziehung wichtig ist, ist es ratsam, Ihre Zukunftspläne frühzeitig zu kommunizieren und mit dem Partner abzusprechen. Vielleicht überlegen Sie sich dann gemeinsam, wie Sie zu zweit eine vierwöchige USA-Reise im Anschluss an Ihr Praktikum realisieren können. Der sogenannte Ökologie-Check beinhaltet die Überprüfung individueller Ziele in Bezug auf ihre Auswirkung auf andere. Wichtig ist es sicherzustellen, dass Sie sich mit Ihrem Ziel nicht plötzlich in neue Problemsituationen manövrieren, weil Sie jetzt Konflikte mit Freunden, Mitgliedern Ihrer Lerngruppe, bestimmten Dozenten o.ä. bekommen. Erst wenn alle Konsequenzen, die sich durch die Erreichung Ihres Ziels ergeben, positiv sind und Ihnen der Gedanke an die Zielerreichung durch und durch ein inneres Gefühl der Freude und Erleichterung bringt, ist Ihre Zielformulierung abgeschlossen.

3.3.3   Feinschliff

Nun folgen einige Coaching-Tricks, mit denen sich auch ein smartes Ziel durchaus noch weiter „fine tunen" lässt, d.h. mit denen es sich noch attraktiver und kraftvoller verstärken lässt.

Sie haben ein „sehr gut" verdient
Die folgende wahre Geschichte stammt aus dem Buch „The Art of Possibilty" des Ehepaars Zander. Sie wird aus der Sicht des Lehrenden geschildert, kann aber insbesondere auch für Studierende inspirierende Anregung sein.

Ben Zander unterrichtet an einer Hochschule junge Musiker, die zu den Besten ihres Jahrgangs und des Landes gehören. Er hatte irgendwann betroffen bemerkt, dass diese jungen, extrem hoch begabten Menschen im Unterricht und bei den Übungen nicht in der Lage waren, ihr volles Potenzial und insbesondere ihr außergewöhnliches Talent auszuschöpfen. Der Grund dafür lag darin, dass diese Studierenden ständig nur den Leistungsdruck bevorstehender Prüfungen im Hinterkopf hatten. Jeder von ihnen wusste, dass nur die Studenten mit den allerbesten Noten eine Chance haben, an dieser Hochschule weiter gefördert zu werden. Deshalb erlaubte sich keiner der Studierenden jemals irgendwelche Experimente oder einfach nur „unschuldig" der Musik des eigenen Herzens folgen. Zander wurde klar, dass diese jungen Menschen, obwohl sie alle unermüdlich und fleißig die im Unterricht vermittelten Techniken übten, zwar lernen würden, ihr Instrument technisch perfekt zu spielen, sie jedoch niemals die herausragend-geniale, authentische Einmaligkeit eines Weltklasse-Musikers würden entwickeln können.

Das Problem lag in dem starken Leistungsdruck und darin, dass die Studenten sich ausschließlich auf die in den Prüfungen geforderten, rein technischen Lehr- und Prüfungsinhalte konzentriert haben. Betroffen darüber ersann Zander eine interessante List. Er gab zwei Wochen nach Semesterbeginn bekannt, dass alle Studierenden eine „Eins" von ihm bekommen würden. Jeder, das würde er versprechen. Während seine Meisterschüler sich noch höchst irritiert fragten, ob das vielleicht ein Scherz sein sollte, erklärte er weiter: Diese Einser-Note sei allerdings an eine Aufgabe geknüpft. Jeder der Studierenden müsse ihm innerhalb der nächsten zwei Wochen (also immer noch in der Anfangsphase des Semesters!) einen Brief schreiben, in dem er oder sie ihm ganz genau und überzeugend erklären müsse, warum er oder sie diese „Eins" am Ende des Semesters wirklich verdient habe. Der Brief sollte auf die letzte Woche des Semesters vordatiert werden und auch aus der Sicht dieses zukünftigen Zeitpunktes, also in der Vergangenheitsform, geschrieben sein. Der Brief sollte beginnen mit: „Lieber Herr Zander, ich verdiene ein „Sehr gut", weil …" Und dann sollte er so viele Gründe dafür wie nur möglich, real oder auch fiktiv, detailliert darlegen. Darüber hinaus ginge es in diesem Brief nicht (nur) um die erlernten Techniken, sondern schwerpunktmäßig darum, was der- oder diejenige persönlich für sich gelernt habe, um sich in dem Semester zum Einser-Kandidaten zu entwickeln. Kurz: Die Studenten mussten jeder für sich individuell überlegen, was sie bis am Ende des Semesters gelernt und für sich erreicht haben mussten, um in der Tat ein exzellenter Musiker zu werden.

Zander ist es mit diesem Konzept nicht nur gelungen, den Studierenden für sein Fach den Prüfungsstress zu nehmen. Er hat tatsächlich auch erreicht, dass die Studenten sich mit Selbstvertrauen ganz auf ihr eigenes Potenzial konzentriert haben. Die meisten haben tatsächlich bis zum Ende des Semesters die im Brief aufgelisteten Ziele erreicht.

Was geht Ihnen durch den Kopf, während Sie diese Geschichte lesen? Was könnte diese wahre Geschichte mit Ihnen oder Ihrem Studium zu tun haben? Welche Fähigkeiten oder speziellen Stärken könnten Sie in diesem laufenden Semester als Basis für Ihre avisierte Karriere entwickeln? Wo und auf welchem Gebiet hätten Sie das Zeug dazu, Größe zu zeigen oder zu entwickeln? Was würden Sie sich selbst zutrauen, wenn Sie wüssten, dass Sie niemand kritisiert? Schreiben Sie all das in Ihr Erfolgsjournal. Und erweitern Sie gegebenenfalls auch Ihre Zielformulierung entsprechend!

Machen Sie Ihr Ziel Wert-voll

Es ist unbedingt ratsam, jede Zielformulierung daraufhin zu überprüfen, ob sie mit Ihren wichtigsten Schlüsselwerten kompatibel ist. Sie hatten bereits herausgefunden, welche Werte Ihnen persönlich wichtig sind. Diese Werte entscheiden darüber, wofür Sie sich vorbehaltlos engagieren oder wovor Sie eher zurückschrecken. Diese Werte geben Ihnen Antrieb, sind Motor und Motivation für Sie. Passen Sie deshalb Ihr Ziel Ihren Schlüsselwerten an. Fügen Sie die Schlüsselwerte in Ihre Zielformulierung ein, dadurch gewinnt Ihr Ziel automatisch zusätzlich an Attraktion und Kraft.

Hier zwei Beispiele meiner Studenten dazu:

a. Eine recht gute Studentin erzählte im Erfolgscoaching, dass für sie die letzten zehn Minuten vor einer Klausur, bzw. der Zeitraum, bis der Raum aufgeschlossen werde, stets der reine Horror-trip seien. Immer wieder werde sie dort in diesen letzten Minuten, in denen sie sich eigentlich sammeln und vor allem selbst ruhig halten wolle, von anderen angesprochen: „Sag mal, wie war das noch mit der Formel xyz?" Oder: „Kannst du mir bitte noch mal schnell erklären, wie …" Da sie selbst schon ohnehin nervös sei, brächten sie diese Anfragen ihrer Kommilitonen immer aus ihrer mühsam aufgebauten inneren Ruhe und damit in echten Prüfungsstress. Ihr Zielsatz war: „Ich grenze mich (vor der Prüfung anderen Kommilitonen gegenüber) höflich und bestimmt ab, bleibe bei mir und fokussiere mich auf das Wichtigste." Die Klammern hatte sie hier gesetzt, weil ihr dieses Thema auch aus anderen Lebenssituationen vertraut war. Da für sie der wichtigste Wert „Sicherheit" ist, erweiterte sie den obigen Zielsatz entsprechend: „Ich, _____ (hier fügte sie ihren Namen ein), fühle mich sicher, weil ich mich hervorragend (auf die Prüfung) vorbereitet habe. Ich grenze mich (vor der Prüfung anderen Kommilitonen gegenüber) höflich und bestimmt ab, bleibe bei mir und fokussiere mich auf das Wichtigste." Nach der nächsten Prüfungsphase berichtete sie mir stolz, dass sie sich in den Prüfungen insgesamt sicherer gefühlt habe und nun tatsächlich in allen Fächern, die ihr wichtig seien, zum ersten Mal im Studium glatte Einsen geschrieben habe. Damit gehört sie nun zu den Besten ihres Jahrgangs.

b. Eine andere sehr gute Studentin, die ohnehin schon zu den Besten ihres Jahrgangs gehörte, berichtete davon, dass sie ständig kurz vor dem Nervenzusammenbruch stehe. Sie lerne Tag und Nacht, fühle sich ständig innerlich getrieben und könne sich nicht einmal mehr über ihre guten Noten freuen. Kernteil Ihres Ziels wurde deshalb: „Ich erkenne meine eigenen Leistungen an. Ich genieße und feiere meine Erfolge." Zu ihren wichtigsten Werten gehören natürlich „Erfolg" und „Leistung". Noch wichtiger jedoch sind Ihr „Familie" und „Freundschaften". So veränderte Sie den zweiten Satz in: „Ich genieße und feiere meine Erfolge mit meiner Familie und meinen Freunden." Richtig zufrieden mit ihrem Ziel war sie jedoch erst, nachdem sie außerdem noch: „Mein Leistungsniveau bleibt dabei bei sehr guten Noten." angehängt hatte.

Feinabstimmung des Ziels auf Basis der Kontextebenen im Studium

Sie kennen bereits das Konzept der Kontextebenen im Studium. Auch mit Ihrem Ziel bewegen Sie sich, je nachdem, was Ihr konkreter Verbesserungswunsch ist, auf mindestens einer dieser Ebenen. Es ist hilfreich, sich klarzumachen, auf welchen Kontextebenen Sie Ihr Ziel formuliert haben. Manchmal wird eine Zielerreichung leichter, wenn man sie auf eine andere Ebene verschiebt. Oft ist es dazu nur notwendig, ein bisschen mit der Formulierung des Ziels zu spielen. Zum Beispiel können Sie auf der Selbstbild-Ebene mit „Ich bin …" formulieren, auf der Glaubenssatz-Ebene mit „Ich weiß/ ich bin fest davon überzeugt, dass …". Auf der Ebene der Fähigkeiten und Kenntnisse würde es dann „Ich beherrsche/ ich kann …." lauten.

Es kann auch hilfreich sein, auf jeder der sechs Ebenen zusätzliche Informationen bzw. Ressourcen für Ihre Zielerreichung zu sammeln. Das ist der Sinn und Zweck der nachfolgenden Visualisierungs-Bewegungsübung, bei der der ganze Körper mitarbeitet, um die Ergebnisse nachhaltiger zu speichern und später besser zu erinnern.

Bevor Sie die Übung durchführen, bereiten Sie bitte zunächst folgendes vor:

- Notieren Sie Ihr Ziel auf einer Karteikarte oder einem Blatt Papier. Alternativ könnten Sie auch ein Symbol oder ein Bild von Ihrer Zielvision daraufmalen.
- Bereiten Sie sechs weitere Karteikarten oder Blätter vor, die Sie einzeln beschriften mit: „Zugehörigkeit", „Selbstbild", „Werte", „Glaubenssätze", „Fähigkeiten & Kenntnisse", „Umfeld & Verhalten". Nun legen Sie diese Blätter in der Reihenfolge der logischen Ebenen vor sich auf den Boden, je mit einem Abstand von etwa einer Schrittweite (siehe hierzu Abb. 3.2).

Bevor Sie diese Übung nun durchführen, lesen Sie bitte den folgenden Anleitungstext in Ruhe GANZ durch.

Los geht's!

1. Sie stehen zu Beginn vor der ersten Kontextebene „Umfeld & Verhalten". Lesen Sie sich noch einmal Ihre Zielformulierung durch oder schauen Sie sich kurz Ihr Zielsymbol an. Dann schließen Sie sanft die Augen, atmen Sie einige Male tief in den Bauch und legen Sie für einen Moment eine Hand auf Ihr Herz. Entspannen Sie bewusst die Schultern, Ihren Unterkiefer und andere Körperteile, die sich vielleicht im Moment noch etwas verspannt anfühlen.

Machen Sie sich bewusst, dass Sie sich auf Ihre Intuition und Ihr Gefühl verlassen können. Fassen Sie nun innerlich die Absicht, im Verlauf dieser Übung wichtige Informationen zu erhalten, die Sie sowohl bei der klaren Formulierung Ihres Ziels, als auch bei dessen Erreichung gut unterstützen.

Nun stellen Sie sich vor, wie es wäre, wenn Sie Ihr Ziel bereits erreicht hätten. Sie erinnern sich: „Fake it until you make it!"

Abb. 3.2 Ausgangslage für die Feinabstimmung des Ziels auf Basis der Kontextebenen im Studium

2. Machen Sie einen Schritt nach vorn, sodass Sie genau auf dem ersten Blatt der **Kontextebene „Umfeld & Verhalten"** stehen.

Wenn Sie Ihr Ziel erreicht haben werden, wie wird sich dann Ihr Umfeld verändert haben? Vielleicht sieht Ihr häuslicher Arbeitsplatz anders aus. Oder Sie sitzen an einem anderen Platz im Hörsaal. Eventuell arbeiten Sie mit anderen Menschen zusammen oder zu einer anderen Uhrzeit. Wo genau sehen Sie sich? Wo befinden Sie sich bei Zielerreichung? Schauen Sie sich eine typische Lern- oder Studiumssituation an. Was tun Sie? In welcher Weise verhalten Sie sich anders als bisher? Vielleicht sitzen Sie ganz anders, stehen oder gehen aufrechter? Denken oder sprechen oder schreiben Sie anders? Sammeln Sie hier auf dieser ersten Ebene alle Infos, die Ihnen dabei helfen könnten, Ihren Zielzustand auf der Ebene des Verhaltens und Umfelds besser zu verstehen und leichter zu erreichen. Nutzen Sie alle Ihre Sinne: Was sehen, hören oder fühlen Sie? Tanken Sie hier die Qualität Ihres neuen Verhaltens und Umfelds.

3. Nun, mit einem bewussten tiefen Atemzug, machen Sie einen großen Schritt weiter nach vorn, auf das Feld der **zweiten Kontextebene „Fähigkeiten & Kenntnisse"**. Welche neuen Kenntnisse und Fähigkeiten haben Sie erlangt mit der Erreichung Ihres Ziels? Wozu dienen Ihnen diese neuen Kenntnisse und Fähigkeiten, welche Erleichterung bringen diese mit sich? Wie genau haben Sie es geschafft, sich diese neuen Fähigkeiten und Kenntnisse anzueignen? Vielleicht sind es auch Fähigkeiten und Kenntnisse, die Sie schon lange vorher besessen haben und jetzt nur vermehrt oder viel bewusster einsetzen? Welche Ihrer bereits vorhandenen Fähigkeiten sind nützlich für die Erreichung Ihres Ziels?
Bleiben Sie noch einen kurzen Moment stehen, um die Atmosphäre der neuen Fähigkeiten und Kenntnisse ganz bewusst zu tanken.
4. Nun, wieder mit einem bewussten, tiefen Atemzug, machen Sie einen weiteren Schritt nach vorn, auf das Feld der dritten Kontextebene. Sie stehen jetzt auf der Ebene der Glaubenssätze. Woran werden Sie glauben, wenn Sie Ihr Ziel erreicht haben? Welche ist der stärkste, neue Glaubenssatz, der Sie auf Ihrem Weg zum Ziel unterstützt hat? Welche Sie stärkende Erfahrung? Welcher Erfolg aus der Vergangenheit ist Ihnen eventuell auf dem Weg zu diesem Ziel wieder eingefallen? Bleiben Sie auch hier noch ganz bewusst für einen Moment. Tanken Sie die Atmosphäre aller **Glaubenssätze**, die Sie ermutigen, unterstützen und fördern auf dem Weg zu Ihrem Ziel.
5. Nun machen Sie noch einen Schritt weiter nach vorn, auf das Feld der vierten Kontextebene. Das sind Ihre **Werte**. Was ist Ihnen wirklich wichtig? Was genau an diesem Ziel ist Ihnen so wichtig, dass es Sie trägt, dass es Sie weiterschubst, auch durch Zeiten der Trägheit, des Zweifelns und der vorübergehenden Rückschritte in alte, Sie behindernde Muster. Welcher Wert, der für Sie grundlegend ist in diesem Studium, im Beruf und im Leben generell, verhindert, dass Sie jemals aufgeben werden? Welcher Wert zieht Sie – wie ein großer, starker Magnet – einfach immer weiter vorwärts und lässt Sie Schwächen überwinden?

Auch wenn Ihnen dieser Wert oder diese Werte im Moment noch gar nicht so klar sein sollten, bleiben Sie einfach noch ein bisschen hier und tanken Sie die Atmosphäre aller Werte, die Sie ermutigen, unterstützen und fördern auf dem Weg zu ihrem Ziel.

6. Nun geht es noch einen Schritt weiter nach vorn, auf das Feld Ihres **Selbstbildes**. Wer sind Sie, wenn Sie Ihr Ziel erreicht haben? Hat sich vielleicht dann Ihr Selbstbewusstsein, Ihr Selbstverständnis, Ihr Selbstbild etwas verändert?

Auch wenn Ihnen dieses neue Selbstbild im Moment noch gar nicht so klar sein sollte, bleiben Sie einfach auch hier noch ganz bewusst für einen Moment stehen. Tanken Sie die Qualität eines Selbstbildes, das Sie erreichen werden auf dem Weg zum Erfolg im Studium. Spüren Sie einen Hauch davon, wie es sein könnte, wenn Sie tatsächlich zu dem oder der geworden sind, der oder die Sie sein könnten in Ihrem vollen Potenzial.

> Ergreife die dir zustehende Macht und übernimm selbst die Verantwortung für dein Leben. Wachse hinein in die oder der, der du in Wirklichkeit bist. Und das ist deutlich mehr, als du jetzt gerade lebst! (Adler-Gruß aus dem Vorwort)

7. Nun folgt der letzte Schritt nach vorn, auf das Feld der letzten Kontextebene, Ihrer **Zugehörigkeit**. Welche Gruppe kann Ihnen Rückhalt geben? Welcher Gruppe gehören Sie an, wenn Sie Ihr Ziel erreicht haben? Oder wenn Sie Ihr Studium mit Erfolg durchlaufen und abgeschlossen haben? Das kann eine bestimmte Berufsgruppe sein. Es kann auch sein, dass Sie dann zur Gruppe der selbstbewussten Menschen gehören oder zu der der Glücklichen. Zu der der Reichen vielleicht oder zu denen, die aus dieser Welt einen besseren Ort machen. Spüren Sie, dass es Ihnen gut tut, dieser Gruppe anzugehören? Versprechen Sie sich hier, dass Sie sich immer die Zeit nehmen werden, diese Beziehung zu pflegen.

8. Nun treten Sie bewusst zur Seite und damit ganz heraus aus Ihrer „Leiter" der Kontextebenen. Zum Abschluss der Übung nehmen Sie sich nun fünf Minuten Zeit, um Ihre Erfahrungen, Erkenntnisse und Informationen aus dieser Visualisierungs-Bewegungsübung schriftlich festzuhalten. Zu jeder der sechs Ebenen „Zugehörigkeit", „Identität", „Werte", „Glaubenssätze", „Fähigkeiten & Kenntnisse", „Umfeld & Verhalten" notieren Sie bitte einige Sätze. Lassen Sie dabei den Stift wie von alleine schreiben. Stoppen Sie nicht, korrigieren Sie nicht die Grammatik oder einzelne Formulierungen. Wichtig ist hier nur, inhaltlich festzuhalten, was Sie ab sofort bei der Erreichung Ihres Ziels und auf dem Weg zum Erfolg im Studium unterstützen kann. Wundern Sie sich nicht, wenn Sie auch jetzt beim Schreiben noch zusätzliche Informationen entdecken.

3.4   So erreichen Sie Ihr Ziel

> Es ist nicht genug zu wissen, man muss es auch anwenden. Es ist nicht genug zu wollen, man muss es auch tun. (Johann Wolfgang v. Goethe)

3.4.1   Behalten Sie Ihr Ziel vor Augen

Nicht ohne Grund heißt es: „Aus den Augen, aus dem Sinn!" Schreiben Sie Ihre Zielformulierung auf kleine Karteikarten, die Sie immer bei sich tragen oder auch in Sichtweite aufhängen können. Legen Sie eine der Karten in Ihre Geldbörse oder Ihren Kalender. Eine andere Karte legen Sie vielleicht auf Ihren Nachttisch oder Sie kleben sie an den Badezimmerspiegel. Sie können den Text als Begrüßungstext in Ihr Handy eingeben oder auch in den Bildschirmschoner Ihres Computers. Wählen Sie die Orte, wo Sie den Text immer wieder im Laufe des Tages sehen und lesen werden. Auch wenn Sie dort sehr bald die Worte nicht mehr bewusst wahrnehmen oder durchlesen werden, Ihr Unterbewusstsein registriert auf diese Weise dennoch Ihre Absicht – jeden Tag! Vielleicht lesen Sie Ihr Ziel als erstes am Morgen noch im Bett liegend und auch als letztes vor dem Einschlafen. Unsere letzten Gedanken vor dem Einschlafen werden über Nacht, im Traum verarbeitet und mit dem bestehenden Wissen vernetzt. So entstehen über Nacht, ohne Ihr bewusstes Zutun, neue Ideen für weitere Aktionsschritte.

> Nicht weil es schwierig ist, wagen wir es nicht, sondern weil wir es nicht wagen, ist es schwierig. (Sokrates)

3.4.2   Visionboard

Das sogenannte Visionboard (oder auf Deutsch: Visionstafel) ist eine bewusst groß gewählte Verbildlichung Ihres Ziels, oft im DIN A3-Format. Dafür gestalten Sie eine Collage, die ergänzend zum Zieltext Bilder, Fotos, Skizzen und Zeichnungen enthält, die alle Elemente des erwünschten Zieles positiv und motivierend auf optisch ansprechende Weise repräsentieren. Wenn Sie im Internet zum Stichwort „Visionboard" suchen, finden Sie dort Beispiele. Sie finden im WWW unter den Keywords „free vision board software" sogar auch sogar kostenlose Softwaretools dafür.

> Wir sind nicht nur verantwortlich für das, was wir tun, sondern auch für das, was wir nicht tun. (Voltaire)

3.4.3   Unterstützen Sie sich mit einem Mindmovie

Was ist ein Mindmovie?
Menschen, die sich bewusst Ziele setzen, haben deutlich mehr Erfolg. Dabei erhöhen sich die Erfolgschancen noch einmal enorm, wenn die Ziele schriftlich festgelegt und regelmäßig, am besten täglich, kurz durchgelesen werden. Dadurch verdichten sich die Aufmerksamkeit und die Konzentration und verstärken sich so um ein Vielfaches.

Eine angenehme optische Visualisierungshilfe, die man täglich zur Unterstützung auf dem Weg zur Realisierung seines Ziels nutzen kann, ist ein sogenannter Mindmovie. In einem kurzen Video wird automatisch eine Folienshow abgespult, in der die gewünschten Zielsätze auf einzelnen Folien visualisiert werden. Die Folien bzw. Sätze werden dabei jeweils mit einem passenden, ermutigenden Hintergrundfoto versehen und das Video meist auch mit Musik unterlegt.

Ein Beispiel für einen studentischen Mindmovie finden Sie unter https://youtu.be/ Bp8ytZE3NNc (letzter Abruf: 1.2.17). Dieser Mindmovie wurde von Studierenden der Hochschule Hannover erstellt. Darin werden die Texte ganz bewusst sehr kurz eingeblendet, sodass der analytisch-rationale Verstand (bzw. die linke Hemisphäre) keine Zeit findet, zu kritisieren. Das Unterbewusstsein und die rechte Hemisphäre bekommen trotzdem alle Infos mit. Gleichzeitig reduziert sich damit die Zeit des gesamten Videos auf zwei Minuten, so dass die Studierenden es sich jederzeit schnell zwischendurch anschauen konnten. Eine der beteiligten Studierenden hat sich diesen Mindmovie jeden Morgen in der U-Bahn auf ihrem Smartphone angeschaut. Die Studierenden haben in diesem Mindmovie zusätzlich positiv-ermutigende Glaubenssätze eingebaut (darüber sprechen wir später noch im Detail). Einen zweiten studentischen Beispiel-Mindmovie gibt es unter https://youtu.be/kjjkEIWY9VA (letzter Abruf: 1.2.17). Damit Sie noch eine weitere Idee bekommen, wie ein Mindmovie aussehen kann und wie er auf Sie wirkt, hier noch ein anderes Beispiel aus dem generellen Coaching-Bereich: https://youtu. be/4MTcOZgFeXw (letzter Abruf: 20.2.17). Bei diesem Mindmovie geht es darum zu entspannen, Kraft zu tanken und Zuversicht.

Erstellen Sie Ihren eigenen Mindmovie

Es gibt spezielle Software[3], um Mindmovies zu erstellen. Dennoch benötigen Sie keine Spezialprogramme, um einen Mindmovie zu erstellen. Mit Powerpoint geht das genauso gut. Sofern Sie Powerpoint nicht auf ihrem Rechner haben, ist es Ihnen an Ihrer Hochschule sicher zugänglich. Den dort erstellten Mindmovie können Sie dann so abspeichern, dass Sie ihn bei sich zuhause, auch auf einem Rechner ohne Powerpoint-Installation, abspielen können[4]. Seit PowerPoint 2010 können Sie Präsentationen beispielsweise auch als mp4-Filmdatei abspeichern.

Ich gehe davon aus, dass Sie bereits wissen, wie Sie in Powerpoint einzelne Folienseiten mit einem Foto oder Bild erstellen und Ihren Text bunt schreiben können. Über den Menüpunkt „Animationen" können Sie dann Teile Ihres Textes (die Sie jeweils dafür markieren) nacheinander einzeln einfliegen oder einblenden lassen. Unter „Animation hinzufügen" finden Sie sogar Möglichkeiten, die Worte oder Sätze im Kreis oder einer Schleife einfliegen lassen.

---

[3]www.mindmovie.com (letzter Abruf 1.2.17): Hier wurde meines Wissens auch der Begriff „Mind Movie" ursprünglich geprägt.
[4]Diese Anleitung bezieht sich auf Microsoft Powerpoint 2010. Aber auch in anderen Powerpoint-Versionen funktioniert alles im Prinzip so, wie hier beschrieben.

Voreingestellt zeigt man jede nächste Folie per Mausklick an. Das müssen Sie für Ihren Mindmovie verändern, der ja wie ein Film von allein ablaufen soll: Unter „Übergänge" entfernen Sie das Häkchen bei „nächste Folie: bei Mausklick" und aktivieren stattdessen „nächste Folie: nach (und tragen die Sekundenzahl ein)". Denken Sie daran, dass Sie schon nach ein paar Tagen Ihren Mindmovie ziemlich gut kennen werden, jede Folie und jeden Satz. Deshalb sollte die Anzeigedauer der einzelnen Folien relativ kurz und im Sekundenbereich liegen. Selbst wenn Ihnen das vielleicht anfangs zu schnell erscheint, möchte ich Sie dringend zu einem flotten Mindmovie-Tempo ermutigen. Ein Vorteil davon ist auch, dass es Sie dann täglich wirklich nur wenige Minuten kostet, Ihren Mindmovie anzuschauen. Darüber hinaus ist es bei einem flotten Folientempo eben nicht mehr Ihr rationaler (und oft viel zu kritischer!) Verstand, der den Inhalten folgt, sondern das übernimmt automatisch Ihr Unbewusstes. Dieses erfasst, egal was Sie bewusst auch dabei denken mögen, all Ihre Folieninhalte und Texte schnell und für Ihr Wachbewusstsein vielleicht sogar unbemerkt. Gerade dadurch werden Ihre Ziel- und Kraftsätze im Unterbewusstsein verankert. Genau das möchten Sie ja erreichen!

Umso wichtiger ist es deshalb, dass Sie wirklich jede Folie, jeden Satz, jedes Wort genau nach den Kriterien formulieren, die wir oben beim Thema „Ziele setzen" besprochen haben!

Wenn Sie jetzt unter „Bildschirmpräsentation" auf „von Beginn an" klicken, läuft die ganze Powerpoint-Show mit allen Texteffekten von vorne bis zum Ende automatisch ab.

Nun fehlt nur noch die Musik, ein wesentliches Element eines Mindmovies. Es sei denn, Sie gehören zu den wenigen Menschen, die sich bei absoluter Stille am besten entspannen. Sollte aber für Sie persönlich Musik zu den Ressourcen gehören, die Ihnen helfen, schneller abzuschalten oder eine trübe Stimmung aufzuhellen, wählen Sie jetzt für Ihren Mindmovie ein Musikstück, das Sie wirklich anmacht. Entweder etwas Flottes, das Sie fröhlich stimmt oder wach macht, oder aber auch etwas Sanftes, das Sie emotional ‚runterfährt' und entspannt. Wenn Sie den Mindmovie nur für sich selbst zuhause nutzen, ist das Urheberrecht hier kein Problem. Dann ist auch beispielsweise Popmusik denkbar, die Ihnen wirklich gefällt. Allerdings werden Sie hier feststellen, dass die Musikwahl gar nicht so ganz einfach ist: Achten Sie unbedingt auf die Botschaft der Textinhalte, auch wenn diese auf Englisch sind – oder wie im Fall einer meiner Studentinnen auf Türkisch. Der Text sollte durchgängig positiv und konstruktiv-aufbauend sein. Es macht wenig Sinn, wenn Sie mit viel Liebe und etlichen Stunden Arbeitseinsatz all Ihre Textteile und Worte ganz bewusst gestalten, um dann zum Schluss alles mit einem Liebeslied zu unterlegen, das von Herzschmerz oder Verzweiflung handelt.

Es ist übrigens in Powerpoint auch ganz leicht möglich, nur einen bestimmten Teil eines Musikstücks auszuwählen. Dies erleichtert manchmal die Benutzung eines Stückes, das Sie mögen, wenn es nur teilweise einen positiven, ermutigenden Text hat.

Einbinden der Musik

Unter dem Menüpunkt „Einfügen => Audio" finden Sie bei „ClipArt- Audio" kurze Tonsequenzen, die Powerpoint mitliefert, z.B. begeistertes Klatschen oder Jubeln von

Kindern, die auch eventuell für Ihren Mindmovie interessant sein könnten. In der Regel jedoch öffnen Sie über „Audio aus Datei" den Ordner „Eigene Musik" und können wie gewohnt das Album und den Titel auswählen und anklicken.

Wenn Sie im Bearbeitungsmodus von Powerpoint auf das Lautsprechersymbol auf der Folie klicken, erscheint die Registerkarte „Audiotools" und das Menü „Wiedergabe". Hier gibt es „Audio beschneiden", wo Sie Ihre speziell gewünschte Anfangs- und Endzeit auf die Millisekunde genau festlegen können. Unter „Audio Optionen" sehen Sie dort auch, dass hinter „Start" „beim Anklicken" voreingestellt ist, was Sie nun auf „automatisch" umstellen und daneben auch „Endloswiedergabe" aktivieren sollten.

Wenn Sie auf diese Weise Ihren Mindmovie mit Musik oder Klatschen oder Ähnlichem unterlegen, erscheint in der ersten Folie optisch das Powerpoint-Lautsprecher-Symbol, was natürlich etwas störend ist. Deshalb sollten Sie auch noch im „Audiotools/Wiedergabe"-Menü einen Haken setzen bei „bei Präsentation ausblenden". Oder aber Sie verkleinern mit der Maus im Bearbeitungsmodus das Lautsprechersymbol, sodass es auf den Folien nicht mehr sichtbar ist.

Darüber hinaus gibt es weitere Software-Produkte, mit denen Sie sich einen Mindmovie erstellen können. Zum Beispiel ist auch der „Windows Live Movie Maker" von Microsoft gut geeignet; eine Software, die früher mit Windows mitgeliefert wurde, jetzt aber auch noch kostenlos aus dem Web heruntergeladen werden kann.

3.4.4   Mentaltraining: Visualisieren Sie Ihr Ziel

Variante A

Stellen Sie sich täglich kurz vor, wie es wäre, wenn Sie Ihr Ziel bereits erreicht hätten. Schauen Sie sich dabei innerlich Ihr Zielbild mit all seinen Details genau an. Machen Sie es dreidimensional, bunt und lebendig. Holen Sie es nah zu sich heran und steigen Sie dann mental in Ihre rosige Zukunft. Erleben Sie, wie es sein wird, dieses Ziel erreicht zu haben: Welche Geräusche gibt es? Vielleicht hören Sie Stimmen? Was riechen Sie? Fassen Sie etwas an und spüren Sie dabei die Oberfläche unter Ihren Fingern. Welches Gefühl empfinden Sie am Ende dieser Reise? Was denken Sie über sich? Seien Sie ruhig schon heute stolz auf sich: Das haben Sie schon jetzt verdient!

Bleiben Sie während dieser Miniübung möglichst entspannt. Machen Sie es sich leicht. Legen Sie sich eine Musik-CD dazu auf oder Sie gehen dafür in den Garten unter Ihren Lieblingsbaum. Setzen Sie sich bequem hin. Vielleicht machen Sie die Übung auch direkt morgens, während Sie noch im Bett liegen. Auch wenn so eine Visualisierung natürlich eine gewisse Übung verlangt, sollte sie Ihnen doch von Anfang an Spaß und Freude bereiten. „Streng dich weniger an, dann hast du mehr Erfolg!", gilt auch hier. Und ein bis zwei Minuten reichen völlig aus!

Variante B

Es ist möglich, Ihre Zielarbeit weiter zu optimieren, indem Sie Ihre Zielrealisierung zusätzlich noch einmal intuitiv-rechtshirnig beleuchten und auch verstärken. Lesen Sie die folgenden drei Übungsschritte erst einmal ganz durch, bevor Sie beginnen.

1. Schließen Sie Ihre Augen und entspannen Sie ganz bewusst Schultern und Nacken. Atmen Sie ein paar Mal tief durch. Stellen Sie sich vor Ihrem inneren Auge eine leere Leinwand vor, auf die nun Ihre Intuition Ihr Ziel als Bild oder Symbol malt. Lassen Sie sich Zeit dabei, bleiben Sie entspannt. Wenn Sie bisher noch nicht so viel mit dieser Art Visualisierungsübungen zu tun hatten, haben Sie Geduld mit sich. Manchmal erscheint das Bild dann auch erst etwas später, irgendwann im Laufe des Tages, ganz spontan. Oder Sie sehen es nachts im Traum. Es kann ein komplexeres Bild sein, so wie eine Art lebensechtes Foto oder aber auch ein ganz einfaches, eine Strichzeichnung vielleicht oder ein schlichtes Symbol. Im entspannten Visualisierungszustand ist es dann möglich, Ihr Bild oder Symbol mental zu ‚putzen' oder es zu verstärken: Vielleicht möchten Sie es mit Sonnen- oder Sternenlicht bestrahlen oder eine weitere Farbe hinzufügen. Spielen Sie mit dem Bild; probieren Sie Verschiedenes aus. Sie könnten es in einen wunderschönen, goldenen Rahmen setzen oder Ihren Blickwinkel etwas verschieben. Der Grund dafür ist, die Wirkung und die Kraft Ihres Zielbildes noch weiter zu erhöhen. Sie können das Bild insgesamt vergrößern oder verkleinern oder es etwas heller bzw. dunkler oder etwas kontrastreicher oder -schwächer gestalten. Experimentieren Sie, spielen Sie solange damit, bis das Bild wirklich sehr attraktiv und ganz kraftvoll auf Sie wirkt.
2. Fragen Sie sich im entspannten Visualisierungszustand dann, welche Bedeutung dieses Bild oder dieses Symbol für Sie hat. Lassen Sie das Bild zu Ihnen sprechen. In Worten oder Gefühlen, Farben oder weiteren Bildern. Was bewirkt das Bild bei Ihnen? Was ist die wichtigste Botschaft dieses Zielbildes an Sie? Was verspricht es Ihnen? Und was empfiehlt es Ihnen zu tun?

Denken Sie daran, dass Sie nach dieser Übung Ihr intuitives Zielbild in wenigen Sätzen in Ihrem Erfolgsjournal beschreiben und festhalten. Wenn Sie mögen, malen Sie es auch bunt in Ihr Erfolgsjournal.

Verheiraten Sie sich mit Ihrem Ziel

Es ist dann relativ leicht, ein Ziel konsequent anzugehen, zu verfolgen und zu erreichen, wenn man sich innerlich dazu verpflichtet hat. Treffen Sie ganz bewusst die Entscheidung, Ihr Ziel anzugehen, zu verfolgen und nicht eher zu ruhen, bis Sie es erreicht haben. Verpflichten Sie sich Ihrem Ziel. Sie könnten dazu wieder einen Vertrag mit sich selbst schließen, so wie Sie es schon aus dem ersten Kapitel kennen. Oder Sie legen sich selbst eine „spürbare Strafe" auf, wie zum Beispiel ohne Murren das Zimmer Ihrer Schwester zu streichen, wenn Sie bis zu einem festgelegten Termin Ihre geplanten Aktionsschritte nicht gemacht haben.

Eine meiner Studentinnen hat sogar einmal eine Art Ehe mit Ihren Ziel geschlossen, indem Sie feierlich folgendes erklärt hat: „Ich gelobe, mein Ziel zu lieben, zu achten, zu beschützen und zu nähren, egal was kommen mag, und ganz egal, wie ich mich fühle. In guten, wie in schlechten Tagen!"

Machen Sie den ersten Schritt

> Mach den ersten Schritt voller Vertrauen. Du brauchst nicht den ganzen Weg zu sehen. Mach einfach den ersten Schritt. (Martin Luther King, Jr.)

Es ist für viele überraschend und auch eine große Erleichterung zu erfahren, dass es im Moment der Zielformulierung noch nicht erforderlich ist, alle Schritte, die Sie bis zu Ihrem Ziel führen werden, im Detail zu kennen. In der Regel verändert sich ohnehin noch einiges „unterwegs". Ganz wichtig ist es jedoch, dass Sie Ihre ersten Schritte planen UND umgehend angehen. Die danach anstehenden nächsten Schritte und erforderlichen Aktionen ergeben sich in der Regel automatisch aus dem Vorherigen.

> Der erste Schritt ist oft der schwerste. Ist er einmal getan, wird der Rest leicht. (S. Sivananda)

Jetzt müssen Sie aktiv werden: Die 72-Stunden-Regel
Kennen Sie das? Ein Gespräch, ein Film, ein Seminar oder ein Buch hat Sie wachgerüttelt. Jetzt sind Sie wirklich wild entschlossen, etwas zu verändern und Sie glauben fest daran, dass Sie es schaffen könnten. Dann jedoch, nur wenige Tage später, hat der Alltag Sie schon wieder völlig in Beschlag genommen. Es sind eventuell nur wenige Tage vergangen und schon gehören Ihre Vorsätze der Vergangenheit an. Es ändert sich de facto nichts.

Es gibt eine Möglichkeit, das zu verhindern: Überlegen Sie sich **unmittelbar**, sobald Sie ein neues Ziel haben: „Wie kann ich jetzt sofort aktiv werden und loslegen?" Und dann beginnen Sie innerhalb von 72 h damit. Beginnen! Sie müssen (noch) nichts komplett erledigen, aber anfangen müssen Sie, möglichst schnell. Kleine Aktionen reichen hier durchaus, z.B. dass Sie innerhalb der 72-Stunden-Frist ein Buch ausleihen oder kaufen, ein Gespräch führen, einen Termin festmachen oder auch mit spielerischer Freude ein Visionboard basteln. Wenn Sie innerhalb von 72 h nach der Zielsetzung die ersten konkreten Schritte in Richtung auf das Ziel hin machen, ist die Wahrscheinlichkeit sehr hoch, dass Sie auch danach weiter am Ball bleiben und ihr Ziel auch wirklich erreichen werden.

Ihre Aktionen können dabei ruhig klein sein. Wichtiger ist, gerade zu Beginn, dass Sie sehr bald aktiv werden. Fragen Sie sich: „Welche tägliche oder wöchentliche Aktivität wäre förderlich für die Erreichung meines Ziels?" Oder: „Welche neue Angewohnheit würde es unmöglich machen, das Ziel nicht zu erreichen?" Und auch umgekehrt: „Welche alte Angewohnheit bin ich bereit abzulegen, damit ich meinen Erfolg haben werde?"

Mäßig aber regelmäßig
Bleiben Sie regelmäßig am Ball, seien Sie am besten täglich aktiv. Eine Viertelstunde täglich reicht zu Beginn vollkommen! Zehn Minuten tun es auch! Zehn Minuten Ziel-

arbeit jeden Tag sind sehr viel effektiver als alle drei Wochen einmal drei Stunden am Stück zu arbeiten. Bei der Arbeit mit Zielen ist es genau wie beim Sport! Übung macht den Meister. Erinnern Sie sich an die Komfortzone: Die „neuen Muskeln" müssen sich erst aufbauen, damit Sie die Aktivität genießen können. Mäßig aber regelmäßig: So verhindern Sie, dass Sie sich auspowern, erschöpfen oder gar einen „Muskel zerren". Beispielsweise könnten Sie beschließen, jeden Morgen fünfzehn Minuten früher aufzustehen, damit Sie sich schon vor dem Verlassen des Hauses fünfzehn Minuten Ihrem eigenen Erfolgscoaching widmen können.

Oft muss man, wenn man alte Gewohnheiten verändern möchte, erst eine gewisse Trägheit überwinden. Ich verspreche Ihnen, es lohnt sich. Sie werden sich bald zufriedener und selbstbewusster fühlen. Es ist so ähnlich, als wollte man eine große schwere Kugel anstoßen. Zu Beginn kostet das schon etwas Kraft, aber sobald die Kugel erst einmal angerollt ist, wird es immer leichter, sie am Laufen zu halten.

Die Hartnäckigkeit alter Gewohnheiten

Alte Gewohnheiten sind beharrlich und eifersüchtig. Sobald sie spüren, dass wir uns ihrer entledigen wollen, fahren Sie all Ihre Überredungskünste auf, um uns zu erweichen, sie beizubehalten. Bekämpfen wir sie entschlossen, rächt sich das: Nach spätestens zwei Tagen werden Ihnen alle möglichen Gründe einfallen, warum das neue Verhalten uns nicht weiterbringt, warum wir es vielleicht ein wenig abändern sollten, damit es sich besser mit dieser oder jener alten Gewohnheit verträgt, oder warum wir es ganz lassen sollten. (Dorothea Brande, geschrieben: 1934)

Sie werden immer ausreichend Zeit finden, um täglich aktiv zu werden und zu handeln!
Nur zehn Minuten, die Sie täglich in Ihr Ziel investieren, bringen Ihnen:

- Mehr Zufriedenheit im Studium
- Mehr Selbstbewusstsein
- Mehr Lebensfreude und Lebendigkeit
- Mehr Wahlmöglichkeiten und Freiräume
- Mehr Klarheit darüber, was Sie selbst wollen
- Mehr Klarheit darüber, welcher Lern- und Arbeitsstil zu Ihren persönlichen Neigungen und Talenten passt
- Mehr Sicherheit darin zu erkennen, welche Potenziale und Zukunftsträume Sie in sich tragen
- Und last not least: Mehr Erfolg im Studium – und später auch im Beruf!

Vergessen Sie nicht, dass die kleinen Unbequemlichkeiten und Veränderungen Ihrer Gewohnheiten sich am Ende durch ein erfüllteres Leben und größere Leistungsfähigkeit bezahlt machen. Wenden Sie Ihren Blick für eine Weile von all den Schwierigkeiten ab, über denen Sie schon viel zu ausgiebig gebrütet haben. Gestatten Sie sich in der Trainingsphase nicht, an die Möglichkeit des Scheiterns überhaupt zu denken, denn Sie sind in diesem Stadium noch gar nicht in der Lage, Ihre Erfolgschancen richtig einzuschätzen. (Dorothea Brande)

Allen Menschen ist klar, dass wenn Sie sich entschließen, regelmäßig in ein Fitnessstudio zu gehen, Sie über einen längeren Zeitraum hinweg mehrmals pro Woche trainieren müssen, bevor sich Ihr Körper verändert. Komischerweise bringen aber viele Menschen die gleiche Geduld und „Toleranz" nicht für ein mentales Training auf, sowie das Wissen, dass dann nach drei bis vier Wochen konsequenten Trainings mit Sicherheit eine Veränderung sichtbar sein wird. Das erstaunt mich immer wieder. Wenn Sie drei oder vier Wochen unbeirrt und konsequent ein mentales Trainingsprogramm absolvieren, werden sich die Erfolge mit gleicher Sicherheit zeigen, wie im normalen Fitnessstudio. Darüber hinaus würde niemand je dem irrigen Glauben aufsitzen, dass es reicht, ein Buch über Fitness zu lesen, um einen Waschbrettbauch zu bekommen.

Neue Gewohnheiten installieren oder: Die Kraft von Ritualen

Im Duden[5] wird das Wort ‚Ritual' definiert als „wiederholtes, immer gleichbleibendes, regelmäßiges Vorgehen nach einer festgelegten Ordnung". Fast alle erfolgreichen Menschen, egal ob Manager, Künstler oder Hochleistungssportler nutzen die Kraft von positiven Ritualen, um sich in guter Form (physisch, mental oder emotional) zu halten. Und vor allem, um damit die Macht alter Gewohnheiten zu durchbrechen!

Denken Sie beispielsweise ans Zähneputzen, das in der Mundhygiene einen hohen Wert in unserer Gesellschaft hat. Eltern installieren deshalb schon bei kleinen Kindern unumstößlich das Ritual des regelmäßigen Zähneputzens. Überlegen Sie sich morgens, ob Sie heute Lust zum Zähneputzen haben? Nein, Sie kämen gar nicht auf die Idee, so stark ist der Automatismus.

Ganz ähnlich können Sie die Kraft von Ritualen für Ihren Erfolg im Studium nutzen. Sie können neue Rituale einführen, die Sie im Studium unterstützen werden, indem Sie eine Aktivität ganz fest, immer zur gleichen Zeit am selben Ort auf dieselbe Art und Weise in Ihren täglichen Tagesablauf einbauen. Es dauert eine Weile, aber dann werden Sie die starke Macht eines Rituals erleben.

Welche Rituale würden Sie bei Ihrer Zielerreichung unterstützen? Welche neue, feste Angewohnheit würde Ihnen helfen, Sie auf Dauer effektiver, motivierter und erfolgreicher studieren zu lassen? Beginnen Sie mit einer kleinen Sache. Erst wenn dieses Ritual fest in Ihrem Alltag verankert ist und sich automatisiert hat, beginnen Sie mit dem nächsten Schritt.

Umgekehrt gibt es, wenn wir hier schon über die Änderung von Gewohnheiten sprechen, natürlich auch uns behindernde Rituale, die bereits fester Bestandteil unseres Lebens sind. Und das, obwohl wir natürlich wissen, dass sie uns nicht gut tun. Aber die Macht der Gewohnheit verhindert hier die Veränderung.

---

[5]www.duden.de/rechtschreibung/Ritual (letzter Abruf: 1.2.17).

Vielleicht wählen Sie auch hier eine Gewohnheit (nur eine!), von der Sie wissen, dass es Ihnen wirklich gut täte, sich davon zu lösen. Das kann so etwas sein, wie jeden Tag drei Stunden im Internet zu surfen, anstatt für das Studium zu lernen. Oder während des Semesters grundsätzlich Lehrveranstaltungen nicht nach- bzw. vorzubereiten, sondern stattdessen erst zwei Wochen vor der Klausur völlig gestresst Nachtschichten einzulegen.

Bauen Sie diese Angewohnheit allmählich, aber konsequent immer weiter ab. Also zum Beispiel kein Internetsurfen tagsüber mehr, während Sie lernen; auch nicht, um mal schnell etwas nachzuschlagen. Sammeln Sie stattdessen tagsüber Ihre Fragen und surfen Sie dann erst ab 20 Uhr abends.

21 Tage lang
Verankern Sie Ihre Aktionsschritte fest in Ihrem Tagesablauf und in Ihrem Kalender. Im Coaching sagt man, dass es mindestens 21 Tage braucht, eine neue Gewohnheit zu verinnerlichen. So lange dauert es, bis Ihnen eine neue Gewohnheit so vertraut geworden ist, dass sie Ihnen automatisch, leicht und ohne Widerstand des inneren Schweinehundes von der Hand gehen wird. Mir ist es nicht gelungen, eine wissenschaftliche Untermauerung dieser 21 Tage zu finden. Ich habe auf der Suche danach jedoch nebenbei gelernt, dass Hühner ihre Eier etwa 21 Tage bebrüten. Solange dauert es, bis ein Küken schlüpft.

Fakt ist: Veränderungen brauchen eine Weile, bis sie in Gang kommen. Sobald Sie ein bis zwei Wochen hinter sich gebracht haben, werden Sie merken, dass Sie sich besser und zuversichtlicher fühlen. Lassen Sie sich bitte auch dann nicht verunsichern, wenn eine geplante Aktion zu Beginn eventuell nicht sofort den gewünschten Effekt hat.

Das ist ähnlich, als würden Sie in Ihrem Garten etwas Neues säen. Da dauert es ja auch eine Weile, bis sich das erste Grün zeigt. Und dann dauert es wiederum einige Wochen oder länger, bis sich dieser kleine erste Keim allmählich zu einem kleinen Baum oder Busch entwickelt. In der Zwischenzeit werden Sie düngen und gießen, und sich über jedes noch so mickrige, kleine Blättchen wie eine Schneekönigin freuen. Aber auch Sonne, Wind und der Regen – also Faktoren, auf die Sie keinen Einfluss haben – steuern das Wachstum der Pflanze. Und jeder Samen keimt und wächst anders, auf seine ganz individuelle Art und Weise. Dieses Bild ist hilfreich für alle, die leider viel zu schnell wieder aufgeben. Es ist gut, sich klarzumachen, dass übereiltes, ungeduldig-neugieriges Ziehen an dem kleinen Pflänzchen schädlich ist und unbedingt zu unterbleiben hat. Und dass dennoch, gerade in der Phase, wo überhaupt noch gar nichts Sprießendes zu sehen ist, das tägliche Gießen wichtiger ist denn je. Später, wenn Ihr Baum dann größer und stärker geworden ist, müssen Sie ihn höchstwahrscheinlich gar nicht mehr versorgen. Regen, Wind und Sonne tun das ihre und er wächst ganz von alleine.

Sprechen Sie über Ihre Fortschritte
Überlegen Sie sich, mit wem Sie über Ihre Ziele und Ihr Selbstcoaching sprechen möchten. Das, was Sie sich jetzt hier neu aufbauen, kann eventuell Ihr Leben verändern. Es ist gut möglich, dass Sie noch in einigen Jahren davon erzählen: „Anfangen hat alles damals, als ich …" Zu Beginn ist jedoch dieses zarte ‚Pflänzchen' noch empfindlich. Schützen Sie es (wenigstens zu Beginn!) vor Unwetter und Stürmen. Leider ist diese Art der Coachingarbeit noch viel zu wenig verbreitet. Menschen, die sich noch nicht mit solchen Gedanken beschäftigt haben und die deshalb natürlich auch noch nie entsprechende Erfolgserfahrung mit Coachingtechniken gemacht haben, werden eventuell anzweifeln, dass man auf diesem Wege schnell und effektiv Erfolge erzielen kann. Ersparen Sie sich zu Beginn kritische Diskussionen. Später, nach einigen Monaten, wenn Sie erfahrener und sicherer im Selbstcoaching geworden sind, kann es eventuell sogar inspirierend sein, solche Gespräche zu führen. Aber im Moment sind Sie noch voll und ganz damit beschäftigt, sich selbst erst einmal „hochzupäppeln".

Andererseits hatte, wie Sie schon wissen, die amerikanische Psychologie-Professorin Matthews in ihrer Studie über den Erfolg von Kurzzeitzielen nachgewiesen, dass die erfolgreichste Strategie darin besteht, nicht nur das Ziel sowie eine Liste von konkreten Aktionsschritten aufzuschreiben und dann beides einem guten Freund zu schicken, sondern darüber hinaus diesem Freund wöchentlich über die Fortschritte zu berichten.

Suchen Sie sich einen Success Buddy
Auf Englisch wird solch eine unterstützende Person „ success buddy" genannt, was auf Deutsch „Erfolgskumpel" bedeutet. Suchen Sie sich eine solche Person. In einer Lerngruppe könnten Sie sich auf diese Weise auch gut gegenseitig unterstützen. Zwei Master-Studentinnen, die mein Erfolgscoaching mitgemacht hatten, fanden die Idee sehr hilfreich, die Bezeichnung „Erfolgskumpel" dagegen furchtbar (auch auf Englisch). Von ihnen stammt die Wortkreation der „Success Sister" (zu dt.: Erfolgsschwester).

Tun Sie so, als ob
Sie wollen Ihr Ziel nicht zuletzt deshalb erreichen, weil Sie sich davon einen bestimmten mentalen Zustand erhoffen. Beispielsweise werden Sie sich selbstsicherer fühlen, wenn Sie gute Noten haben. Erinnern Sie sich daran, welcher innere Wunschzustand hinter Ihrem Ziel steht, wie beispielsweise entspannte Gelassenheit, das Gefühl von Sicherheit, Zuversicht, Stolz oder etwas Ähnliches. Nun überlegen Sie sich, wie Sie diese Qualität, z.B. Selbstsicherheit, schon vor dem Erreichen Ihres Ziels erleben könnten.

Sie könnten sich beispielsweise vornehmen, bei einer bestimmten Lehrveranstaltung so zu tun, als ob Sie diese Qualität bereits verinnerlicht hätten. Setzen Sie sich einfach (experimentell geschauspielert) zufrieden, motiviert oder selbstbewusst in diese Lehrveranstaltung. Ganz egal, wie Sie sich wirklich fühlen, tun Sie einfach 90 Min lang so als ob. Wie sitzt hier jemand, der motiviert ist? Was sagt jemand, der selbstbewusst ist? Wie schaut er sich um oder andere an? Wie schreibt er? Was denkt sie? Was isst sie oder wie zöge sie sich an?

Eventuell kann Ihnen dabei auch eine entsprechende Referenzerfahrung aus einer Situation außerhalb des Studiums weiterhelfen. In welcher Situation sind Sie zufrieden, motiviert oder selbstbewusst? Denn genau diese Qualität, die Sie mit Ihrem Zielzustand verbinden, hilft Ihnen umgekehrt auch dabei, Ihr Ziel schneller zu erreichen.

Sie erinnern sich: „Fake it until you make it"? Probieren Sie es aus. Nur für 90 min oder auch eine halbe Stunde. Planen Sie schon jetzt fest einen Termin dafür in Ihrem Kalender ein! Tun Sie so als ob. Schlüpfen Sie probehalber in Ihre neue Zielrolle. Sie werden staunen, was allein das bewirken kann.

Charaktereigenschaften erfolgreicher Menschen

- Um erfolgreich zu sein, braucht man Ausdauer, Widerstandskraft, eine positive Grundhaltung und Integrität. Manchmal auch ein bisschen Mut bzw. die Entschlossenheit, trotz seiner Ängste zu handeln.
- Erfolgreiche Menschen glauben daran, dass sie Einfluss auf ihr Leben haben und es selbst gestalten können. Nicht-Erfolgreiche fühlen sich dagegen in der Regel den äußeren Gegebenheiten ausgeliefert.
- Erfolgreiche Menschen planen langfristig. Sie opfern durchaus manchmal Bequemlichkeit und kurzfristiges Vergnügen für eine größere Freiheit auf Dauer. Nicht-Erfolgreiche motivieren sich im Gegensatz dazu durch kurzfristige Vergnügungen, die sie aber leider dann von einer Zielstrebigkeit abhalten.

Jedes Mal, wenn Sie jammern, sich beklagen oder jemand anderen für etwas verantwortlich machen, was Ihnen widerfährt, haben Sie Ihre eigene Zielgerichtetheit aus den Augen verloren. Diese Aufzählung sollten Sie noch einmal lesen bzw. für sich überprüfen, wenn Sie bemerken sollten, dass Sie Ihrem Ziel nicht wirklich näher kommen. Gerade dann ist es gut, sich daran zu erinnern, dass Sie immer und in jedem Moment die freie Wahl haben, was und wie Sie denken und handeln. Überlegen Sie sich: „Was verliere ich bzw. was kostet es mich, wenn ich dieses Ziel nicht erreichen werde, wenn ich es jetzt nicht endlich konkret angehe?"

Machen Sie sich bewusst, welche Vorteile es hat, wenn Sie Ihr Ziel heute nicht angehen bzw. weiter verfolgen

Wenn Sie beispielsweise in diesem Semester nicht regelmäßig Ihre BWL-Vorlesung jede Woche nacharbeiten, ersparen Sie sich zunächst einmal tatsächlich harte Arbeit und anstrengendes Nachdenken. Vielleicht auch eine zeitaufwendige Recherche von unklaren Begriffen und auch das eklige Gefühl, nichts zu verstehen bzw. die Konfrontation mit der unangenehmen Wahrheit: „Ich bin fachlich nicht fit genug, um der nächsten Vorlesung angemessen folgen zu können". Alles – erst einmal! – unangenehm. Stattdessen könnten Sie heute entspannt auf Ihrer Couch liegen, ein bisschen fernsehen oder einen spannenden Krimi lesen.

Stellen Sie dann aber sofort dagegen: „Was kostet mich das auf Dauer?"
Womit bezahlen Sie das? Um was bringen Sie sich auf Dauer, wenn Sie heute Ihr Ziel nicht weiter verfolgen? Machen Sie sich auch das unbedingt klar. Es geht hier, das wissen Sie seitdem Sie Ihr Ziel im Detail beleuchtet und ausformuliert haben, um viel mehr, als nur eine gute Note. Erinnern Sie sich daran, warum dieses Ziel wichtig für Sie ist.

Davon ganz abgesehen, ist es sehr wahrscheinlich, dass Sie sich irgendwann selbst nicht mehr mögen, je länger Sie Ihre Pflichten auf die lange Bank schieben, weil Sie ständig ein schlechtes Gewissen und auch ein Loser-Gefühl haben. Selbstbewusstsein wird durch „Aufschieberitis" definitiv nicht gestärkt. Der kurzfristige Gewinn einer bequemen Krimilesestunde auf der Couch wiegt die langfristigen Nachteile bei weitem nicht auf.

Manche Studenten raffen sich leider erst dann auf, wenn diese ‚Kosten' und der innere Druck durch das Nicht-Arbeiten sehr hoch geworden sind. Dann jedoch – und dessen sollten Sie sich wirklich bewusst sein- ist meist die Situation schon ziemlich verfahren! Leichter und effektiver ist es mit Sicherheit, wenn Sie früher anfangen, Ihr Studium und Ihren Erfolg – und insbesondere Ihre Ziele! – aktiv in die Hand zu nehmen. Andernfalls wird es immer schwieriger, immer arbeitsaufwendiger, den versäumten Stoff aufzuholen und nachzuarbeiten. Ja, es gibt sogar einen Punkt, an dem es zu spät ist: Sie haben Ihre Chance verpasst! Es kommt irgendwann ein Punkt, wo Vermeiden, Aufschieben und Nichtstun sehr viel mehr kostet und unendlich viel schmerzhafter für Sie wird, als es jetzt wäre, endlich anzufangen!

3.4.5 Zielesetzen „im Kleinen" – Machen Sie sich das Zielesetzen zur ständigen Gewohnheit

Ich bin bei meinem letzten Amerikaaufenthalt in die offene Gymnastikstunde in einem Fitnessstudio gegangen. „Als Allererstes", sagte die Trainerin zu Beginn, „überlegen Sie sich jetzt kurz, was genau Ihre Intention für diese Gymnastikstunde ist!" Ich war zunächst verblüfft. Das hätte ich hier nicht erwartet. Dann aber wusste ich sofort: „Meine Schultern sind verspannt. Die möchte ich hier gerne lockern und entspannen." Im Lauf der nächsten 60 Min habe ich mich gewundert, wieso es so viele gute Übungen gab, um die Schultermuskeln zu lösen. Ich vermute jedoch, dass einfach dadurch, dass meine Aufmerksamkeit auf diesen Bereich gelenkt war, ich sofort jede Chance wahrgenommen habe, an meinen verspannten Schultern zu arbeiten. Das war ein kleines Aha-Erlebnis, das mich auf die Idee brachte, zurück in Hannover, auch meine Studenten zu Beginn einer Lehrveranstaltung aufzufordern: „Überlegen Sie sich bitte für einen kurzen Moment, was heute hier Ihr Ziel, Ihre Intention für diese Vorlesung sein soll."

Sie könnten sich beispielsweise das Ziel setzen, heute ganz wach und konzentriert dieser Vorlesung zu folgen. Oder in dieser Vorlesung heute ganz wach und gleichzeitig entspannt zu sitzen. Oder eine völlig neue, überraschend effektive Methode des Zuhörens oder des Mitschreibens zu entdecken. Oder sich heute mindestens einmal zu melden, um eine Frage zum Stoff zu stellen. Oder heute hier endlich jemand anzusprechen, ob er oder sie Lust hat, die Hausaufgaben gemeinsam zu bearbeiten. Oder …

Was ist Ihre Intention hier und jetzt, während Sie heute in diesem Kapitel lesen? Umgekehrt sollten Sie sich nach dem Lesen eines Buchkapitels, eines Fachartikels oder nach dem Besuch einer Vorlesung auch immer fragen: „Was habe ich heute Neues gelernt? Und was davon möchte ich mir merken?"

Checkliste zum Kap. 3
Ich habe meine eigenen Ziele entdeckt. Ich führe mein Erfolgsjournal und begleite so meinen Ziel-Verwirklichungsprozess *(Haken Sie ab, was Sie erledigt haben)*
- ☐ Ich habe mein persönliches Erfolgsziel fürs Studium gemäß den SMART-Kriterien ausgearbeitet und aufgeschrieben.
- ☐ Ich habe sichergestellt, dass mein Ziel mit meinen wichtigsten Werten kompatibel ist.
- ☐ Ich habe mein Ziel mithilfe der Kontextebenen im Studium „fine getuned".
- ☐ Ich habe mir konkrete, kleine erste Aktionsschritte überlegt und habe sie innerhalb von 72 h begonnen.
- ☐ Ich habe einen Success Buddy, dem oder der ich regelmäßig berichte.
- ☐ Ich habe mich durch die Geschichte des Musik-Dozenten Ben Zander inspirieren lassen, anstelle der offiziellen Prüfungsanforderungen mein Potenzial in den Mittelpunkt zu stellen. Ich weiß, was das für mich persönlich im Detail bedeutet.
- ☐ Ich habe mir überlegt, welches Ritual mich bei meiner Zielerreichung unterstützen kann. Ich habe eine entsprechende Aktivität ganz fest, immer zur gleichen Zeit, am selben Ort, auf dieselbe Art und Weise in meinen täglichen Tagesablauf eingebaut.
- ☐ Ich habe mir einen Plan gemacht, wie ich konsequent und gezielt eine Angewohnheit ablege, von der ich weiß, dass sie mich auf Dauer behindert.
- ☐ Ich möchte einmal ‚live' überprüfen, wie erfolgreich mein Coachingprozess bisher ist. Deshalb habe ich mir eine praktische Übung aus einem der vorherigen Kapitel ausgesucht, die ich jetzt – nachdem ich schon einiges an Selbstcoaching-Erfahrung gesammelt habe – noch einmal wiederholen möchte.
- ☐ Ich habe mein Ziel schon mindesten einmal morgens im Bett mental visualisiert.
- ☐ Ich habe in einer bestimmten Lehrveranstaltung den Trick „Ziele im Kleinen" für mich ausprobiert.

Ihr Glaube an sich selbst ist wie der Hahn, der Ihre Fähigkeit auf- und abdreht. (Brian Mayne)

Sie können, weil sie glauben, dass sie es können. (Vergil)

Das Glück deines Lebens wird bestimmt von der Beschaffenheit deiner Gedanken. (Marc Aurel)

© Springer Fachmedien Wiesbaden GmbH, ein Teil von Springer Nature 2018   151
K. Klenke, *Studieren kann man lernen,* https://doi.org/10.1007/978-3-658-23415-7_4

4.1   Ihre innere Einstellung entscheidet über Ihren Erfolg im Studium

Das, was jemand von sich selbst denkt, bestimmt sein Schicksal. (Mark Twain)

Viele Studierende glauben, dass sie sich nur genügend anstrengen und büffeln müssten, damit sie gute Noten erzielen können. Fakt ist jedoch, wenn Sie nicht daran glauben können, dass Sie etwas gut oder leicht erlernen können, wenn Sie an Ihren Fähigkeiten zweifeln oder wenn Sie ein bestimmtes Fach oder einen Dozenten innerlich ablehnen, Sie auch mit viel Anstrengung höchstwahrscheinlich keine besonders guten Noten erlangen werden.

Glaube ans eigene Können macht Wunder möglich. Umgekehrt verhindert Glaube an das eigene Nicht-Können den Erfolg mit Garantie! Eine wahre Geschichte.

www.freeimages.com, John Byer

Als ich ein kleines Mädchen war, etwa vier Jahre alt, haben wir meine Oma Auguste in der Kur in Bad Wörishofen besucht. Ich erinnere mich noch bis heute gut daran, wie meine Oma Auguste mit ihrem Blümchen-Hut dort mit mir auf einer Bank im Kurpark saß. Mir war entsetzlich langweilig und meine Oma von meinem Gequengel genervt.

„Schau, Kira", sagte sie schließlich und wies mit der Hand in Richtung Wiese. „Siehst du den vielen Klee da drüben?" Zum ersten Mal in meinem Leben erfuhr ich staunend, dass es drei- und auch vierblättrige Kleeblätter gibt. Dass die dreiblättrigen die Norm und die vierblättrigen selten und sehr schwer zu finden sind. Dass man aber, wenn man ein vierblättriges Kleeblatt findet, viel Glück ins eigene Leben zieht. Ich machte mich sofort mit großem Eifer und mit für mich damals ungewöhnlicher Ausdauer auf die Suche. Leider ohne Erfolg, was meine Oma Auguste nicht sehr erstaunte, da sie selbst auch noch nie ein vierblättriges Kleeblatt gefunden hatte. Sie war einfach nur erleichtert, dass sie auf diese Weise meinem Gequengel ein Ende gesetzt hatte. Sie hat damals sicher nicht geahnt, dass sie mir damit eine Aufgabe fürs Leben verpasst hatte.

Was sich damals bei mir im Kopf festgesetzt hat – ja, förmlich eingegraben, ich verwende das Wort bewusst – war erstens, dass es so gut wie unmöglich ist, ein vierblättriges Kleeblatt zu finden, und zweitens, dass ich trotzdem unbedingt mit meiner Kleeblatt- und Glückssuche Erfolg haben wollte.

Ich habe ungelogen jahrzehntelang immer wieder ausdauernd und vergeblich Kleeblattsuch-Anfälle gehabt. Ich habe sogar, als ich schon über 20 Jahre alt war, bei einer befreundeten Biologiestudentin nachgefragt, ob es tatsächlich vierblättrige Kleeblätter auf normalen Wiesen gäbe. Ich konnte mir nach jahrzehntelangem, intensivem und stets vergeblichem Suchen kaum mehr vorstellen, dass es mir jemals gelingen würde, eines zu finden. Immer wieder hatte ich in Wiesen gehockt und beharrlich eine Kleepflanze nach der anderen geprüft. Die Aufgabe erschien mir damals so schwierig, wie die berühmte Suche nach der Stecknadel im Heuhaufen. Mein verbissenes Suchen war offensichtlich so auffällig, wenn nicht gar merkwürdig, dass ich im Laufe der Jahre sogar von Fremden darauf angesprochen wurde.

Einmal habe ich auf einer längeren Autofahrt Pause gemacht, um mich etwas zu strecken. Als ich die Autotür öffnete, entdeckte ich direkt neben mir mit Klee durchsetztes Gras. Noch im Auto sitzend habe ich mich tief hinunter gebeugt und wie immer Pflanze für Pflanze gemustert. „Kann ich Ihnen helfen?", schreckte mich die freundliche Stimme einer anderen Autofahrerin auf. Im ersten Moment war ich sprachlos, dass mir eine Fremde bei meiner Kleeblattsuche helfen wollte. Dann aber wurde mir schnell klar, dass sie dachte, mir sei übel geworden.

Ein anderes Mal hat mir am Chiemsee ein süßes kleines Mädchen sein vierblättriges Kleeblatt geschenkt, das es gerade selbst gefunden hatte, weil es mich trösten wollte. Ich war gerührt, aber die unbewältigte Aufgabe blieb mir dennoch ein Stachel im Fleisch.

Irgendwann auf einer Busrundfahrt auf Mallorca war ich in der Mittagspause wieder auf einer Wiese in meine (natürlich vergebliche!) Kleeblattsuche vertieft. Eine Mitreisende fragte mich, was ich da mache. Sie staunte nicht schlecht darüber, dass die Kleeblattsuche so schwer für mich war. Sie selbst fände schon ihr ganzes Leben lang überall vierblättrige Kleeblätter, erzählte sie mir. So staunten wir uns gegenseitig an. „Und wie genau machen Sie das?", habe ich sie natürlich gefragt. „Keine Ahnung", antwortete sie. „Aber eines weiß ich: Es ist jedenfalls ganz leicht! Vierblättrige Kleeblätter wachsen doch überall!" Das war das erste Mal, dass es in meinem Kopf „Klick!" gemacht hat, und der Glaubenssatz: „Das ist kaum zu schaffen!", den ich seit meinem vierten Lebensjahr mit mir herumgetragen hatte, bekam seinen ersten Riss.

Wieder einige Jahre später las ich in einem Buch über das Setzen von Zielen. Ich habe vergessen, welches Buch es war. Dort wurde behauptet, dass man seine Ziele nur gut formulieren, sie aufschreiben und regelmäßig visualisieren müsse, wie man sie erreichen könne. Dann gäbe es fast kein Ziel, das man nicht spielend leicht erreichen könne.

So kam es, dass ich schließlich begonnen habe, regelmäßig zu visualisieren, wie ich auf einer Wiese mit Leichtigkeit ein vierblättriges Kleeblatt finde und es stolz pflücke. Ich hatte keine Probleme, mir diese Szene mental vorzustellen, aber GLAUBEN konnte ich das beim besten Willen trotzdem nicht! Wenn DAS trotzdem klappen sollte, so dachte ich damals, dann würde mich das wirklich überzeugen, dass solche Coachingwerkzeuge tatsächlich funktionieren.

Also habe ich ein paar Mal an verschiedenen Tagen visualisiert, wie ich auf einer Wiese ganz mühelos und schnell ein vierblättriges Kleeblatt finde. Irgendwann habe ich dann jedoch diese (ohnehin völlig unglaubhafte, wie ich damals dachte) Vorstellung aus den Augen verloren und vergessen.

Einige Zeit später ging ich mit meinem Mann spazieren. Wir unterhielten uns gerade sehr angeregt, als ich ganz nebenbei und zufällig im Augenwinkel wahrnahm, dass rechts im Seitenstreifen neben dem Weg Klee wuchs. Dann blieb mein Blick – noch während ich in das Gespräch mit meinem Mann vertieft war! – im Vorübergehen(!) an einem vierblättrigen Kleeblatt hängen. Ohne eine systematische Suche, so ganz nebenbei, während ich intensiv mit anderem beschäftigt war, hatte mein Unterbewusstsein die gesuchte Pflanze für mich ausgemacht. Erst als ich das Kleeblatt schon gepflückt hatte und es in der Hand hielt, habe ich wirklich begriffen, was gerade passiert war!

Dieses Erlebnis war für mich ein Schlüssel. Es war ein Schlüsselerlebnis dafür, wie angestrengtes, systematisches, linkshirniges Denken und Arbeiten trotz viel Fleiß und Einsatz nie das hätte erreichen können, was das Unterbewusstsein (sobald ich mich mental klar auf mein Ziel ausgerichtet hatte) absolut mühelos bewältigen konnte. Ich habe seitdem und über Jahre hinweg immer wieder vierblättrige Kleeblätter auf genau dieselbe Art und Weise gefunden. Wobei ich abgesehen von der damals probehalber durchgeführten Zielvisualisierungs-Phase, die nun schon lange zurückliegt, bewusst nichts weiter dazu beigetragen habe, diese Kleeblätter zu finden.

> Das ist kein Hokus-Pokus! Es braucht nur eine smarte innere Ausrichtung und den bewuss
> ten Fokus! (Kira Klenke)

Was diese Geschichte demonstriert ist, dass Zielgerichtetheit alleine dann nicht ausreicht, wenn jemand eine Aufgabe als zu schwierig einschätzt. Wenn zum Beispiel ein Student fest daran glaubt, dass er Statistik einfach nicht kapiert, obwohl – wie meine Erfahrung zeigt – wirklich jeder normal intelligente Mensch Statistik (zumindest bis zu einem bestimmten Grad) verstehen und erlernen kann.

Wie Sie bereits wissen, sollten Ihre Ziele aus Ihrer Sicht realistisch und selbsterreichbar sein. Da genau kann gelegentlich ein Knackpunkt liegen, nämlich dann, wenn Sie eine Aufgabe (fälschlicherweise!) für zu schwierig halten bzw. Ihre eigenen Möglichkeiten und Fähigkeiten, eine Lösung dafür zu finden, unterschätzen. Die gute Nachricht ist hier: Auch daran kann man arbeiten. Genau darum geht es in diesem Kapitel.

Beim meinem Kleeblatt-Erlebnis war ich zwar während der Visualisierung immer noch nicht davon überzeugt, dass meine Fähigkeiten ausreichen, aber ich war zu dem Zeitpunkt definitiv bereit, mich (versuchsweise) dem Glauben zu öffnen, dass solche Coachingtechniken tatsächlich funktionieren. Das allein war ausreichend, damit mein Gehirn (völlig ohne mein bewusstes Zutun) nach einem neuen, deutlich effektiveren Lösungsweg gesucht hat. Diese Geschichte illustriert auch gut, dass krampfhaftes Bemühen oft nicht zum Erfolg führt, weil es im Gegenteil blockiert. Erst ein gewisses Loslassen hilft dann, neue Lösungswege zu entdecken. So veranschaulicht diese Geschichte auch sehr gut, wie das Motto: „Streng Dich weniger an, dann hast Du mehr Erfolg!" in der Praxis konkret aussehen kann.

Haben Sie schon bemerkt, dass Sie meist Ihre Handlungen innerlich kommentieren? Mit Sätzen wie: „Jetzt muss ich mich aber beeilen!" oder „Au Backe, das wird knapp!" Einige von Ihnen denken jetzt vielleicht: „Was meint die bloß? Also ich kommentiere nichts im Kopf!" Das genau meine ich! Das ist genau die Art von Kommentar, von dem ich hier spreche.

> Achte auf Deine Gedanken, denn sie werden Deine Worte.
> Achte auf Deine Worte, denn sie werden Deine Gefühle.
> Achte auf Deine Gefühle, denn sie werden Dein Verhalten.
> Achte auf Deine Verhaltensweisen, denn sie werden Deine Gewohnheiten.
> Achte auf Deine Gewohnheiten, denn sie werden Dein Charakter.
> Achte auf Deinen Charakter, denn er wird Dein Schicksal! (aus dem Talmud)

Die Art Ihrer Gedanken bestimmt darüber, wie gut Sie in Lehrveranstaltungen neue Informationen aufnehmen, verstehen und behalten können. Oder darüber, wie selbstbewusst oder wie ängstlich Sie sich in bestimmten Situationen fühlen.

Im Laufe des Lebens gewöhnen sich leider viele Menschen an, sich selbst regelmäßig innerlich anzumeckern mit Kommentaren wie: „Warum stellst du dich bloß immer so blöd an?", „Warum krieg ich das denn nicht hin?", „Warum läuft denn jetzt dieses Computerprogramm immer noch nicht?" usw. In der Ich-Form oder auch der Du-Form sind es oft sinngemäß alte Ermahnungen der Eltern (manchmal auch die der Lehrer), die so unser ganzes Leben lang noch „nachwirken", sofern wir ihnen nicht bewusst auf die Schliche kommen.

> Das größte Übel, das den Menschen befallen kann, ist, dass er schlecht über sich selbst denkt. (J. W. von Goethe)

Ich möchte Ihnen in diesem Zusammenhang eine Geschichte erzählen:

4.1.1 Elefanten vergessen nichts

www.freeimages.com, John Byer

Wie ist es möglich, dass riesengroße, starke Elefanten zierlichen, indischen Mahuts (Elefantentrainern) voller Respekt gehorchen? „Elefanten vergessen nichts!", sagt man und es gibt eine Geschichte, wie Elefanten dressiert werden.

Die Elefanten werden, solange sie noch klein sind, mit einem Strick oder auch einer Kette an einen Holzpfahl gebunden. Dieser Pfahl ist stabil genug, dass er dem Ziehen und Zerren eines Elefantenkindes standhält. Jeder kleine Elefant versucht zunächst verzweifelt (aber stets vergeblich) sich zu befreien, denn er will natürlich viel lieber ungehemmt herumlaufen. Aber er begreift dann schnell: „Ich habe keine Chance. Der Strick, die Kette und der Pflock sind zu stark für mich. Sobald der Mensch mich anbindet, kann ich das Weglaufen vergessen." Diese Dressur funktioniert gut, wenn sie rechtzeitig, d. h. solange der Elefant noch klein und schwach ist, angewendet wird. Schon kurze Zeit später, wenn der Elefant größer und stärker geworden ist, wäre es für einen Menschen kaum noch möglich, ihn irgendwo mit einem Strick festzuhalten. Aber bis dahin hat das Tier schon lange resigniert.

Abb. 4.1   Negative Glaubenssätze

Man sagt, es reiche später sogar aus, einem ausgewachsenen Elefanten nur den Strick um den Fuß zu legen ohne das andere Ende festzubinden, dann bliebe das Tier trotzdem brav auf der Stelle stehen. Weil es eben aufgrund seiner Kindheitserfahrung weiß: „Gegen diesen Strick habe ich eh keine Chance!"

Auch viele Menschen setzen sich selbst mentale Grenzen weit unterhalb ihrer Leistungsgrenze, in der Regel auch aufgrund alter Erfahrungen. Auch sie unterschätzen dann völlig, genauso wie all die dressierten Elefanten, ihr heutiges Potenzial als Erwachsene (s. Abb. 4.1).

Stellen Sie sich vor, was passieren würde, wenn der ausgewachsene Elefant nur noch einmal seine Körperkraft im Vergleich zu Strick und Pfahl testen würde? Und auch wir Menschen täten gut daran, des Öfteren zu überprüfen: „Stimmt denn das, was ich seit langem glaube, heute in dieser Form noch?"

Stellen Sie sich vor, es wäre möglich, Statistik oder Informatik leicht zu erlernen. Oder Chinesisch sprechen oder Programmieren. Was wäre, wenn überhaupt vieles im Studium für Sie viel leichter zu bewältigen wäre, als Sie es immer geglaubt haben?

Der Glaube kann Berge versetzen. (deutsches Sprichwort)

Wie entstehen Glaubenssätze und wo liegt dabei das Problem?
Die obige Elefantengeschichte ist eine einprägsame Metapher für vergleichbare ‚Programmierungen', die viele von uns seit der Schulzeit verinnerlicht haben. Jemand hat zum Beispiel in der Schule seinen Aufsatz vorgelesen und wurde ausgelacht.

Sein oder ihr Fazit daraus war (und ist heute immer noch!): „Ich kann nicht gut schreiben." Oder: „Es ist gefährlich, meine wahre Meinung öffentlich kundzutun." Oder „Ich kann nicht vor größeren Gruppen sprechen." Seit jenem Tag glaubt er oder sie fest daran und verhält sich auch entsprechend; begrenzt sich, ist stets auf der Hut. Es könnte jedoch sein, dass eventuell genau dieser Mensch anderen Wichtiges zu sagen hätte. Dass er oder sie eventuell das Potenzial hätte, ein guter Redner oder eine hervorragende Autorin zu werden.

Das Problem ist, dass das auslösende Ereignis so einprägsam war, dass er oder sie einfach nicht mehr auf die Idee kommt, den alten, seit langem vertrauten Glaubenssatz je wieder in Frage zu stellen. Und viele von uns haben (leider) ähnliche Glaubenssätze im Gepäck. Deshalb sind auch die allermeisten Studierenden potenziell weitaus kraftvoller, intelligenter, stärker und kreativer als sie es selbst glauben können.

> It's not what we don't know that prevents our success. It's what we know and believe that isn't so, that is the greatest obstacle. (T. Harv Eker)

Glaubenssätze entstehen nicht allein durch Botschaften, die irgendwann einmal direkt an uns adressiert waren. Sondern auch durch Meinungen, die wir als Kind wiederholt von unseren Bezugspersonen gehört haben. Beispielsweise während wir auf der Erde mit Bauklötzen spielend im Hintergrund das Gespräch der Erwachsenen am Tisch verfolgt haben. Als damals beispielsweise der Vater, der gerade eine berufliche Weiterbildung begonnen hatte, stöhnte: „Ab dem 30. Lebensjahr geht es mit der Lernfähigkeit bergab. Da geht neues Wissen einfach nicht mehr so gut in den Kopf und es ist echt hart, etwas Neues zu lernen." Und dann wundert sich das Kind, Jahrzehnte später, wieso ihm, nachdem es endlich auf dem zweiten Bildungsweg das Abi nachgeholt hatte, das Lernen an der Uni so schwer fällt.

Ich selbst wurde so erzogen, dass ich bis heute noch (leider) sehr streng mit mir selbst in Bezug aufs Lernen und Arbeiten bin. Das oberste Motto meiner Mutter war: „Erst die Arbeit, dann das Vergnügen!" Ohne vorherige Leistung waren bei uns zuhause Freizeit oder Vergnügungen nicht gestattet. Ich habe lange gebraucht, um zu erkennen, dass es für mich, was den Erfolg angeht, wirklich genau umgekehrt ist: Ohne Freude an einer Tätigkeit ist bei mir keine echte Leistung möglich. Ohne Vergnügen an der Arbeit habe ich selbst noch niemals wirklich große Erfolge erzielt.

> Es ist leichter eine Lüge zu glauben, die man schon hundert Mal gehört hat, als die Wahrheit, die man noch nie gehört hat. (Robert Lynd)

Glaubenssätze sind fest in uns verankerte Annahmen und Gedanken, die bestimmen, zu was wir in der Lage sind, was wir gut können, was uns leicht fällt und womit wir uns schwertun. Deshalb ist die Arbeit an den Glaubenssätzen ein so essentielles Coachingelement. Denn es ist möglich, Ihr Potenzial blockierende Glaubenssätze aufzulösen und durch neue, kraftspendende zu ersetzen!

Neue, kraftvolle und Sie unterstützende Glaubenssätze erleichtern das Studieren enorm. Studierende probieren dann plötzlich neue Denk- und Verhaltensweisen aus, die ihnen früher gar nicht in den Sinn gekommen waren. Dabei werden sie dann erstaunt feststellen, dass nun Lehrinhalte, die ihnen vorher schwierig und verworren erschienen waren, plötzlich leicht und geschmeidig in ihren Kopf gehen.

Henne oder Ei? Was war zuerst?

Wir denken gängigerweise, unsere Ansichten über irgendetwas würden auf dem basieren, was wir diesbezüglich erlebt haben. Das stimmt aber nur teilweise. Aufgrund einer konkreten Erfahrung (oft war es schon in der Kindheit) haben wir zum Beispiel beschlossen, dass Mathematik schwer ist oder dass man sich unbeliebt macht, wenn man offen seine Meinung sagt. Nun filtern wir bzw. unser Unterbewusstsein „die Realität", bzw. was wir erleben, permanent gemäß dieser Vorannahme. Ich erinnere Sie in diesen Zusammenhang noch einmal an den Gorilla-Video-Versuch von Prof. Simons. Wir bemerken also bevorzugt solche Ereignisse, die unseren alten (eventuell schon lange nicht mehr dienlichen) Glaubenssatz weiter untermauern.

Kurz: Für Glaubenssätze gilt nicht (nur):

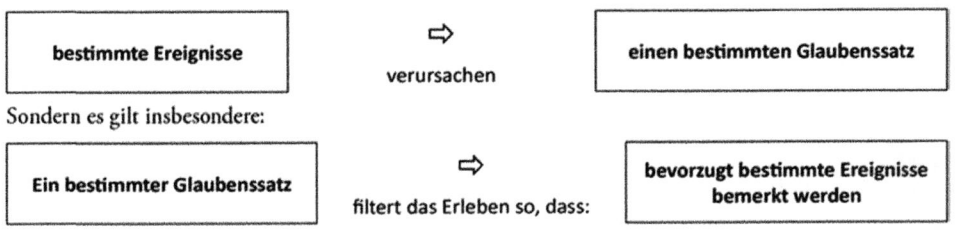

People become really quite remarkable when they start thinking that they can do things. When they believe in themselves they have the first secret of success. (Norman Vincent Peale)

Erfolgreiche Menschen leben in der ständigen Erwartung, immer wieder Erfolg zu haben. Sie besitzen ein selbstbewusstes Vertrauen in ihre eigenen Fähigkeiten und in ihre Kreativität. Sie glauben fest daran, dass sie, egal was ihnen passiert, immer eine Lösung finden werden (s. Abb. 4.2).

Außergewöhnliches wurde immer nur von Menschen geleistet, die zu glauben wagten, dass irgendetwas in ihrem Inneren den Umständen gewachsen sei. (Bruce Barton)

Deshalb ist es so wichtig, dass auch Sie anfangen, wirklich an sich zu glauben. Und es gibt gute Gründe und handfeste Fakten, die für Ihr großes Potenzial sprechen (dazu später noch mehr in diesem Kapitel). Ich glaube jedenfalls fest an Sie!

Nichts hat ein Limit. Umso weiter Du träumst, desto weiter kommst Du! (Michael Phelps, Schwimmweltmeister und 18-facher Olympiasieger)

Abb. 4.2 Positive Glaubenssätze

Ein weiteres Geheimnis erfolgreicher Menschen besteht in dem Unterschied zwischen „ich muss" und „ich will":

> Erfolgreich zu sein, ist eine Frage der Einstellung. Zwischen dem ‚Ich will' und ‚Ich muss' besteht ein riesiger Unterschied. (Erfolgsgeheimnis des Weltklasse-Fußballspielers Kaká)

Wann immer Sie sich dabei erwischen, dass Sie zähneknirschend denken: „Morgen früh muss ich schon wieder in diese blöde xyz-Vorlesung." oder ähnliches, erinnern Sie sich bitte daran: Niemand zwingt Sie (das hoffe ich zumindest für Sie) dieses Fach zu studieren oder diesen Beruf zu ergreifen. Sie haben das selbst für sich entschieden!

Dass es in jeder Lebenssituation, in jedem Studium, in jedem Beruf, in jeder Liebesbeziehung immer auch Details gibt, die einem nicht so sehr liegen, damit müssen wir alle leben. Dennoch, wann immer Sie denken (oder empfinden) „Ich muss … !" oder „Ich sollte aber jetzt wirklich mal…", schalten Sie bitte sofort innerlich um. Machen Sie sich bewusst, dass Sie frei sind und stehen Sie zu Ihrer eigenen Entscheidung. Spüren Sie, wenn Sie das nächste Mal in einer langweiligen oder anstrengenden Lehrveranstaltung sitzen, ganz bewusst nach, was sich verändert, wenn Sie in Ihrem inneren Dialog umschalten von „O je, ich muss…" zu „Ich habe mich freiwillig dazu entschlossen, in diese Lehrveranstaltung zu gehen, um…."

Der Unterschied zwischen Optimisten und Pessimisten

Wie optimistisch oder pessimistisch jemand ist, hängt davon ab, wie er sich seine Erfolge und Misserfolge erklärt und diese bewertet. Der amerikanische Psychologe Martin Seligmann, Pionier auf dem Gebiet der positiven Psychologie, hat herausgefunden, dass Menschen dann das Gefühl haben, aufgeben zu müssen, wenn sie ihre Probleme als permanent („Es hört einfach nicht auf.") betrachten und als ein grundlegendes Problem („Das ganze Studium ist eine Nummer zu groß für mich.").

Optimisten schreiben alle ihre Erfolge grundsätzlich ihrem Können zu, und sie stufen Rückschläge als Ausrutscher ein, bei denen sie eben ausnahmsweise Pech gehabt haben. Bei den Pessimisten ist es genau umgekehrt. Sie generalisieren Fehschläge: „Ich hab immer Pech!", „Mathematik liegt mir eben einfach nicht!" Und Sie glauben stattdessen bei Erfolgen an Zufall: „Der Prof hat glücklicherweise in der Prüfung nicht gemerkt, wie wenig ich weiß.", „Die Klausur war dieses Mal einfach leicht." Damit bleibt natürlich die Angst vor dem Versagen auch nach einer (gut) bestandenen Prüfung bestehen.

Im Gegensatz dazu gehen die Optimisten stets zuversichtlich in die nächste Prüfung, weil sie grundsätzlich Vertrauen in sich selbst und in ihre Leistung haben. Jeder weitere Erfolg bedeutet für sie wieder eine Bestätigung, und eine schlechte Note kann ihnen wenig anhaben, da sie überzeugt davon sind, dass dies ja nur eine Ausnahme, ein Ausrutscher gewesen ist.

Nehmen Sie sich jetzt bitte einen Moment Zeit, um zu überlegen, in welcher Situation im Studium Sie gemäß der obigen Beschreibung „pessimistisch" denken. Dann spielen Sie durch – nur probehalber und rein theoretisch –, was ein Optimist hier stattdessen denken würde.

4.2   Glaubenssätze zum Anfassen

> Wir würden mehr Dinge zustande bringen, wenn wir sie nicht für unmöglich hielten. (Christian Malesherbes)

Hierzu fällt mir eine wahre Geschichte[1] aus dem Leben des bekannten amerikanischen Mathematikers George Bernard Dantzig (1914–2005) ein.

4.2.1   Er war überzeugt, es sei machbar

George Bernard Dantzig hat in Berkley, an der University of California, studiert und dort eine Vorlesung bei Professor Neyman besucht, einem berühmten Statistiker. Eines Tages kam Dantzig zu spät in diese Vorlesung. Hastig notierte er sich die zwei Aufgaben, die Neymann schon vorher an die Tafel geschrieben hatte. Dantzig dachte, es handele sich um die Übungsaufgaben für diese Woche. Später war er zuhause etwas irritiert, weil er deutlich länger brauchte, als sonst, um die beiden Lösungen zu finden, die er dann einige Tage später bei seinem Professor einreichte.

Kurz danach kam sein Professur aufregt zu ihm, denn die vermeintlichen Hausaufgaben, die Dantzig mit Erfolg korrekt gelöst hatte, waren zwei der berühmtesten, bis dato ungelösten Probleme in der Statistik. Diese Geschichte wurde 60 Jahre später in die erste Szene des Hollywoodfilms „Good Will Hunting" eingebaut.

---

[1] Siehe: en.wikipedia.org/wiki/George_Dantzig (letzter Abruf: 1.2.17).

4.2.2   Glauben auch Sie stets daran, dass es leicht machbar ist!

Immer wieder entdecken Studierende in meinen Statistik-Vorlesungen, dass Stoff, von dem sie vorher fest geglaubt hatten, er sei staubtrocken und kaum verständlich, für sie plötzlich interessant und relativ leicht zugänglich ist.

Im dem Zusammenhang fällt mir noch eine Geschichte ein, die ich vor zwanzig Jahren auf einem Coachingseminar erlebt habe. Einer der anderen Teilnehmer war Peter Picard, ein heute sehr erfolgreicher und auch im Fernsehen bekannter deutscher Coach. Er ist genau wie ich der Meinung, dass Coachingtechniken jungen Menschen bereits in der Schule und an der Hochschule vermittelt werden sollten. Als wir uns 1992 kennenlernten, hatte Peter Picard gerade einen Weltrekord gebrochen. Er hatte den alten Bruchtest-Weltrekord im Durchschlagen großer Eisblöcke vor laufender Fernsehkamera um 100 % verbessert. Dabei hat er zehn massive Eisblöcke, die sich wie eine Wand aus Eis von 2,25 m Höhe und etwa 1 m Breite vor ihm aufbauten, mit einem einzigen Handkantenschlag durchbrochen.

Interessant ist hier, dass er bereits vorher schon einmal sechs Eisblöcke durchbrochen hatte und erst danach aus einer Sendung mit Thomas Gottschalk erfuhr, dass es überhaupt einen solchen Bruchtest-Weltrekord gab und dieser bei fünf Eisblöcken lag. Einen Satz von Peter Picard aus unserem allerersten Gespräch damals vor 20 Jahren habe ich bis heute noch im Ohr, als sei es gestern gewesen. Zu meiner Verblüffung sagt er damals zu mir: „Weißt du, Kira, ich habe doch geglaubt, das sei leicht!"

Daran glaubte er bemerkenswerterweise genauso, als es um die zehn Eisblöcke und die Verdoppelung des Weltrekords ging, obwohl einige andere Kampfkunstmeister zu ihm sagten: „Warum solltest ausgerechnet du es schaffen? Wir kennen Taekwondo-Meister, die haben sich schon beim Versuch, nur einen Eisblock zu durchschlagen, die Hand gebrochen." Peter Picards Erfolgsgeheimnis bestand in einem speziellen mentalen Training. Er sah vor seinem geistigen Auge immer wieder einen Film, in dem er es schaffte, zehn Eisblöcke zu meistern und deswegen fühlte es sich für ihn leicht und machbar an.

Im Zuge der Recherchen für dieses Buch habe ich mit Peter Picard jetzt, nach fast 20 Jahren, noch einmal ein Gespräch darüber geführt. Ich habe ihn noch einmal im Detail gefragt, wie genau er es 1992 geschafft hat, diesen Weltrekord zu brechen. Und natürlich auch, welche konkreten Erfolgstipps er für Studierende hat. Vieles von dem, was ihm zu dieser sportlichen Höchstleistung verholfen hat, kann man – davon ist Peter Picard genauso überzeugt wie ich – gleichermaßen auch für den Erfolg im Studium benutzen. Das komplette Interview finden Sie bei Interesse im Internet[2].

Im Hochleistungssport lässt es sich immer wieder beobachten: Oft scheint eine bestimmte Grenze (wie die Höhe oder Weite eines bestimmten Sprunges oder Wurfes) jahrelang nicht erreichbar bzw. überschreitbar. Sobald jedoch ein (1!) Mensch demonstriert, dass dies doch möglich ist, wird danach (oft in kürzester Zeit) sein neuer Rekord von anderen gebrochen.

---

[2]https://youtu.be/bECiAexQEQE (letzter Abruf: 1.2.17).

Bevor wir jedoch in diesem Kapitel gemeinsam daran gehen, neue, Ihnen Kraft gebende Glaubenssätze zu „installieren", müssen Sie zunächst eine Bestandsaufnahme der alten, Sie sabotierenden Glaubenssätze durchführen. Vielleicht fragen Sie sich jetzt, wie Sie das am besten tun können. Dafür gibt es einen Trick: Wenn jemand Ihnen von einer Problemsituation oder Herausforderung erzählen würde, wie Sie sie derzeit im Studium erleben, welche vorherrschenden Gedanken oder Glaubenssätze würden Sie bei dieser Person vermuten? Was muss ein Mensch, der diese Art von Problemen hat, über sich und das Studium denken oder glauben?

Petra Bock weist in ihrem Buch „Mindfuck" darauf hin, dass es im Prinzip zwei Arten von einschränkenden und uns blockierenden Glaubenssätzen gibt. Entweder gehören sie zur „Opfer-Variante" mit Gedanken wie „Ich schaffe das einfach nicht." oder „Ich bin zu dumm." etc.; oder aber zur dominanten „Befehls-Variante" mit Sätzen wie: „So etwas tut man als Frau nicht!" oder „Du musst dich endlich mal richtig anstrengen, sonst wird das mit dem Studium nie was!"

Gerade bei der zweiten Variante sind die Gedanken in unserem Kopf manchmal auch in der Du-Form abgespeichert. Dann heißt es zum Beispiel nicht: „Ich bin einfach zu faul!", sondern „Du bist einfach zu faul!". Bitte behalten Sie dies im Hinterkopf, während Sie gleich die unten folgende Beispielliste durchgehen. Vielleicht kennen Sie einen bestimmten Satz dort zwar nicht in der Ich- aber dafür in der Du-Form. Dann schreiben Sie sich bitte den Glaubenssatz in dieser anderen Form in Ihrem Erfolgsjournal auf.

4.2.3 Entlarven Sie Ihre das Studium behindernden Glaubenssätze

Im Folgenden finden Sie eine Auflistung destruktiver, das Studium potenziell behindernder Glaubenssätze. Kreuzen Sie hier bitte alle Sätze an, die Ihnen irgendwie bekannt vorkommen. Egal, wie viele es sind. Manchmal stehen Ihnen in einzelnen Sätzen mehrere Begriffe alternativ zur Auswahl und manchmal gibt es Lücken im Text, sodass Sie den Satz für Ihre persönliche Situation im Studium passend zuschneiden können. Sie können natürlich auch alle anderen Sätze so abwandeln, dass diese besser bzw. genau auf Sie zutreffen.

Sollten Ihnen darüber hinaus während des Lesens weitere behindernde Glaubenssätze einfallen, die hier nicht aufgeführt sind, dann notieren Sie sich bitte unbedingt auch diese Sätze.

☐ Um im Studium erfolgreich zu sein, muss man Tag und Nacht pauken.
☐ Im Studium erfolgreich zu sein, ist sehr anstrengend.
☐ Im Studium wirklich erfolgreich zu sein bedeutet, keine Freizeit mehr zu haben.
☐ Im Studium erfolgreich sein bedeutet, Einzelgänger zu sein oder zu werden.
☐ Ich bin nicht intelligent genug, um wirklich erfolgreich im Studium zu sein.
☐ Das schaffe ich nicht.
☐ Ich kann das nicht. Oder konkreter: Ich kann _____ einfach nicht.

☐ Ich bin nicht so gut wie andere.

☐ Ich bin nicht so selbstbewusst wie andere.

☐ Ich bin nicht so _____ wie andere.

☐ Fehler sind peinlich.

☐ Es ist mir peinlich, wenn jemand bemerkt, dass ich etwas nicht verstanden habe.

☐ Ich bin nicht fleißig genug, um wirklich im Studium erfolgreich zu sein.

☐ Ich bin nicht _____ genug, um wirklich im Studium erfolgreich zu sein.

☐ Wenn ich deutlich erfolgreicher wäre, würden andere mich für einen Streber halten.

☐ Wenn ich deutlich erfolgreicher wäre, wären andere neidisch auf mich.

☐ Wenn ich deutlich erfolgreicher wäre, _____.

☐ Im Moment habe ich doch schon so zu viel um die Ohren, da kann ich jetzt nicht auch noch zusätzlich ein Selbstcoaching-Programm durchführen.

☐ Unsichere Menschen können nicht lernen, selbstsicher(er) zu werden.

☐ Ich glaube nicht, dass man seine innere Einstellung verändern kann.

☐ So ein (läppisches) Buch wie dieses, kann oder wird doch meine alten Gewohnheiten nicht verändern!

☐ So wie man ist, ist man eben. Dagegen kann man nichts tun!

☐ Ich bezweifele, dass solche Coachingmethoden wirklich funktionieren.

☐ Bei mir funktionieren solche Psychotricks nicht.

☐ Vielleicht ist es gefährlich/_____ mit neuen Lernstrategien zu experimentieren.

☐ Mir fehlt Grundlagenwissen für das Studium.

☐ Zu viel pauken nimmt mir Lebensfreude/Kraft/Zeit/_____ (nicht Zutreffendes streichen).

☐ Was mich persönlich interessiert, passt nicht zu dem, was von mir im Studium erwartet wird.

☐ Ich muss mich genau an die Anweisung/Aufgabenstellung/_____ des Profs/ Dozenten halten (auch wenn es mir stinkt), wenn ich gute Noten bekommen will.

☐ Aber ich muss doch _____.

☐ Mir reicht es schon, wenn ich die Klausur in _____ bestehe.

☐ Mir reicht es schon, wenn ich nur irgendwie meinen Abschluss schaffe.

☐ Es fällt mir schwer, andere (wie Profs oder Kommilitonen) etwas zu fragen, was ich nicht verstanden habe.

☐ Wenn ich Fragen stelle, merkt jeder, wie dumm ich bin.

☐ In unserer Familie war noch nie jemand wirklich erfolgreich/Akademiker/_____.

☐ Ich war schon in der Schule schlecht/nur mittelmäßig/_____, wie soll es denn da im Studium besser werden?

☐ Was ich in den Lehrveranstaltungen alles höre, kann ich mir ohnehin nicht merken.

☐ Ich habe Prüfungen (manchmal) nur bestanden, weil ich Glück gehabt habe. Es blieb irgendwie unbemerkt, wie unfähig ich bin.

☐ Ich erledige Aufgaben immer erst auf den letzten Drücker. Ich schaffe es einfach nicht, mich früher aufzuraffen.

☐ Ich brauche Druck, um in die Gänge zu kommen.

☐ Mein Leidensdruck ist noch nicht stark genug.

☐ Ich bin körperlich zu schwach/zu alt/nicht gesund genug/_____, um Gutes im Studium zu leisten.

☐ Es ist unmöglich, nett zu sein und ein Einserkandidat.

☐ Streber sind doof.

☐ Gute Noten und entspannt studieren ist ein Widerspruch in sich.

☐ Ich verdiene keine guten Noten.

☐ Im Zweifelsfall schalte ich dann doch wieder den Fernseher an/surfe im Internet/_____, statt zu lernen.

☐ Mein innerer Schweinehund ist stärker, als meine Motivation zu Lernen.

☐ Der Stoff des Studiums ist zu trocken/langweilig/_____.

☐ Ich habe keine Lust zu lernen.

☐ Ich kapiere _____ einfach nicht. Es ist zu schwer/hoch/_____ für mich.

☐ Es wäre mir peinlich, wenn die anderen wüssten, wie wenig ich mitbekomme.

☐ Ich habe keine Lust auf _____ (tragen Sie ein, was hier für Sie stimmt, wie z. B. Programmieren oder Texte schreiben).

☐ Ich bin nicht intelligent genug, um in einem akademischen Studium erfolgreich zu sein.

☐ Ich kann mich nicht lange genug konzentrieren.

☐ Es ist mir unmöglich gut zu lernen, wenn der Stoff so chaotisch/unverständlich/schnell/so _____ präsentiert wird.

☐ Ich kann mir nicht vorstellen, wie ich je _____.

☐ Dieser Studiengang/Stundenplan/_____ ist einfach schlecht konzipiert/organisiert/_____.

☐ Ich bin nicht intelligent/fleißig/diszipliniert/_____ genug, um mich angemessen auf die Prüfungen vorzubereiten.

☐ Es dauert zu lang und ist zu schwer, den Stoff im Fach _____ richtig zu verstehen.

☐ Ich habe zu viele Wissenslücken.

☐ Ich habe nicht genügend Zeit, um _____.

☐ Ich bin zu langsam.

☐ Es ist einfach alles zu viel.

☐ Erst die Arbeit, dann das Vergnügen.

☐ Als Frau muss ich mich immer zuallererst um meine Kinder kümmern.

☐ Als Frau sollte ich stets sanft bleiben/lächeln/mich zurückhalten/mich um andere kümmern/_____.

☐ Als Mann muss ich mich nach außen immer stark zeigen/souverän/intelligent/tapfer/_____.

☐ Ich brauche es gar nicht erst versuchen zu _____, ich schaffe es ohnehin nicht/falle sowieso wieder durch/_____

_____.

☐ Ich werde nicht ausreichend beim Lernen unterstützt.

☐ Wenn man offen sagt, was man wirklich denkt, macht man sich unbeliebt.

☐ Wenn ich auf Fehler hingewiesen werde, fühle ich mich unwohl/minderwertig/_____.

☐ Ich leide unter Aufschieberitis.

☐ Ich habe einfach keine Disziplin.

☐ Ich bin eben faul.

☐ Ich habe Angst vor mündlichen Prüfungen/allen Prüfungen/vor der Prüfung in _____/vor _____ (bitte hier gegebenenfalls Ihre konkreten Details eintragen).

☐ Ich kann schlecht auswendig lernen/nicht vor großen Gruppen sprechen/nicht schnell genug lesen/nicht so schnell denken/nicht _____ (bitte hier gegebenenfalls Ihre konkreten Details eintragen).

☐ Ich bin eine Zumutung für andere.

☐ In der Situation _____ habe ich versagt.

☐ Ich hätte ein besserer Schüler sein sollen.

☐ Ich müsste mich wirklich mehr um mein Studium kümmern.

☐ Ich bin ein Versager.

☐ Ich schäme mich, dass ich so langsam/faul/_____ bin.

☐ Ich darf nicht _____.

☐ Ich darf keine Fehler machen.

☐ Ich darf nicht so viele Fehler machen.

☐ Ich sollte mich endlich zusammenreißen.

Die folgenden Glaubenssätze sind situationsabhängig. Wie denken Sie, woran glauben Sie, wenn es schwierig wird im Studium:

☐ Mir fällt nichts mehr ein.

☐ Ich habe schon alles probiert: Es ist hoffnungslos/vergebliche Mühe/_____.

☐ Ich hänge fest und weiß nicht weiter.

☐ Ich weiß beim besten Willen nicht, was ich jetzt noch tun soll/machen könnte.

Denken Sie bitte daran, sich weitere behindernde Glaubenssätze, die hier nicht aufgeführt wurden, die aber auch für Sie zutreffen, zusätzlich zu notieren.

Entlarven Sie Ihre das Studium behindernden Glaubenssätze (Teil II)

Nachdem Sie nun eine erste Liste von Glaubenssätzen gefunden haben, die Sie möglicherweise im Studium blockieren, werden Sie diese Sätze jetzt einzeln bezüglich ihres Wirkungsgrades einstufen. Dazu überlegen Sie sich bitte für jeden Glaubenssatz, den Sie angekreuzt oder sich zusätzlich aufgeschrieben haben, wie stark dieser Satz Sie persönlich beeinträchtigt. Um das einschätzen zu können, überlegen Sie sich, in welcher konkreten Situation im Studium dieser Glaubenssatz aktiv wird. Und wie wirkt er sich dann auf Sie aus? Wie genau blockiert oder belastet er Sie dann? Wie stark engt er Sie ein? Anhand dieser Überlegungen stufen Sie dann den Glaubenssatz auf einer Skala von 0 (=so gut wie keine Belastung oder Behinderung durch diesen Satz) bis 8 ein (=sehr starke Belastung oder Behinderung durch diesen Satz).

Alle Glaubenssätze, denen Sie dabei eine 4 oder höhere Punktzahl gegeben haben, sollten Sie mit mehreren der im folgenden Unterkapitel empfohlenen Techniken bearbeiten. Beginnen Sie dabei zunächst mit den drei Glaubenssätzen, die Sie am schwerwiegendsten behindern.

4.3   Schöpfen Sie neue Kraft, programmieren Sie sich um auf Erfolg

> (…) if you want to improve your life (and why else would you have come to college?), you'll need to change some of your beliefs and behaviours. (…) Once these new beliefs and behaviours become a habit, you'll find yourself in a cycle of success, on course to creating your dreams in college and in life. (Skip Downing)

Es ist möglich, alte, behindernde Glaubenssätze zu verändern und sie stattdessen durch kraftvolle, Sie unterstützende Gedanken zu ersetzen. Dann werden Sie Herausforderungen anders empfinden als bisher und deutlich kraftvoller und entschlossener reagieren können. Selbstbewusst und voller Vertrauen wissen Sie dann beispielsweise, dass Sie immer eine Lösung finden werden.

Wichtig war dafür zunächst, dass Sie sich der alten Denkmuster und Glaubenssätze bewusst wurden. Jetzt werden Sie im nächsten Schritt überprüfen, ob diese alten Gedanken, die alle aus der Vergangenheit stammen, für Ihre aktuelle Lernsituation und Ihr derzeitiges Ziel im Studium überhaupt noch angemessen und förderlich sind. Manchmal genügt es schon, sich einer alten, behindernden „Programmierung" bewusst zu werden. Schon das allein reicht manchmal aus, um sich von diesem alten Programm aus der Vergangenheit zu verabschieden. Anstatt sich von lange nicht mehr adäquaten, unbewussten Programmen steuern zu lassen, können Sie sich nun auf der Basis Ihrer heutigen Fähigkeiten und Kenntnisse angemessen neu entscheiden.

> Der Kopf ist rund, damit das Denken die Richtung ändern kann. (Francis Picabia 1922)

4.3.1   Alte Glaubenssätze ausbremsen: Setzen Sie ein Stopp

Der erste Schritt besteht also immer darin, sich des alten, sich automatisch abspulenden Denkmusters in der entsprechenden Situation bewusst zu werden. Das ist jetzt, nachdem Sie Ihre Glaubenssätze kennen, leichter, als Sie vielleicht annehmen. Und schon das allein ist in vielen Fällen heilsam.

Darüber hinaus gibt es einen ganz einfachen und schnell wirksamen Trick, den Jane Savoie (Olympiasiegerin im Dressurreiten) in einem Buch mit Mentaltechniken für Reiter (Savoie 2003) empfiehlt: Gewöhnen Sie sich an, innerlich laut „Stopp!" zu brüllen, sobald Sie den alten Automatismus wieder einmal bei sich entdecken. Angenommen es denkt in Ihrem Kopf: „Herrje, ist das kompliziert! Ich verstehe diese Statistik einfach nicht! Ich bin zu blöd dazu!" STOPP! „Aber es stimmt doch. In der Vorlesung halte ich es kaum aus. Ich würde am liebsten rauslaufen, weil …" STOPP! Usw. Probieren Sie es aus! Sie werden bemerken, wie sich dadurch Ihr mentaler Zustand unmittelbar verändert. Die visuell Veranlagten unter Ihnen könnten alternativ dazu innerlich auch ein rotes Stoppschild „hochklappen". Wenn ich alleine im Auto fahre, brülle ich das „Stopp!" gelegentlich sogar laut.

Noch einen drauflegen
Es gibt einen uralten Trick für Verhaltensänderungen, den Sie mit der obigen Stopp-Technik kombinieren könnten. Dazu tragen Sie ein Gummiband am Handgelenk und jedes Mal, wenn das alte mentale Programm abläuft und Sie (innerlich leise oder auch laut) „Stopp!" brüllen, spannen Sie im selben Moment das Gummiband und lassen es schnell auf die Haut zurückschnappen. Das hört sich eventuell im ersten Moment ein bisschen brutal an. Es gibt aber Studierende, die es genau damit geschafft haben, sich erfolgreich umzuprogrammieren.

Den Körper zusätzlich nutzen
Petra Bock empfiehlt in ihrem Buch „Mindfuck" in den Momenten, wo wir bemerken, dass uns alte Glaubenssätze steuern, die Aufmerksamkeit sofort ganz bewusst auf das Körpergefühl zu lenken. Diese kleine Aktion holt uns sehr schnell aus dem Denken und dem innerlich ablaufenden Stressprogramm aus der Vergangenheit ins tatsächliche Hier und Jetzt zurück. Nach meiner Erfahrung ist das besonders effektiv, wenn man sich gleichzeitig auf beide Hände konzentriert. Probieren Sie das jetzt direkt einmal aus. Legen Sie das Buch kurz zur Seite, setzen Sie sich aufrecht hin. Legen Sie die Hände mit den Handflächen nach oben auf Ihre Oberschenkel. Nun gehen Sie mit Ihrer gesamten Aufmerksamkeit zur rechten Hand. Spüren Sie Ihre Hand von innen. Dann nach einer Weile verbinden Sie sich analog (und gleichzeitig!) auch mit Ihrer linken Hand. Das ist eventuell zunächst etwas gewöhnungsbedürftig – deshalb jetzt auch diese „Trockenübung". Sie werden merken, dass Ihr Denken ruhiger wird und der Verstand entspannt, sobald Sie intensiv das physische Gefühl in beiden Händen gleichzeitig spüren.

Wenn ein beherztes „Stopp!" nicht hilft
Gelegentlich, wenn wir innerlich so richtig rotieren, benimmt sich unser Verstand wie ein widerspenstiges Kind. Jedes Verbot, jedes „Stopp!" ruft dann eine Trotzreaktion hervor. Je mehr Sie gegen den inneren Dialog ankämpfen, umso schlimmer wird es. Hier hilft nur, genau wie bei einem echten Kind, geschickte Ablenkung. Statt gegen das alte Muster anzukämpfen, machen Sie dann besser ein neues, interessantes Gedankenangebot.

Genau wie Sie es schon beim Setzen von Zielen gelernt haben, fokussieren Sie in solchen Momenten einfach sofort auf das, was Sie gerne für sich erreichen wollen. Gut wäre es, schon vorher eine Auswahl geeigneter konstruktiver Gedankenalternativen dafür in petto zu haben. Deshalb wird das später auch einer der nächsten Schritte in diesem Coaching sein.

Alte Glaubenssätze durch Fakten entkräften

Glaubenssätze lassen sich auch mithilfe von realen Fakten entmachten. Denn alte Glaubenssätze filtern unsere Wahrnehmung gemäß Kriterien, die oftmals gar nicht mehr den heutigen Tatsachen entsprechen. Sobald Sie einen negativen Glaubenssatz bemerken, sollten Sie an den angebundenen Elefanten denken und überprüfen, ob dieser Gedanke heute tatsächlich noch der Realität entspricht. Bei genauerem Nachdenken darüber werden Ihnen Argumente oder auch gegenläufige Erfahrungen einfallen, die den Glaubenssatz, der aus Ihrer Vergangenheit, vielleicht ihrer Schulzeit stammt, relativ leicht widerlegen. Betrachten wir dazu zwei Beispiele:

„Ich darf keine Fäler machen!"

Viele von uns haben in der Schule gelernt, dass Fehler peinlich und möglichst zu vermeiden sind. Nicht nur unser Schul- und Hochschul-Benotungssystem basiert in der Regel (leider bis heute) auf der Abstrafung von Fehlern. Auch mancher Vorgesetzte fokussiert sich bei der jährlichen Beurteilung seiner Mitarbeiter auf das, was diese unzureichend gemacht haben. Der entsprechende Glaubenssatz lautet deshalb zum Beispiel: „Ich darf keine Fehler machen."

Fakt ist jedoch, Fehler zu machen, ist ein ganz natürlicher Teil eines jeden erfolgreichen Lernprozesses. Es ist unmöglich, etwas Neues zu erlernen oder sich weiterzuentwickeln ohne gelegentlich auch Fehler zu machen. Fehler sind die Vorstufe zur Meisterschaft.

> Ich bin nicht entmutigt, weil jeder als falsch verworfene Versuch ein weiterer Schritt vorwärts ist. (Thomas Edison)
> Eine ruhige und glatte See macht keinen erfahrenen Seemann. (Engl. Sprichwort)

Die Scheu vor dem Nachfragen

„Jetzt hör doch mal auf mit dieser ständigen Fragerei!", hören gerade aufgeweckte Kinder nicht selten von ihren genervten Eltern. Kein Wunder, dass viele Erwachsene sich später scheuen, nachzufragen, wenn sie etwas nicht ganz verstanden haben. Aber Lernen, erfolgreiches Lernen, heißt nicht zuletzt auch Fragen zu stellen. Lernen beinhaltet sich zu überlegen: „Wie hängt das, was ich gerade lerne, mit dem zusammen, was ich schon weiß?" oder „Was habe ich noch nicht so ganz verstanden?" bzw. „Habe ich richtig verstanden, dass das neu Gelernte ‚xyz' bedeutet? Oder dass es ‚abc' impliziert?"

Ersetzen Sie den Glaubenssatz „Wenn ich eine Frage stelle, merken alle, wie dumm ich bin." durch: „Je mehr Fragen zum Stoff ich (mir) stelle, umso effektiver und schneller lerne ich."

4.3.2 Die zwei Seiten einer Medaille: Neue Glaubenssätze

Sie haben nun die destruktiven Glaubenssätze aufgespürt, die Ihren Erfolg im Studium bremsen. Nachdem Sie diese auf deren heutigen Wahrheitsgehalt hin überprüft haben, werden Sie den Wunsch verspüren, an deren Stelle nun zeitgemäße, Ihrer derzeitigen Situation im Studium angemessenere und förderliche Glaubenssätze neu zu installieren.

Oft ist dabei der neue Glaubenssatz lediglich eine Art Umkehrung des alten. Allerdings sollten bei der Formulierung neuer Glaubenssätze im Prinzip dieselben Grundregeln wie beim Ziele setzen beachtet werden. Zum Beispiel sollten sie keine Verneinung enthalten und für Sie grundsätzlich realistisch und glaubwürdig sein. Sie sollten konstruktiv sein und Ihnen neuen Mut machen, wie in Beispiel-Tab. 4.1. Insbesondere bei den derzeit aktuell für Sie anstehenden Herausforderungen sollten sie Sie unterstützen. Achten Sie auch darauf, dass die neuen Glaubenssätze zu Ihren Werten passen.

Jetzt sind Sie dran, benutzen Sie dazu das Schema aus Tab. 4.2. Beginnen Sie dabei zunächst mit den drei Glaubenssätzen, die Sie am schwerwiegendsten behindern.

Tab. 4.1 Die zwei Seiten einer Medaille

Beispiele von alten versus neuen Glaubenssätzen	
Ich bin zu langsam	Ich habe (mehr als) genug Zeit. Ich schaffe das!
Um im Studium erfolgreich zu sein, muss man Tag und Nacht pauken. Im Studium erfolgreich zu sein, ist mir zu anstrengend. Im Studium wirklich erfolgreich zu sein, bedeutet, keine Freizeit mehr zu haben.	Mit Freude ist das Lernen dreimal so effektiv. Mein Studium interessiert mich. Mein Studienfach liegt mir. Mein Gehirn saugt neues Wissen auf, wie ein Schwamm das Wasser.
Ich erledige Aufgaben immer erst auf den letzten Drücker. Ich schaffe es einfach nicht, mich früher aufzuraffen. Ich brauche Druck, um in die Gänge zu kommen. Im Zweifelsfall schalte ich dann doch wieder den Fernseher an oder surfe im Internet anstatt zu lernen. Mein innerer Schweinehund ist stärker als meine Motivation fürs Lernen.	Jetzt lege ich los! Jeden Tag mache ich einen Schritt in Richtung auf mein Ziel. Ich habe mich meinem Ziel verpflichtet und ziehe das jetzt durch.

Tab. 4.2 Ihre zwei Seiten einer Medaille

Alte versus neue Glaubenssätze:	
1.	
2.	
3.	

Kosten-Nutzen-Analyse

Der NLP-Coach Anthony Robbins rät in diesem Zusammenhang (Robbins 1991) auch aufzuschreiben, was Sie die alte Einstellung, der alte Glaubenssatz kostet. Mit „kostet" meint Robbins nicht nur die damit verbundene emotionale Beeinträchtigung, sondern er denkt hier auch an finanzielle Einbußen, weil ein behindernder Glaubenssatz Sie nicht nur im Studium beeinträchtigt, sondern später auch Ihre berufliche Karriere hemmen wird. Robbins empfiehlt deshalb, sich bewusst zu überlegen, welche Konsequenzen es auf Dauer haben wird, wenn Sie sich diesbezüglich nicht ändern. Dann rät er auch aufzuschreiben, was Ihnen stattdessen der neue Glaubenssatz (auf Dauer) „einbringen" wird.

Ziel dieser Übung ist zu begreifen, …

…dass das Beibehalten des Alten Ihnen auf Dauer wirklich nur Unannehmlichkeiten bringen und Sie Kraft, Lebensfreude und Erfolg (und nicht zuletzt auch Geld!) kosten wird.

…dass das Neue Ihnen (auf Dauer) einen Gewinn an Freiheit, Freude, Selbstbewusstsein und an Erfolg (und nicht zuletzt auch an Gehalt!) einbringen wird.

> Wenn wir alles täten, wozu wir imstande sind, würden wir uns wahrscheinlich in Erstaunen versetzen. (Thomas Edison)

Die nächste Übung wurde schon oft in Studenten-Coachingworkshops mit durchschlagendem Erfolg durchgeführt. Dabei haben mir jedes Mal später einige der Studierenden unter vier Augen gestanden, dass sie diese Idee bzw. Übung nun doch wirklich etwas skurril fanden. Umso mehr haben sie dann aber gestaunt, welche Erleichterung ihnen dieses kleine Ritual doch tatsächlich verschafft hat.

Alte Glaubenssätze sprengen

Für diese Übung benötigen Sie Ihr Erfolgsjournal bzw. etwas zum schreiben, (mindestens) einen Luftballon, eine Nadel und einen permanenten Folienstift oder einen CD-Marker.

Bevor Sie die Übung durchführen, lesen Sie bitte den Anleitungstext erst einmal in Ruhe ganz durch. Wenn Sie dann die Übung später durchführen, können Sie dabei den Text noch einmal Punkt für Punkt durchgehen und dann jeweils eine kurze Pause machen, um das Gelesene in die Tat umzusetzen. Sie könnten sich aber auch alternativ den Text aufs Band sprechen oder als mp3-Datei speichern, damit Sie sich ganz auf die Handlungsschritte der Übung fokussieren können.

1. Notieren Sie alle alten Glaubenssätze, die Sie stark im Studium behindern, sowie in Stichworten kurz auch dazu, was diese Sie kosten, d. h. was diese Glaubenssätze konkret in Ihnen auslösen und welchen Schaden sie im Endeffekt verursachen.

2. Nun pusten Sie den Luftballon prall auf und schreiben diese Glaubenssätze mit dem Permanentmarker auf die Ballonoberfläche. Wenn Sie mögen, können Sie zusätzlich auch noch den Stellvertretersatz hinzufügen: „Alle Glaubenssätze, die meinen Erfolg im Studium behindern."

3. Halten Sie den beschrifteten Ballon in der einen, die Nadel in der anderen Hand.

4. Atmen Sie ein paar Mal tief durch. Entspannen Sie bewusst die Schultern, Ihren Unterkiefer und die Körperteile, die sich vielleicht im Moment noch etwas angespannt anfühlen. Betrachten Sie die Sätze auf dem Ballon und lassen Sie noch einmal kurz Revue passieren, wie stark und in welcher Form diese alten, längst überholten Programme Sie im Studium behindert haben. Erinnern Sie sich kurz auch noch einmal an die Geschichte des kleinen Elefanten, der verzweifelt am Strick und dem Pflock zieht. Dann erinnern Sie sich an den erwachsenen Elefanten, der sich seinem Schicksal, am Pflock angebunden zu sein, völlig ergeben hat.

5. Machen Sie sich klar, dass in diesem Bild der erwachsene Elefant sich mit Leichtigkeit befreien könnte, wenn er nur noch einmal das alte Denkmuster in Frage stellen würde. Es braucht manchmal gar nicht viel, um sich ein für alle Mal von Altem zu befreien. Auch in Ihrem Fall ist das so! Es ist in der Tat ganz leicht, weil Sie wirklich bereit dazu sind. Fassen Sie deshalb jetzt innerlich beherzt einen Entschluss und sprechen Sie Folgendes laut aus: „Ich bin jetzt bereit, alle diese alten, mich so lange schon behindernden Glaubenssätze ein für alle Mal loszulassen und aufzulösen!"

6. Zählen Sie laut bis drei, und genau bei „drei" zerstechen Sie mit der Nadel schwungvoll den Ballon. Ganz wichtig ist dann: Spüren Sie nach! Nutzen Sie diesen Zustand direkt (!) nach dem Knall für den letzten, abschließenden Schritt: Jetzt gerade sind Sie im optimalen Zustand, Ihr Unterbewusstsein und Ihren mentalen Erfolgs-Computer umzuprogrammieren.

7. Sie werden feststellen, dass es Ihnen jetzt gerade im Moment ganz leicht fällt, schnell konstruktive Umkehrungen Ihrer alten Glaubenssätze zu finden. Welche neuen, kraftvollen Glaubenssätze sind geeignet den Platz einzunehmen, der in der Ballonübung eben frei geworden ist? Sie kennen den Prozess des Kreativen Schreibens: Schreiben Sie schnell und ohne viel nachzudenken so viele neue Glaubenssätze auf wie möglich. Lassen Sie Ihren Stift über das Papier sausen! Folgen Sie bitte jetzt jedem noch so verrückten Impuls, zensieren können Sie später immer noch bei Bedarf! Erinnern Sie sich auch an: „Streng Dich weniger an, dann hast Du mehr Erfolg!" Welche Überzeugungen wären für das Erreichen Ihres Ziels geeignet und förderlich? Fragen Sie sich auch: „Woran würde ein Student glauben, der mein Ziel bereits erreicht hätte?"

Alternativen zur Ballonübung

Sie könnten eine ganze Woche lang Gedanken und Sätze, die Sie ausbremsen, auf einem Blatt Papier sammeln. Tragen Sie dazu dieses Blatt ständig bei sich und ergänzen Sie die Liste, wann immer Sie einen typischen Gedanken „erwischen".

Am Ende der Woche zerstören Sie dann das Blatt. Folgen Sie auch dabei sinngemäß den obigen Schritten 4 bis 6. Sie könnten das Blatt zum Beispiel verbrennen (suchen Sie sich dafür aber bitte unbedingt einen sicheren Ort, zum Beispiel einen Platz draußen im Garten).

Im Studentenworkshop haben wir nach einer Woche gemeinsam eine kleine Schredder-Party veranstaltet. Jede und jeder aus der Gruppe hat unter dem Beifall aller anderen das Blatt demonstrativ in den Papierschredder der Hochschule gesteckt. Auch dabei sind wir natürlich wieder sinngemäß den obigen Schritten 4 bis 6 gefolgt.

Auch hier wurde mir von verblüfften Studenten berichtet, die vorher sehr an der Wirkung dieser Übung gezweifelt hatten, wie unerwartet gut und nachhaltig diese Übung für sie gewirkt hat. Unser Unterbewusstsein reagiert und funktioniert eben doch anders, als unsere rationale Vernunft.

Eine Coaching-Kollegin erzählte mir, dass sie ihre Teilnehmer Eiswürfel mit lautem Gebrüll an der Hauswand zerschmettern lässt. Vorher visualisieren die Teilnehmer, dass sie ihre alten Glaubenssätze mental in den Eiswürfel geben. Das mentale Bild passt gut, denn Wasser ist zum einen ein guter Informationsträger und zum anderen ist Eis erstarrtes Wasser. Und genauso sind Glaubenssätze ja auch alte, erstarrte Gedanken.

Was würdest du tun, wenn du keine Angst hättest?! (Sheryl Sandberg, facebook-Geschäftsführerin, laut „Forbes"-Magazin eine der fünf einflussreichsten Frauen der Welt, hat diesen Satz über Ihrem Schreibtisch hängen.[3])

Welche konstruktiven Glaubenssätze sind geeignet, Sie im Studium zu unterstützen?

Im Folgenden finden Sie eine Auflistung konstruktiver, den Erfolg im Studium potenziell unterstützender Glaubenssätze. Dennoch tut jedem anderes gut. Nur Sie selbst spüren, was zu Ihnen passt, was Sie motiviert, anfeuert, ermutigt oder Ihnen Sicherheit gibt. Vielleicht finden Sie hier, zusätzlich zu all dem, was Sie sich ja bereits erarbeitet haben, weitere Sätze, die eventuell für Sie in Frage kommen. Bedenken Sie dabei neben Ihrem momentanen Ziel auch Ihre Werte und insbesondere auch die derzeit für Sie im Studium anstehenden Herausforderungen. Auch hier stehen in einzelnen Sätzen mehrere Begriffe zur Auswahl, und manchmal gibt es auch hier Lücken im Text, sodass Sie den Satz genau auf Ihre persönliche Situation im Studium anpassen können. Sie können natürlich auch alle anderen Sätze so abwandeln, dass diese Sie optimal unterstützen.

Sollten Ihnen darüber hinaus während des Lesens weitere konstruktive Glaubenssätze einfallen, die hier nicht aufgeführt sind und die Sie bisher auch noch nicht notiert hatten, dann halten Sie natürlich auch diese unbedingt schriftlich fest.

---

[3]S. Artikel in der, Für Sie': Das Geheimnis unseres Erfolges. URL (ohne Datumsangabe): www. fuersie.de/artikel/geheimnis-erfolg-frauen (letzter Abruf: 20.3.15).

☐ In mir steckt mehr!

☐ Jeden Tag mache ich einen Schritt in Richtung auf mein Ziel.

☐ Ich weiß, was ich will. Und darauf fokussiere ich mich.

☐ Ich erreiche meine Ziele mit Leichtigkeit.

☐ Ich erreiche alles, was ich mir vorgenommen habe.

☐ Ich habe den Dreh raus, wie ich einfacher, entspannter und effektiver studieren und lernen kann.

☐ Ich bin erfolgreich.

☐ Was ich lerne, behalte ich und kann es auch in der Prüfung leicht wieder abrufen.

☐ Ich habe Talent.

☐ Ich bin ein Glückskind.

☐ Ich bin intelligent/hochintelligent/selbstbewusst/kreativ/willensstark/motiviert/diszipliniert/mutig/_____.

☐ Ich sorge gut für mich selbst.

☐ Ich gehe sanft, liebevoll und fürsorglich mit mir um.

☐ Es tun sich immer neue Möglichkeiten/Lösungswege/_____ auf.

☐ Ich weiß, ich bin gut genug.

☐ Mir fällt immer irgendetwas ein, wenn ein Problem zu lösen ist.

☐ Mir fällt immer etwas ein.

☐ Ich löse alle Aufgaben schnell und leicht.

☐ Ich habe (mehr als) genug Zeit. Oder: _____ (hier Ihren Namen einfügen), du hast genug Zeit.

☐ Mein Verstand ist messerscharf und klar.

☐ Ich erkenne auch in komplexen Zusammenhängen schnell die zugrunde liegende Struktur.

☐ Ich kann mich heute besonders gut konzentrieren.

☐ Ich kann extrem gut zuhören/texten/programmieren/_____.

☐ Ich bin ein Matheass.

☐ Statistik/_____ ist kinderleicht.

☐ Ich habe Freude am Lernen.

☐ Das Lernen fällt mir leicht. Ich bin ein Lerngenie!

☐ Was ich anfange, stelle ich auch fertig.

☐ Es ist in Ordnung, wenn ich mehr Erfolg habe als andere. Ich bin eine Inspiration für andere. Meine Freunde und meine Familie sind stolz auf mich.

☐ _____ (hier Ihren Namen einfügen), alles wird gut!

☐ Ich schaffe das! Oder: _____ (hier Ihren Namen einfügen), du schaffst das!

☐ Ich finde immer Unterstützung!

☐ Ich bin in Sicherheit.

☐ Ich verdiene den Erfolg!

☐ Für Prüfungen: Ich habe wirklich genug dafür getan/gelernt!

☐ Ich habe alles getan/gelernt, was erforderlich war.

☐ Ich bin gut/ausreichend vorbereitet.

☐ Schritt für Schritt komme ich meinen Zielen nah.

☐ Ich bin einzigartig.

☐ Ich akzeptiere, nutze und liebe meine Einzigartigkeit.

☐ Ich bin gut!
   Oder: _____, du bist gut!

☐ Die gelernten Selbstcoaching-Strategien setze ich mit Freude und großem Erfolg für mich um.

☐ Selbstcoaching gehört zu meinem Alltag.

☐ Mein Studienfach liegt mir.

☐ Ich erkenne neue Chancen sofort, wenn sie sich auftun.

☐ Ich habe echt nette Kommilitonen/Profs/_____.

☐ Egal, was heute passiert, ich bleibe innerlich ruhig und entspannt.

☐ Ich steuere mein Studium. Ich bin der Boss in meinem Studium.

☐ Ich bin zufrieden mit meiner Leistung/meinem _____.

☐ Ich frage nach, wenn ich nicht weiterweiß.

☐ Meine Ideen und Anmerkungen im Unterricht sind interessant für andere.

☐ Fehler sind lediglich ein Feedback, aus dem ich lernen kann, besser zu werden.

☐ Auch wenn ich jetzt noch nicht die ganze Lösung weiß, ich fange an und bin sicher, dass ich Schritt für Schritt zum Ziel kommen werde.

☐ Jeder Schritt ergibt sich ganz natürlich aus dem vorhergehenden.

☐ Ich bestehe meine Prüfung (mit einer guten Note).

☐ Ich habe mich meinem Ziel verpflichtet und ziehe das jetzt durch.

☐ Ich werde Menschen und Informationsquellen auftun, die mich unterstützen.

☐ Je mehr ich übe, umso besser werde ich.

☐ Jetzt lege ich los!

☐ Ich weiß, ich bin auf dem richtigen Weg.

☐ Ich bin stolz auf mich.

☐ Das wird schon!

☐ Ich schaffe es: Schritt für Schritt.

☐ Mit Freude ist das Lernen dreimal so effektiv.

☐ Mein Gehirn saugt neues Wissen auf, wie ein Schwamm das Wasser.

☐ Ich studiere und lerne zielorientiert.

☐ Ich bin und bleibe immer optimistisch.

☐ Ich nutze mein volles Potenzial.

☐ Ich vertraue auf mein Potenzial.

☐ Ich halte durch!

☐ Ich erkenne ein vorübergehendes Lernplateau. Ich weiß, es ist ein gutes Zeichen!

☐ Jetzt wage ich _____.

☐ Ich bin mir sicher, dass _____.

☐ Ich habe einen guten Riecher für Menschen, Bücher, Infos, die mir weiterhelfen.

☐ Das Studium ist ein Übungsfeld, in dem ich lernen und wachsen kann.

☐ Das ist doch ein Kinderspiel für mich!

☐ Das schaffe ich mit links!

☐ Ich hab es auch bis hierher geschafft!

☐ Ich bin immer wieder auf den Füßen gelandet!

☐ Einfach anfangen, der Rest läuft dann von selbst!

☐ Erfolg fliegt mir zu.

☐ Ich lerne ganz leicht, sobald ich den für mich richtigen Lernweg entdeckt habe.

☐ Ich habe eine gute, schnelle Auffassungsgabe.

☐ Ich habe Erfolg und werde jetzt immer erfolgreicher.

☐ Je näher ich meinem Potenzial komme, umso leichter lernt es sich.

☐ Weil ich mich selbst mag und zu mir stehe, kommt der Erfolg ganz von alleine.

☐ Ich darf experimentieren und ausprobieren.

☐ Ich experimentiere und probiere solange, bis ich meinen Weg gefunden habe.

☐ Ich finde eine Lösung.

☐ Ich bin was Besonderes.

Hier kommt zum Abschluss dieser Liste noch mal ein Tipp aus dem Reiter-Coachingbuch von Jane Savoie:

„Na wenn schon!"
Auch Hochleistungssportler verlässt vor Wettkämpfen gelegentlich der Mut: „Was, wenn ich versage?", „Was, wenn ich stürze?" oder „Was, wenn ich mich öffentlich lächerlich mache?" Sie sehen: Selbst Menschen, die in Ihrem Metier zu den Weltbesten gehören, sind nicht immer nur durchgehend strahlend, mutig und positiv.

Jane Savoie nennt diese Art der Zweifel „Was-wenn-Gedanken" und empfiehlt sofort einen „Und-wenn-Gedanken" dagegen zu setzen: „Und wenn ich mich lächerlich mache in dem Turnier." zusammen mit dem Gedanken „Na wenn schon! Ich kann damit umgehen[4]!" In Ihrem Fall könnte das zum Beispiel lauten: „Und wenn ich mich beim Referat verhaspele! Na wenn schon, ich kann damit umgehen!"

Im Internet gibt es auch Mindmovies mit positiven, konstruktiven Glaubenssätzen. Auch speziell fürs Lernen und das Studium. Diese Videos können dabei unterstützen, neue, positive Glaubenssätze zu verinnerlichen. Beispiele sind: https://youtu.be/rSHSGN9rE8I, https://youtu.be/RjE9tVXK1ns und https://youtu.be/yx1ZUm7Y00E (alle letzter Abruf 1.2.17).

Wirkungsgrad von Glaubenssätzen
Nachdem Sie nun eine Liste mit Glaubenssätzen haben, die potenziell geeignet sind, Sie im Studium zu unterstützen, sollten Sie diese Sätze jetzt wieder einzeln bezüglich ihres

---

[4]Im Original: „I can cope with it!".

Wirkungsgrades einstufen. Dazu spüren Sie für jeden Glaubenssatz nach, wie sehr Sie dieser einzelne Satz stärkt: „Wie stark unterstützt, ermutigt, beruhigt oder erleichtert mich dieser neue Gedanke?" Behalten Sie dabei Ihr momentanes Ziel, auch Ihre Werte und insbesondere auch die derzeit im Studium für Sie anstehenden Herausforderungen im Hinterkopf. Stufen Sie jeden Glaubenssatz auf einer Skala von 0 (= bringt mir so gut wie keine Unterstützung, Motivation, Beruhigung o. Ä.) bis 8 (= ist eine sehr starke Unterstützung, Motivation, Beruhigung o. Ä.) ein.

Suchen Sie sich dann aus den Glaubenssätzen, denen Sie dabei eine 4 oder eine höhere Punktezahl gegeben haben, die drei aus, die am stärksten auf Sie wirken, um anschließend damit weiterzuarbeiten.

Es folgen nun verschiedene Coachingtechniken, die geeignet sind, neue Glaubenssätze mental zu „installieren". Manche dieser Techniken werden Ihnen eventuell mehr liegen als andere. Folgen Sie auch hier Ihrem Gefühl und Ihrer Intuition, aber probieren Sie dennoch so viele Techniken wie möglich praktisch aus. Denn: „Doppelt genäht hält besser".

Erstens: Mittels Schreiben

Schreiben Sie sich die drei, für Sie besonders starken Glaubenssätze bunt und schön gestaltet auf ein größeres Blatt Papier oder eine Karteikarte. Vielleicht malen Sie auch dazu passende Symbole darauf. Hängen Sie das Blatt an Ihren Arbeitsplatz.

Oder schreiben Sie Ihre neuen Glaubenssätze einige Mal täglich. Das dauert nur ein bis zwei Minuten, ist aber effektiv, sofern Sie es mindestens ein bis zwei Wochen lang täglich tun. Manche Coaches empfehlen hier zusätzlich, dabei die nicht-dominante Hand zu benutzen, also die linke Hand, wenn Sie Rechtshänder sind und umgekehrt. Das fühlt sich zu Beginn merkwürdig an und die Schrift sieht dabei bei den meisten Menschen auch ziemlich hässlich aus. Man fühlt sich zurückversetzt ins erste Schuljahr, als man sich ziemlich verkrampft mit dem Malen der ersten Buchstaben abgemüht hat. Auf jeden Fall muss man sich sehr genau konzentrieren, um auf diese Weise die Buchstaben in der korrekten Reihenfolge aufs Papier zu bringen. Ihr Gehirn, das werden Sie merken, arbeitet dabei hochkonzentriert und anders, als sonst beim Schreiben.

Zweitens: Mittels Lesen

Lesen Sie die Sätze täglich laut. Spüren Sie dabei, wie diese Worte Ihnen Mut machen und Kraft geben. Visualisieren Sie im Detail, wie sich Ihr Erleben und auch Verhalten ändern, wenn Sie die Sätze verinnerlicht haben und leben.

Es kann hilfreich sein, die Sätze gerade auch dann innerlich zu wiederholen, wenn es mal eng wird im Studium.

Je nach Art eines Satzes, kann es auch Sinn machen, ihn nicht nur der Ich-Form, sondern auch in der Du-Form und vielleicht sogar in der dritten Person auszusprechen: „In mir steckt mehr!" – „In Dir steckt mehr!" – „In Vera steckt mehr!"

Experimentieren Sie auch hier: Eventuell ist es kraftvoller, wenn Sie stolz aufgerichtet wie eine Königin im Stehen lesen. Oder sich dabei zusätzlich die Hand aufs

Herz legen. Auch die Braingym-Überkreuz-Bewegungen werden hier manchmal zusätzlich empfohlen.

Drittens: Mittels mentaler Bilder

Die folgende psychologisch raffinierte Übung stammt aus einem Buch des amerikanischen Motivationstrainers Mike Dooley (Dooley 2010)[5]. Warum diese Übung gut funktioniert, lässt sich auf Basis der sogenannten Submodalitäten-Arbeit aus dem Neurolinguistischen Programmieren (NLP) erklären.

Angenommen, Sie denken über zwei verschiedene Dinge nach. Nehmen wir einmal zum Beispiel die beiden Gedanken „Heute Abend geht die Sonne unter und heute Nacht wird es draußen dunkel." und „Ich schaffe es, ohne Hilfsmittel einen Meter über dem Boden durch die Gänge der Hochschule zu schweben." Ich bin sicher, was den ersten Satz betrifft, stimmen Sie mir zu. Den zweiten glauben Sie mir wohl nicht. Trotzdem sind beide Gedanken für Sie klar verständlich, d. h. beides können Sie sich mental und bildlich vorstellen. Woran erkennt Ihr Verstand aber nun, dass er das erste innere Bild als wahr einstuft und glaubt, während Sie im Gegensatz dazu an das zweite Bild, obwohl Sie es sich innerlich bildlich auch vorstellen können, keinesfalls glauben?

Wenn Sie sich länger damit beschäftigen würden, könnten Sie feststellen, dass Ihr Gehirn die mentalen Bilder von Fakten, an die Sie fest glauben, systematisch anders gestaltet, als die mentalen Bilder von Dingen, an die Sie nicht glauben. Die Unterschiede sind bei jedem Menschen individuell anders, aber eindeutig vorhanden. Bei manchen Menschen sind die inneren Bilder von Fakten, an die sie glauben, zum Beispiel größer oder bunter oder kontrastreicher, als die Bilder von Dingen, an die Sie nicht glauben. Diese Tatsache wird im Coaching bei der sogenannten Submodalitäten-Arbeit gezielt genutzt, um neue Glaubenssätze zu „installieren". Durch eine gezielte Veränderung der sogenannten Submodalitäten eines mentalen Bildes, d. h. durch eine Veränderung seiner Farbgebung, Größe etc., kann ein neuer Glaubenssatz dem Gehirn bzw. dem Unterbewusstsein glaubhaft(er) gemacht werden.

Diese sehr effektive Coachingarbeit erfordert jedoch eine gewisse Erfahrung und man könnte sie mithilfe eines Buches wie diesem nur schwerlich vermitteln. Jedoch macht die im Folgenden dargestellte, sehr einfach durchzuführende Technik im Prinzip nichts anderes. Im Endeffekt wechseln Sie auch bei dieser Methode ganz schnell zwischen mentalen Bildern bzw. Gedanken, an die Sie fest glauben und den gewünschten, neu zu installierenden Glaubenssätzen hin und her (an die Sie zunächst verständlicherweise noch nicht so ganz fest glauben können). Dadurch verändern sich allmählich auch die Submodalitäten der neuen Glaubenssätze. Insbesondere weil die anderen, jeweils dazwischen gesetzten Glaubenssätze hier ganz besonders stark sind.

---

[5]Ich danke Mike Dooley dafür, dass er mir gestattet hat, die Technik hier in diesem Buch an Studierende weiterzugeben.

Tab. 4.3   Ich, _____ glaube ab heute, dem _____, fest an alles Folgende:

1.	
2.	
3.	
4.	
5.	
6.	
7.	
8.	
9.	
10.	
11.	

So installieren Sie Ihre neuen Glaubenssätze

1. Kopieren Sie sich als Erstes das leere Schema (siehe Tab. 4.3) aus diesem Buch oder übertragen Sie es per Hand in Ihr Erfolgsjournal. Tragen Sie oben Ihren Namen und das aktuelle Datum ein.

2. Erstellen Sie eine Liste von Fakten, an die Sie felsenfest glauben. Wie zum Beispiel: „Jeden Morgen geht die Sonne auf und es wird hell." oder „Die Schwerkraft hält die Möbel am Boden." oder „Ich bin Mutter von zwei Kindern." oder „Ich bin ein Mann." oder „Ich wurde 19xx geboren" oder „Ich male liebend gerne." etc. Da es hier extrem wichtig ist, dass Sie an all diese Fakten hundertprozentig glauben, könnten Sie später in der Liste auch einige der Sätze, an die Sie ganz fest glauben, mehrfach verwenden.

3. Diese Sätze tragen Sie nun in den Zeilen mit den ungeraden Nummern 1, 3, 5 usw. bis 11 ein.

4. Nun erstellen Sie als Zweites eine Liste mit positiven, kraftvollen Glaubenssätzen, die Sie für Ihren Erfolg im Studium neu installieren wollen. Diese tragen Sie nun bei den geraden Nummern 2, 4, 6, 8, 10 ein. Sollten Ihnen im Moment weniger als fünf solcher Glaubenssätze wichtig sein, könnten Sie die Liste auch insgesamt kürzen. Achten Sie dabei darauf, dass die letzte Zeile eine ungerade Nummer hat. Oder Sie tragen auch hier einige Glaubenssätze mehr als einmal ein. Natürlich können Sie die Liste auch um einige Zeilen länger gestalten.

5. Nun lesen Sie diese Liste mehrmals täglich schnell durch. Ein Überfliegen reicht. Je schneller Sie lesen, umso besser ist es. Vielleicht tragen Sie die Liste auch tagsüber bei sich oder Sie hängen sie gut sichtbar zuhause auf.

Upgrade für Ihr Glaubenssatz-Programm

Die folgende Visualisierungsübung stammt (in ähnlicher Form) aus einem Buch des Amerikaners William Austin (Austin 2009)[6]. Hier steht das Bild eines Computers

---

[6]Ich danke Bill Austin, dem für den Inhalt des Buches verantwortlichen Autor, dafür, dass er mir gestattet, die Technik hier in diesem Buch an Studierende weiterzugeben.

stellvertretend für Ihr Gehirn, Ihre mentalen Fähigkeiten, alle Ihre Erinnerungen (auch die unbewussten) sowie Ihre mentalen Programme. In der Visualisierungsübung wird auf der Desktop-Oberfläche des Computers gearbeitet, insbesondere mit dem dort verfügbaren Papierkorb und einem sich dort später automatisch öffnenden „Upgrade your program"-Fenster (auf Deutsch: „Upgraden Sie Ihr Programm").

1. Schließen Sie Ihre Augen, entspannen Sie sich und atmen Sie bewusst ein paar Mal tief ein und aus.
2. Stellen Sie sich nun die Desktop-Oberfläche eines Computers vor. Dort sehen Sie das Papierkorb-Icon. Des Weiteren gibt es eine Suchfunktion, mit der Sie das gesamte System, alle Speicher und Programme in Windeseile nach allen, das Studium behindernden Glaubenssätzen durchsuchen können. Sie sehen jetzt, wie alle Glaubenssätze, Denk- oder Verhaltens-Programmierungen, die Ihren Erfolg im Studium behindern, rasch entdeckt und markiert werden. Dabei sind die Details dieser Glaubenssätze und Programmierungen im Moment völlig unerheblich. Es ist auch unwesentlich, ob diese Glaubenssätze Ihnen bekannt und bewusst sind oder nicht.
3. Sie beobachten nun, wie alle diese behindernden Programme und Denkmuster sofort in den Papierkorb auf dem Desktop wandern. Sie selbst brauchen dafür gar nicht bewusst aktiv zu werden. Sie schauen einfach nur zu, wie es geschieht.
4. Sobald dieser Prozess abgeschlossen ist, öffnet sich ganz von alleine der Papierkorb und Sie sehen links einen Button, der mit „Papierkorb vollständig leeren" beschriftet ist. Beherzt drücken Sie diesen Knopf. Sie sehen, wie alles, was im Papierkorb gelandet war, endgültig gelöscht wird.
5. Dann öffnet sich ein blinkendes Fenster mit der Frage: „Sind Sie bereit, Ihre Denk-Software, Ihre Glaubenssätze und Ihre innere Einstellung upzugraden für Erfolg und Motivation im Studium? Sodass Ihnen ab sofort modernste und effektivste, strategisch geschickte und für Sie persönlich angenehme Erfolgsprogramme, Gedanken- und Verhaltensmuster für Ihr Studium zur Verfügung stehen?"
6. Sobald Sie „Ja!" denken, erscheint ein neuer Knopf mit der Aufschrift: „Jetzt upgraden!" Sie spüren, dass Sie jetzt dazu bereit sind und drücken beherzt auch diesen Knopf. Das Upgrade startet und installiert alles blitzschnell.

Wenn Sie das Gefühl haben, dass Ihr mentaler Upgrade mit Erfolg abgeschlossen wurde (das dauert nur wenige Sekunden!), bewegen Sie Ihre Finger und Zehen. Atmen Sie ein paar Mal tief durch. Strecken Sie sich, wenn Sie mögen, und kehren Sie mit Ihrer Aufmerksamkeit bewusst in den Raum zurück.

Glaubenssätze verändern: Verschieben Sie den inneren Regler
Sie wissen bereits, dass die alten, Sie blockierenden und die neuen, Sie stärkenden Glaubenssätze sich vielfach wie die zwei Seiten einer Medaille zueinander verhalten. Wie zum Beispiel bei:

   „Ich schaffe das nicht!" ↔ „Ich finde immer eine Lösung!"

„BWL liegt mir nicht!" ↔ „BWL lernen ist einfach."/„BWL liegt mir."

Damit arbeitet diese Technik. Mit dieser mentalen Intuitionsübung lässt sich der Wirkungsgrad eines neu installierten Glaubenssatzes – beispielsweise abends bevor Sie einschlafen oder auch tagsüber, wann immer Sie das Gefühl haben, einen Motivationsschub zu brauchen – jederzeit rasch überprüfen. Und bei Bedarf auch schnell korrigieren.

Stellen Sie sich dazu eine Art Thermometer vor, an dessen unterem Ende der alte und an dessen oberem Ende der neue Glaubenssatz steht. Die Funktion dieses Thermometers besteht darin, intuitiv zu messen, wie weit Sie sich eventuell im Laufe des Tages von Ihrem neuen Wunsch-Glaubenssatz wieder entfernt haben. Es misst wie nah (oder fern) Sie mental dem neuen, Sie unterstützenden Glaubenssatz sind und wie stark (oder wenig) Sie zu diesem Zeitpunkt an ihn glauben. Sollten Sie dabei feststellen, dass die Anzeige auf dem Thermometer nach unten in Richtung des alten Glaubenssatzes gerutscht ist (wie im Bild unten links), können Sie die Anzeige – und damit verbunden auch Ihren Glauben an den neuen, Sie unterstützenden Glaubenssatzes – in Gedanken ganz leicht wieder hochschieben (wie in Abb. 4.3 rechts).

Studierende, deren bevorzugter Lern- bzw. Aufnahmekanal das Hören oder Handeln ist, können diese Übung abwandeln: Stellen Sie sich anstelle des Thermometers einen verschieb- oder drehbaren Regler vor (so ähnlich wie den Lautstärkeregler an einer Hi-Fi-Anlage), den Sie mit der Hand von unten nach oben hochschieben bzw. von links nach rechts drehen können. Wobei dieses Verstellen für die auditiv Orientierten zusätzlich ein Geräusch machen sollte.

Sie können auch morgens, direkt nach dem Aufwachen Ihrem Unterbewusstsein den Auftrag geben, bitte den ganzen Tag (ohne Ihr bewusstes Zutun) darauf zu achten, dass dieser Regler ständig oben bleibt.

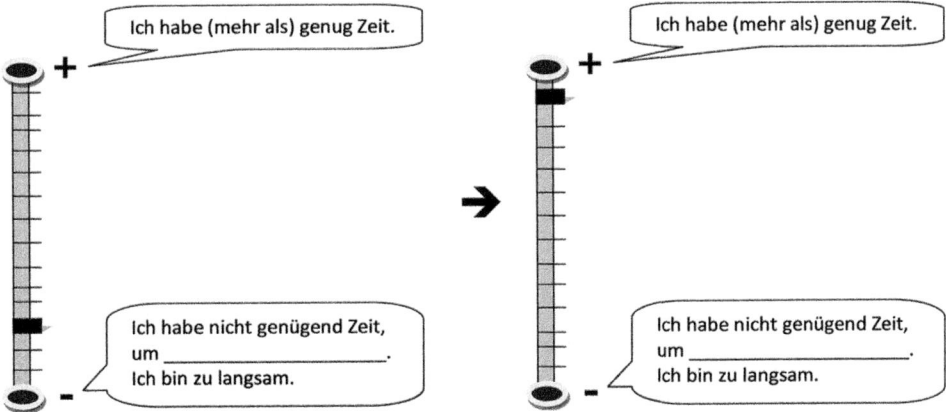

Abb. 4.3 Mentales Verschieben des Wirkungsgrades eines neu installierten Glaubenssatzes: Zeit-Beispiel

Es gibt auf der ganzen Welt keinen Menschen, der nicht fähig wäre, mehr zu tun, als er glaubt. (Henry Ford)

Bauen Sie sich einen mentalen Schutzschild

www.freeimages.com, Ivan Prole

Diese Übung sollten Sie erst dann durchführen, wenn Sie bereits eine Weile ganz bewusst auf Ihre inneren Kommentare und Glaubenssätze beim Lernen geachtet haben.

Alte Glaubenssätze können gelegentlich hartnäckig sein. Für diesen Fall können Sie sich eine Art mentalen Schutzschild bauen, mit dem Sie alle alten, Sie am Wachstum hindernden Gedanken abblocken, wann immer sie auftauchen!

Besorgen Sie sich dazu eine Karteikarte oder – wenn Sie keine zur Hand haben – ein unliniertes DIN A5-Blatt, das Sie einmal auf DINA6-Größe falten, damit es stabiler ist.

Nehmen Sie sich einige Minuten Zeit, auf der einen Seite der Karteikarte aufzuschreiben, welche drei bis vier Glaubenssätze oder Gedanken Sie immer wieder im Studium ausbremsen. Bitte grübeln Sie nicht lange, sondern folgen Sie den ersten Impulsen und Ihrem Bauchgefühl. Wenn Sie wüssten, welche vier Sätze dafür geeignet sein könnten, dann wären es:

1. _____

2. _____

3. _____

4. _____

Schreiben Sie diese Sätze auf die eine Seite der Karteikarte bzw. des gefalteten Blattes.

Sie wissen mittlerweile, dass unser menschliches Gehirn seit Urzeiten genetisch auf Sicherheit ausgelegt ist. Es analysiert alles zunächst einmal unter dem Sicherheitsaspekt.

Deshalb ist unser Verstand auch immer vorsichtig und versucht uns im Zweifelsfall zurückzuhalten, sobald wir uns an neue Experimente wagen.

Vielleicht wäre es heute an der Zeit, einmal „Danke!" dafür zu sagen: „Danke, lieber Verstand, dass du mich stets beschützen willst und immer so gut (auf mich) aufpasst!"

Andererseits wissen Sie aber mittlerweile auch, dass Sie genau deshalb, wie die meisten anderen Menschen auch, weit unter Ihrem tatsächlichen Limit, unter Ihrer tatsächlichen Leistungsgrenze leben und lernen. Deshalb vermittelt diese Übung ganz gezielt Sicherheit, gerade auch dem instinktiven Denken und dem Unterbewusstsein.

Überlegen Sie sich jetzt deshalb – oder besser noch: erspüren Sie es mit geschlossenen Augen – einen Satz, der Ihnen in herausfordernden Situationen im Studium Sicherheit geben könnte. Einen Gedanken oder einen Satz, der Sie unmittelbar beruhigt und Sie in Ihre wahre Kraft zurückbringt.

Das kann so etwas sein, wie: „Ich weiß, ich werde eine Lösung finden!" oder „Vera, alles wird gut!". Oder je nachdem, wie Sie gestrickt sind, auch: „Ich habe genug Zeit!" bzw. „Vera, du hast ausreichend Zeit." Oder „Florian, du schaffst das!", oder „Ich bin in Sicherheit.", oder „Ich habe wirklich genug für diese Prüfung getan und gelernt!" Es könnte auch ganz einfach ein „Ja!!!" sein oder „Yes!!", oder auch das entschlossen innerlich gerufene „Stopp!". Welcher Satz, welcher Gedanke konkret für Sie als Schutzschild geeignet ist, hängt davon ab, was Sie persönlich immer wieder aus der Ruhe bringt und warum.

Nehmen Sie sich jetzt bitte noch einmal kurz Zeit, innerlich zu erspüren, welcher neue Gedanke bzw. Satz ein geeigneter Schutzschild für Sie werden könnte. Folgen Sie auch hier wieder dem ersten Impuls und Ihrem Bauchgefühl. Wenn Sie wüssten, welche drei Sätze dafür geeignet sein könnten, dann wären es:

1. _____

2. _____

3. _____

Probieren Sie dann innerlich diese drei Sätze bzw. Schutzschilde aus. Erspüren Sie dazu, welcher Schild-Satz Sie am meisten beruhigt und sofort sicher(er) fühlen lässt.

Es ist wichtig, den Schutzschild auch körperlich zu verankern: Überlegen Sie sich dafür eine Geste, mit der Sie diesen Schild für sich im Körper verankern und später bei Bedarf rasch aktivieren können. Sie könnten dazu beispielsweise die Hände falten oder die Arme wie ein Schutzschild vor der Brust verschränken. Man kann sich auch mit der Hand sanft und ermutigend den anderen Arm streicheln oder eine Hand auf das Herz legen und dabei eventuell ganz kurz die Augen schließen. Seien Sie auch hier kreativ, probieren Sie Verschiedenes aus. Sprechen Sie dazu (entweder innerlich oder auch laut) Ihren Schild-Satz und machen Sie dabei gleichzeitig die Bewegung. Experimentieren Sie so lange, bis sich der Satz und die Geste absolut stimmig, stärkend und gleichzeitig auch beruhigend für Sie anfühlen.

Bitte wählen Sie keine extrem auffällige Geste. Es ist wichtig, dass Sie diesen Schutz-schild jederzeit, von anderen völlig unbemerkt einsetzen können. Auch in einer münd-lichen Prüfung oder bei einem Referat!

Jetzt schreiben Sie den Schutzschild-Satz und ein kurzes Stichwort, das Sie an die Bewegung erinnert, auf die umgeklappte Rückseite Ihres geknickten DIN A5-Blattes oder der Karteikarte.

Ihr Schutzschild ist fertig! Tragen Sie die Karteikarte bzw. das Blatt ständig bei sich, schauen Sie mehrmals täglich darauf. Aktivieren Sie tagsüber immer wieder zwischen-durch mithilfe der Körperbewegung Ihren Schutzschild, während Sie an Ihren Kraftsatz denken oder ihn aussprechen. Das bedarf nur weniger Sekunden!

Welches sind Situationen in Ihrem Studium, wo Sie diesen Schutzschild wirklich gut gebrauchen könnten? Setzen Sie ihn genau dort in den nächsten Tagen gezielt ein.

Wenn Sie wieder einmal daran zweifeln sollten, dass Sie es schaffen werden, Ihr Ziel zu erreichen, machen Sie sich bewusst, welcher Glaubenssatz Sie jetzt gerade daran hin-dert, vertrauensvoll und kraftvoll weiter voranzugehen. Und setzen sofort Ihren persön-lichen Schutzschild dagegen ein.

Neue Glaubenssätze untermauern

Ein neuer Glaubenssatz sollte – genau wie ein neues Haus, das wir uns bauen wollen – auf einem guten Fundament stehen. Je solider das Fundament eines Hauses oder auch eines Glaubenssatzes ist, umso unerschütterlicher steht es bzw. er. Je stärker uns das Fundament erscheint, auf dem unser Glaubenssatz steht, umso fester glauben wir daran.

Wählen Sie jetzt einen der Glaubenssätze aus, den Sie für den Erfolg im Studium fest installieren wollen. Suchen Sie nun nach möglichst vielen, handfesten Argumenten, Fak-ten oder auch Erinnerungen, die beweisen, dass dieser Glaubenssatz nicht nur adäquat für Sie ist, sondern insbesondere auch wahr.

Einige Fundament-Beispiele meiner Studenten waren:

- Ich bin intelligent.
- Ich bin kreativ.
- Ich habe im Endeffekt noch jede Prüfung bestanden.
- Nachdem ich es geschafft habe, mit meinem extrem schwierigen Pferd klarzu-kommen, ist doch das ein Spaziergang!
- Im Sport habe ich auch Ausdauer.
- Ich lerne und arbeite kontinuierlich für mein Studium.
- Ich bin ganz alleine nach Griechenland gereist.

Bitten Sie hier auch gute Freunde oder Ihnen wohlgesonnene Familienmitglieder um Mithilfe.

Kopieren Sie sich das nachfolgende Haus-Schema (Abb. 4.4) oder zeichnen Sie es ein-fach nach. Tragen Sie nun im freien Bereich des Hauses links Ihren neuen, kraftvollen, Sie im Studium unterstützenden Glaubenssatz ein. Und in den Fundament-Blöcken dar-unter vier diesen Glaubenssatz kräftig untermauernde Fundament-Fakten.

Ab sofort glaube ich an:

Das Fundament für den neuen Glaubenssatz
sind diese 4 Tatsachen ↑

Abb. 4.4   Glaubenssätze untermauern

Checkliste zum Kap. 4
Ich habe an meinen Glaubenssätzen gearbeitet. *(Haken Sie ab, was Sie erledigt haben)*

☐ Ich habe mir anhand der Definition des Psychologen Martin Seligman überlegt, in welcher Situation im Studium ich „pessimistisch" denke. Ich habe durchgespielt, wie ein Optimist stattdessen denken würde.

☐ Ich habe eine Bestandsaufnahme alter, mich sabotierender Glaubenssätze gemacht.

☐ Ich habe mir eine Liste neuer Glaubenssätze erarbeitet und dabei drei ausgemacht, die ganz besonders stark für mich sind.

☐ Ich habe die drei, für mich besonders starken neuen Glaubenssätze mit mindestens drei der in diesem Kapitel vorgestellten Methoden installiert.

☐ Ich habe alte Glaubenssätze gesprengt.

☐ Ich habe mir mit einem kraftvollen Satz und einer Anker-Geste meinen persönlichen Schutzschild gebaut.

☐ Ich habe diesen Schild bereits in herausfordernden Situationen im Studium mit Erfolg getestet.

Literatur

Austin WM, Castaneda MP (2009) Transform your relationship with money. CreateSpace On-Demand Publishing

Dooley M (2010) Manifesting change: it couldn't be easier. Simon & Schuster, New York

Robbins A (1991) Awaken the giant within: how to take immediate control of your mental, physical and emotional self. Summit Books, New York

Savoie J (2003) It's not just about the ribbons. J.A.Allen & Co Ltd, London

Nachwort: Honorieren Sie Ihren Einsatz

Never, never, never, never give up. (Winston Churchill)

Was hat sich verändert? Was haben Sie erreicht?

Es ist gut, an dieser Stelle Bilanz zu ziehen, damit Ihnen selbst deutlich wird, wie viel Sie erreicht haben. Vervollständigen Sie deshalb mindestens drei der folgenden Halbsätze. Wählen Sie die Sätze aus, die Sie jetzt gerade am meisten ansprechen:

☐ Mir fällt es mittlerweile viel leichter, …

☐ Ich habe gute, neue Ideen gefunden, um …

☐ Ich bin froh erkannt zu haben, …

☐ Jetzt weiß ich …

☐ Mir geht durch den Kopf, …

☐ Ich plane …

☐ Das Beste, was sich in den letzten Wochen verändert hat, ist …

Jetzt schätzen Sie bitte intuitiv und spontan Ihr momentanes Erfolgsniveau im Studium ein. Wo befinden Sie sich heute auf dem Erfolgs-Thermometer?

© Springer Fachmedien Wiesbaden GmbH, ein Teil von Springer Nature 2018
K. Klenke, *Studieren kann man lernen*, https://doi.org/10.1007/978-3-658-23415-7

Ich bin im Studium erfolgreich zu

100%
0%

Was bedeutet im Moment für Sie „Erfolg im Studium"? Halten Sie das bitte kurz, in wenigen Sätzen in Ihrem Erfolgsjournal fest. Sie wissen ja, Gedanken sind (zu) flüchtig und in einigen Wochen oder Monaten wird Ihnen eventuell genau dieser Journaleintrag wieder weiterhelfen.

Wenn Sie einem anderen Studenten, der dieses Buch noch nicht gelesen hat, den besten Tipp weitergeben wollten, den Sie mittlerweile für sich entdeckt haben, was würden Sie ihm sagen? Halten Sie auch das jetzt, wenigstens in Stichworten, für sich selbst in Ihrem Erfolgsjournal fest.

Ich für meinen Teil glaube fest an Sie! Ich weiß, Sie können alles lernen, was Sie wirklich wollen. Besser, leichter und schneller geht es jedoch, wenn Sie sich „auf Ihrem Terrain" bewegen – so wie der Pinguin im Wasser! Bleiben Sie sich selbst treu! Ich wünsche mir, dass dieses Buch Sie angeregt hat, Ihren natürlichen Neigungen und Vorlieben zu folgen. Dass es Sie ermutigt hat, der eigenen Stärke zu vertrauen und weiterhin auf die Suche zu gehen, nach Ihrem natürlichen Potential. Dass es Sie angeregt hat, eigene Wege zu suchen und auch zu beschreiten.

Und diese spannende Entdeckungsreise geht – ich weiß gerade nicht, ob dies für Sie eine schlechte oder eine gute Nachricht ist – immer und immer ein (Berufs-)Leben lang weiter. Sagen Sie beherzt „Ja!" dazu, und Ihre Karriere wird bunt und lebendig, erfüllend und (last not least) immer erfolgreich sein!!

Ich wünsche Ihnen, dass das Ende dieses Coachingbuches für Sie nicht das Ende Ihres Selbstcoachings bedeutet. Sondern dass Sie mithilfe dieses Buches etwas für sich (wieder) gefunden haben, das Sie auch in Zukunft weiterhin begleiten wird, unterstützten, ermutigen und stärken.

Ich wünsche Ihnen, dass Sie einen Karriereweg finden, der Sie erfüllt, der Sie immer wieder weiter lernen lässt und wach hält. Dass Sie sich und anderen unbequeme Fragen stellen, Herkömmliches hinterfragen, über (vermeintliche) Grenzen hinaus denken und immer neue Lösungswege entdecken werden!

Ich wünsche Ihnen, dass Sie wirklich staunen werden, wie sich Ihr Leben verändern kann. Und dass Sie später einmal an den Tag zurückdenken werden, als Sie dieses Buch für sich entdeckt haben.

> Ich will, dass Ihr unabhängig werdet, unabhängig und glücklich. Ich will, dass Ihr scheint, wie der Mond [wie die Sonne! KK]. Ich will, dass Euer Leben ein Wasserfall heiterer Wonne wird. Hundert Prozent Glück. Nicht mehr, nicht weniger. Du musst daran arbeiten. Man entwickelt Muskeln zum Glücklichsein, genauso wie zum Laufen und Atmen. (Fatima Mernissi, marokkanische Schriftstellerin und Soziologin)

Bildnachweis

Einleitung:
Eagle, 1119428,www.freeimages.com

Kapitel 1:
At the campus 1, 1074635,www.freeimages.com, sanja gjenero
Compass, 1272597,www.freeimages.com, Pawel Kryi
Asian Elephant, 624881,www.freeimages.com, Richard Styles
Space Rocket, 979222,www.freeimages.com, Marcin Rybarczyk
Exercise, 1390010,www.freeimages.com, jayanta behera
Wir lernen uns kennen, Kira Klenke

Kapitel 2:
Project 1, 1071720,www.freeimages.com, sanja gjenero
Erfolg ist leicht, Kira Klenke
Competition, 952879,www.freeimages.com
Würfel in verschiedenen Dimensionen, Kira Klenke
Erfolgskubus, Kira Klenke
Rechte und linke Gehirnhälfte, Kira Klenke

Kapitel 3:
Zielen, Kira Klenke
GS driving 2, 1035921,www.freeimages.com, kristian stokholm
Seedling1, 1045625,www.freeimages.com

© Springer Fachmedien Wiesbaden GmbH, ein Teil von Springer Nature 2018
K. Klenke, *Studieren kann man lernen,* https://doi.org/10.1007/978-3-658-23415-7

Kapitel 4:

Hinter Gittern, Kira Klenke

Clover, 1050301,www.freeimages.com, John Byer

Elephant and Mahoot, 876391,www.freeimages.com, K Rayker

Abstract shield shape, 1146258,www.freeimages.com, Ivan Prole

Nachwort:

Der Schlüssel, Kira Klenke

Weiterführende Literatur

Bensberg G, Messer J (2010) Survivalguide Bachelor. Leistungsdruck, Prüfungsangst, Stress und Co? Erfolgreich mit Lerntechniken, Prüfungstipps. So überlebst Du das Studium! Springer, Berlin.

Bock P (2011) Mindfuck – Warum wir uns selbst sabotieren und was wir dagegen tun können. Knaur HC, München

Cottrell S (2009) Studieren – Das Handbuch. Heidelberg 2010

Downing S (2007) On course: strategies for creating success in college and in life, 5. Aufl. Boston

Heister W (2009) Studieren mit Erfolg: Effizientes Lernen und Selbstmanagement: in Bachelor-, Master- und Diplomstudiengängen, 2., überarbeitete und erweiterte Auflage. Stuttgart

Hofmann E, Löhle M (2004) Erfolgreich lernen: Effiziente Lern- und Arbeitsstrategien für Schule, Studium und Beruf. Hogrefe, Göttingen

Krengel M (2010) Der Studi-Survival-Guide: Erfolgreich und gelassen durchs Studium!, 3. Aufl. Uni-Edition, Berlin

Mortan G, Mortan F (2009) Bestanden wird im Kopf – Von Spitzensportlern lernen und jede Prüfung erfolgreich bestehen. Gabler, Wiesbaden

Nussbaum C (2008) Organisieren Sie noch oder leben Sie schon?: Zeitmanagement für kreative Chaoten. Campus, Frankfurt

Steiner V (2002) Erfolgreich lernen heißt … Die besten Lernstrategien für Studium und Karriere. Pendo, München

Stone Zander R, Zander B (2002) The art of possibility: transforming professional and personal life: practices in leadership, relationship and passion. Penguin USA, New York

Watzlawick P (1983) Anleitung zum Unglücklichsein. Piper, München

Darüber hinaus können Sie auch etliche gute Dokumente über erfolgreiches Lernen oder Studieren im Internet finden. Die URL: www.pohlw.de (letzter Abruf 1.2.17) ist nur ein Beispiel dafür. Das Online Skript für Gymnasialschüler von Wolfgang Pohl ist definitiv auch für Studierende interessant!

© Springer Fachmedien Wiesbaden GmbH, ein Teil von Springer Nature 2018
K. Klenke, *Studieren kann man lernen*, https://doi.org/10.1007/978-3-658-23415-7

Stichwortverzeichnis

72-Stunden-Regel, 143

A
Aktionsschritte, 146, 147
Aufschieberitis, 149

B
Brain-Gym, 86

C
Coaching, 61
Commitment, 19

E
Erfolg, 65

F
Fee, 114
    gute, 102
Fehler, 8, 169
Frühwarnsystem, 32

G
Gehirn-Gymnastik, 86
Glaubenssätze, 109, 157, 159, 161, 163

K
Komfortzone, 94
Kontextebenen, 134
Kreatives Schreiben, 102, 103

L
Lerngenie, 8
Lernkanal, 91
Lernplateau, 92
Lerntypen, 91
Lern- und Arbeitszustand, 26

M
Mathe-Angst, 103
Menschen, erfolgreiche, 159
Misserfolg, 118

N
Nachfragen, 169
NLP, 106

O
Ökologie-Check, 131
Optimisten, 160

P
Perspektivwechsel, 16
Pessimisten, 160
Potenziale, 39, 45

© Springer Fachmedien Wiesbaden GmbH, ein Teil von Springer Nature 2018
K. Klenke, *Studieren kann man lernen,* https://doi.org/10.1007/978-3-658-23415-7

Ihr Bonus als Käufer dieses Buches

Als Käufer dieses Buches können Sie kostenlos das eBook zum Buch nutzen.
Sie können es dauerhaft in Ihrem persönlichen, digitalen Bücherregal
auf **springer.com** speichern oder auf Ihren PC/Tablet/eReader downloaden.

Gehen Sie bitte wie folgt vor:

1. Gehen Sie zu **springer.com/shop** und suchen Sie das vorliegende Buch
   (am schnellsten über die Eingabe der eISBN).
2. Legen Sie es in den Warenkorb und klicken Sie dann auf:
   zum Einkaufswagen/zur Kasse.
3. Geben Sie den untenstehenden Coupon ein. In der Bestellübersicht wird
   damit das eBook mit 0 Euro ausgewiesen, ist also kostenlos für Sie.
4. Gehen Sie weiter **zur Kasse** und schließen den Vorgang ab.
5. Sie können das eBook nun downloaden und auf einem Gerät Ihrer Wahl lesen.
   Das eBook bleibt dauerhaft in Ihrem digitalen Bücherregal gespeichert.

EBOOK INSIDE

eISBN	978-3-658-23415-7
Ihr persönlicher Coupon	9zE2yRyTpj74mWz

Sollte der Coupon fehlen oder nicht funktionieren, senden Sie uns bitte
eine E-Mail mit dem Betreff: **eBook inside** an **customerservice@springer.com**.

Printed by Printforce, the Netherlands